重庆理工大学优秀学术著作出版基金资助

供应链金融

SUPPLY CHAIN

Equity Financing and
Supply Chain Operation for Growth Enterprises

FINANCE

王　宇——— 著

成长型企业股权融资与供应链运作

经济管理出版社
ECONOMY & MANAGEMENT PUBLISHING HOUSE

图书在版编目（CIP）数据

供应链金融：成长型企业股权融资与供应链运作 /
王宇著. -- 北京：经济管理出版社，2024. -- ISBN
978-7-5096-9973-7

Ⅰ. F275.1

中国国家版本馆 CIP 数据核字第 2024QY4725 号

组稿编辑：赵天宇
责任编辑：赵天宇
责任印制：许　艳
责任校对：王淑卿

出版发行：经济管理出版社
　　　　　（北京市海淀区北蜂窝 8 号中雅大厦 A 座 11 层　　100038）
网　　　址：www. E-mp. com. cn
电　　　话：（010）51915602
印　　　刷：唐山玺诚印务有限公司
经　　　销：新华书店
开　　　本：720mm×1000mm/16
印　　　张：12. 75
字　　　数：236 千字
版　　　次：2025 年 3 月第 1 版　　2025 年 3 月第 1 次印刷
书　　　号：ISBN 978-7-5096-9973-7
定　　　价：88. 00 元

前　言

随着我国股权投资市场的快速发展及多层次资本市场的逐步完善，股权融资已成为助力企业实现跨越式发展的重要途径。然而，投融资双方不断爆发的矛盾冲突使股权融资成为企业的"烫手山芋"，进而逐渐形成投资者有钱投不出、企业缺钱却融资难的困境。其根源也许是股权融资仅仅被看成企业估值和资本运作问题，而忽视了企业运营与股权融资的内在联系。从企业运营视角探讨股权融资问题，对实现企业价值增值和投融资双方合作共赢具有重要的现实意义。

本书将企业运营和股权融资有机结合，围绕融资方式、投资者选择、融资策略、市场竞争、企业估值、委托代理六个方面展开研究，旨在探讨市场开拓过程中企业运营对股权融资的影响，为成长型企业和股权投资者提供理论建议和决策参考。本书共分为9章，第1章阐述了本书的研究目的、理论意义和现实意义，并简要介绍了研究内容、研究方法和技术路线；第2章对与研究密切相关的概念、基础理论进行了阐述，并对股权投/融资研究以及企业运营和融资交叉研究进行了文献综述；第3至第6章从成长型企业的视角探讨了其融资方式、投资者选择、融资策略、市场竞争策略；第7至第8章从股权投资机构角度研究了企业的估值方式和委托代理问题；第9章对本书的研究工作进行了总结，并对未来可能的研究方向进行了展望。

本书的研究将供应链金融从债权融资领域拓展到股权融资领域，将企业运营和股权融资进行了交叉研究和联合决策，本书的特色和创新之处体现在以下三个方面：

（1）研究了成长型零售企业进行市场开拓的融资方式选择问题。

优序融资理论从资本运作层面提出的企业最优融资顺序受到了 Ueda（2004）、Schfer 等（2004）等实证研究的质疑。本书基于企业运营视角给出了零售商采取债权和股权融资进行市场开拓的运营和融资决策，探讨了零售商的最优融资方式。从企业成长性的角度解释了部分文献中关于企业最优融资方式的分歧，并进一步给出了供应商参与博弈时零售商的最优融资方式选择。

（2）构建了企业运营和股权融资的内在联系，研究了股权投资者选择、融资策略选择和市场竞争的影响。

关于股权投/融资的研究主要以实证研究为主，股权投/融资决策与运营决策相互分离。本书建立了企业运营和股权融资之间的内在联系，探讨了零售商在股权融资时的股权投资者类型选择、供应商参与博弈时零售商的最优融资策略和多方合作共赢空间，以及市场竞争与股权融资的相互作用机制。关于运营和融资的交叉研究目前主要集中在供应链金融的债权融资领域，本书将其拓展到供应链股权融资领域，拓宽了供应链金融研究领域的范畴。

（3）研究了投资者退出的企业估值问题和面临成长风险下的委托代理问题。

传统的市净率法估值高度依赖估值者的实践经验、预测及判断，本书从企业价值创造和投融资双方博弈的视角探索企业的最优估值，赋予了市净率法博弈理论基础，发现投资者不应一味压低企业估值，而应给予高成长性、轻资产、高行业市净率的企业以较高的估值水平。在投后管理方面，发现股权投资者在监督成本较高时不需考虑高估值、低成长性均值或高成长风险零售商的委托代理问题。本书从理论上为股权投资者的投前估值和投后管理提供了建议，有助于股权投资者缓解与成长型企业之间的矛盾冲突，并降低投资成本，提高投资回报。

本书的顺利出版得益于重庆理工大学和管理学院的全力支持，衷心感谢重庆理工大学优秀学术著作出版基金和"校优势特色学科方向——先进制造业数智创新与服务管理"项目的资助，以及重庆大学于辉教授团队和重庆理工大学数智物流与供应链管理团队对本书研究的指导和帮助。希望本书能为读者提供有益的参考和启示，并推动供应链金融研究的进一步发展。

目　录

1 绪论

1.1 研究背景和问题提出

1.1.1 研究背景

中小企业是我国数量最大、最具活力的企业群体，也是我国国民经济和社会发展的主力军，它们承载着科学技术创新的重任。统计数据显示，我国中小企业数量占全国企业总数的 90% 以上，贡献了 60% 以上的国内生产总值和 50% 以上的税收，承担了 70% 以上的技术创新，并创造了超过 80% 的城镇就业。中小企业的快速发展离不开资金的支持，腾讯研究院发布的《2023 年中小微企业经营状况与数字化转型调研》指出，接近 80% 的中小企业存在融资需求，实际融资缺口在 40% 左右，其综合利率指数超过 11%，严重制约了中小企业的快速成长，债权融资难、融资成本高成为世界级难题。

成长型企业指在较长时期内（如 3 年以上），具有持续挖掘未利用资源能力，不同程度地呈现整体扩张态势，并且未来发展预期良好的企业，是中小企业的中坚力量，其资金需求更为旺盛和迫切。根据 Myers 和 Majluf（1984）提出的优序融资理论（Pecking Order Theory），当企业为新项目募集资金时，应按顺序选择内源融资、债权融资和股权融资。《2023 关于中小企业融资的调查报告》指出，商业银行贷款在中小企业融资中约占 40%，内部融资约占 30%，债券和股权融资约占 15%。成长型企业由于成立时间较短，抗风险能力薄弱，资信水平较差，难以达到银行等金融机构的贷款要求。尤其是成长型企业与银行的信息不对称带来的道德风险，迫使银行加大对企业审查监督的力度，较高的审查监督成本、贷款风险以及企业有限的可抵押物价值，使银行提高了贷款利率并下调贷款额度，银行惜贷、压贷、抽贷、断贷现象时有发生，且贷款利率普遍上浮 30% 以上。内部融资依赖于企业自身积累的资金，尽管融资成本较低，但融资规模非常有限，根本无法满足企业快速发展的资金需求。成长型企业的跨越式发展往往需要大额资金注入以激活其捕获成长机会的能力，股权融资成为成长型企业发展的必由之路。相对于商业银行而言，股权投资者更加了解企业所处行业的信息，在筛选企业方面具有更专业的见解，而且在股权投资后拥有企业的董事会席位和投票权，还会派遣财务人员监管企业财务状况，进而对企业的监督更为便利（Kaplan 和 Stromberg，2001），能在一定程度上缓解投融资双方信息不对称产生的道德风险。此外，股权投资者是根据企业成长性、资金缺口等因素与融资企业确定融资金额度的，股权融资中的资本限额配给不复存在（De Meza 和 Webb，1987），能够有效解决中小企业融资额度有限的困境，股权投资市场的兴起使上述问题的解决成为可能。

20 世纪 90 年代初，国外的股权投资机构相继进入中国市场，拉开了我国股权投资市场发展的序幕。1998 年，"中国风险投资之父"成思危提交了《关于尽快发展我国风险投资事业的提案》，推动了我国股权投资市场的快速发展。随着中小板、创业板、新三板等多层次资本市场体系的逐步建立和完善，以及随着李克强同志提出"大众创业、万众创新"，我国的股权投资市场呈现爆发式增长。《关于进一步促进资本市场健康发展的若干意见》（简称新国九条）更系统性地提出了完善与扶持创业投资发展的政策体系，鼓励和引导创业投资基金支持企业成长；2023 年 12 月举办的中央经济工作会议首次提出"鼓励发展创业投资、股权投资"。此外，国家还出台了《关于发展众创空间推进大众创新创业的指导意见》《私募股权众筹融资管理办法（试行）》《私募投资基金监督管理条例》《私募投资基金监督管理办法（征求意见稿）》等一系列政策措施，以推动和规范股权投融资行为。

清科研究中心数据显示，2023 年在中国证券投资基金协会存续登记的私募基金管理人共计 2.18 万家，从业人员达 18.72 万人，存续备案的股权投资类基金共计 5.59 万只，我国已成为世界第二大股权投资市场。在募资方面，2023 年中国股权投资市场募集基金 6980 家，募资金额高达 1.82 万亿元，处于历史高位水平（见图 1.1）。受新冠病毒感染疫情和中国经济"硬着陆"的双重影响，近三年中国股权投资市场的投资热度逐渐降温（见图 1.2）。尽管如此，2023 年股权投资案例仍有 9388 起，投资总额达到 6928.26 亿元。结合募投资数据可以发现，股权投资机构持有大量资金等待投资机会，随着中国经济的进一步复苏，股权投资市场将再次迎来繁荣。

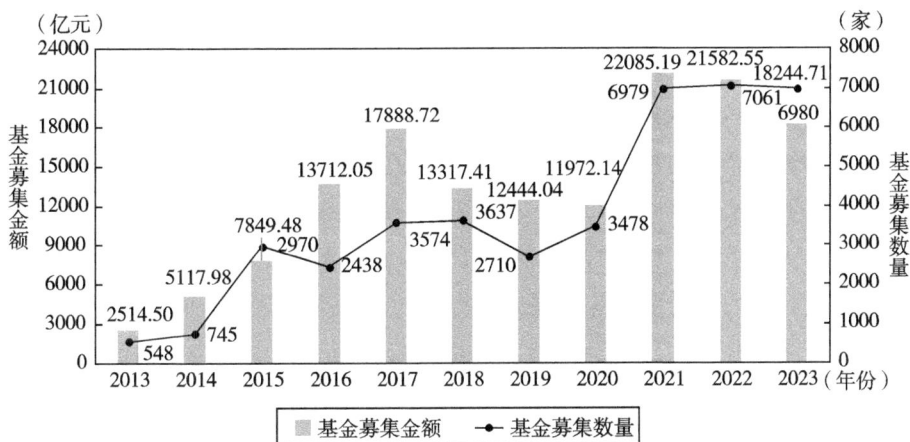

图 1.1　2013~2023 年中国股权投资市场基金募集数据

资料来源：清科研究中心。

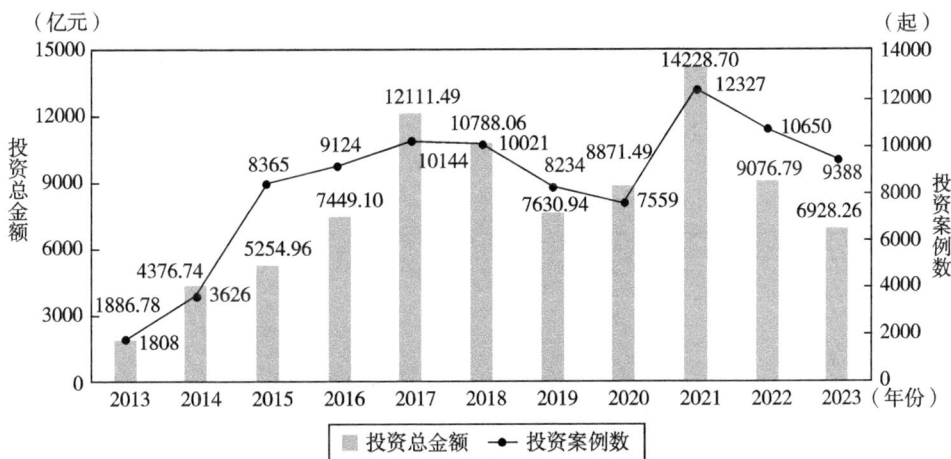

图 1.2　2013~2023 年中国股权投资市场投资数据

资料来源：清科研究中心。

股权投资在推动成长型企业发展方面扮演着不可或缺的角色，它不仅拓宽了成长型企业的融资渠道，还提供了运营、营销、人才等一系列增值服务，为成长型企业实现快速发展奠定了坚实的基础。2013～2023年，我国由风险投资（Venture Capital，VC）和私募股权投资（Private Equity，PE）支持的上市企业共计2564家，占同期上市企业总数的62.8%（见图1.3），近五年中国企业上市市场VC/PE渗透率维持在65%以上的高水平。由此可见，股权融资已逐渐成为成长型企业捕获成长机会、实现跨越式发展的重要融资途径，在成长型企业发展的过程中扮演着越来越重要的角色。微软、Google、Facebook、阿里巴巴、腾讯、京东等世界知名企业的快速发展均离不开股权融资的大力支持；蒙牛引入股权投资后迅速跻身行业前列并与摩根士丹利"一赌成名"；滴滴与快的、滴滴与优步、美团与大众点评、优酷与土豆网的合并，更是源于企业背后股权投资者的大力推动，使合并后的企业迅速发展成为行业的"独角兽"。然而在众多成功案例的背后，更多的是"血淋淋"的教训。围绕着融资过程中的企业估值、融资额、经营目标、退出机制和控制权等一系列问题，成长型企业与股权投资者之间产生了大量的矛盾冲突。例如：雷士照明、俏江南、汽车之家、大娘水饺等企业的创始人在引入股权投资后控制权旁落而被扫地出门，而在1号店、国美集团、娃哈哈等企业中也存在类似的问题；永乐电器、太子奶、中华英才网的创始人因与股权投资者对赌而输掉了企业，海富投资与甘肃世恒之间的中国"对赌第一案"更是令人震惊。一桩桩令人痛心的失败案例使股权融资成为成长型企业发展过程中的"烫手山芋"，以至于百度创始人李彦宏告诫创业者：不要轻易将主动权交给投资人，在创业的过程中没有人会乐善好施。

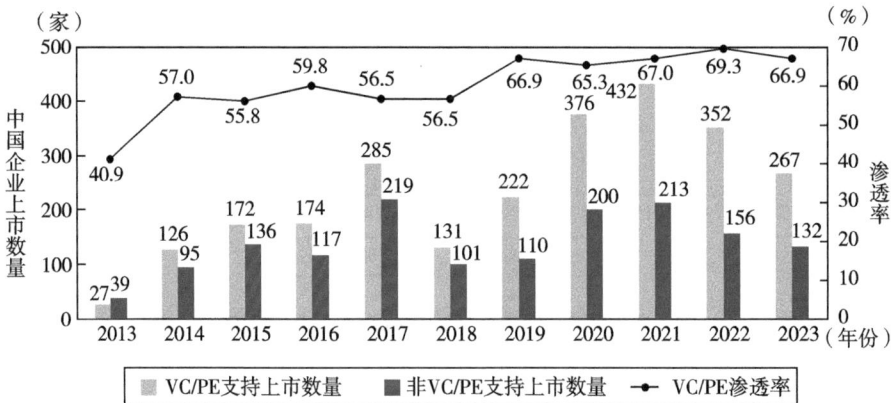

图1.3 2013～2023年中国企业上市情况统计

资料来源：清科研究中心。

1.1.2 问题提出

2023 年 10 月，中央金融工作会议首次提出"要加快建设金融强国"的工作目标，并将金融高质量发展提到强国建设、民族复兴的高度。如何深刻理解金融与实体经济的内在联系，使金融服务助推而不掣肘实体企业的快速发展，是国家、金融机构和实体企业的当务之急。

股权融资是企业发展中重要且长远的战略性问题，是一个企业价值评估以及投融资双方关于资本和股权的交易过程，其核心是企业成长性。企业成长性最终表现为企业的产品和服务对消费者的满足程度，是一个价值创造与供需匹配过程。当企业价值创造与价值评估发生严重偏离时，成长型企业与股权投资者之间的矛盾冲突不可避免地会产生。

从根本上讲，投融资双方矛盾冲突的根源也许是股权融资问题仅被看成了一个企业估值问题和资本运作的结果，而忽视了企业运营与股权融资的内在联系。传统的资本结构理论认为企业的资本结构仅与其在资本市场上的运作有关，而与企业在产品市场上的运营无关。自 MM 理论（Modigliani 和 Miller，1958）问世后相当长的一段时间里，关于企业融资和企业运营的研究一直处于相互独立的状态。然而，企业的资本结构会通过债务的有限责任效应（Brander 和 Lewis，1986）和战略性破产效应（Brander 和 Lewis，1988）影响企业的运营决策，而企业的生产、订货、物流等运营决策会显著地影响其现金流，从而影响其融资决策（Buzacott 和 Zhang，2004）。因此，企业的运营和融资决策不可分割。股权投融资的社会实践已然走到了理论研究的前面，如何缓解投融资双方的矛盾冲突，助力企业捕获成长机会，实现企业价值的快速增值和投融资双方的合作共赢，是国家、金融机构和实体经济发展的共同诉求，也急需相应的科学指导和理论支撑。

企业的价值评估应与价值创造相结合，而企业运营是企业价值创造的实现途径，是激活和保障企业成长性的源泉，企业的股权融资需进一步与企业运营甚至供应链运营融合，股权融资决策应在充分理解企业运营的基础上制定。债权融资和企业运营的融合已经在供应链金融的债权融资领域大量开展，本书在此基础上，将企业运营和股权融资相结合，围绕融资方式、投资者选择、融资策略、市场竞争、企业估值、委托代理六个方面开展研究，探讨资金缺乏的成长型企业采取股权融资进行市场开拓时企业运营对股权融资的影响。图 1.4 描绘了本书开展研究的思路。

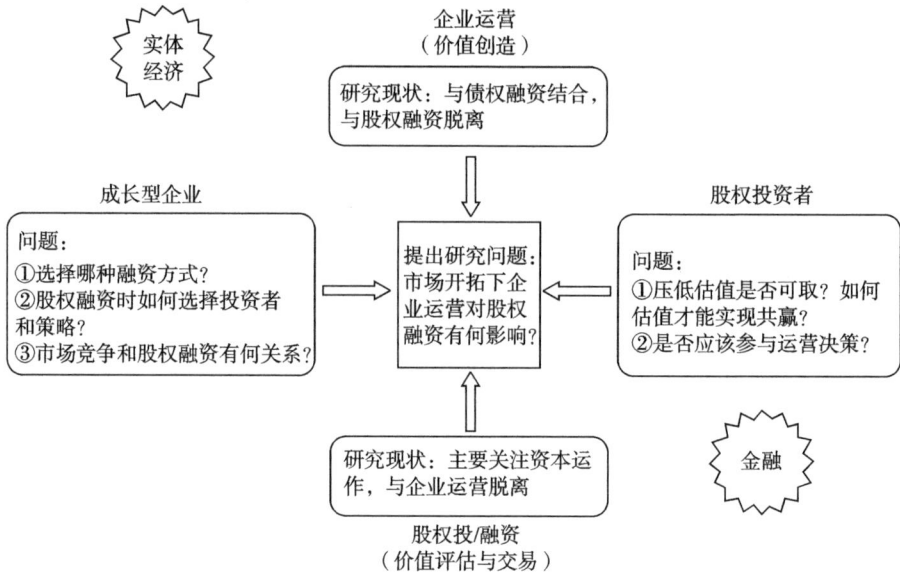

图 1.4　本书研究问题的思路

1.2　研究目的和意义

　　"一带一路"倡议的提出，使我国的成长型企业自改革开放后再次站在了数十载难逢的发展风口，如何借助日趋成熟的资本市场捕获成长机会以实现跨越式发展，是成长型企业发展的重中之重。目前股权投/融资的理论研究已经滞后于社会实践，成长型企业无论是在理论上还是经验上均处于劣势。在股权投资层面，股权投资者日益关注企业运营的诸多因素，并通过尽职调查将其作为投资决策的"经验性"参考，但很难具体量化企业运营因素对股权投资的影响。本书从企业运营的视角审视股权融资问题，并在以下几个方面提出管理学建议：①成长型企业在不同成长性和估值水平下应选择何种融资方式；②成长性企业的原股东在追求利润最大化时应选择何种股权投资者；③供应商参与博弈时成长型企业应采取何种融资策略；④成长型企业在股权融资时是否应该考虑市场竞争的影响；⑤股权投资者应如何合理选择企业估值以实现合作共赢；⑥股权投资者应该在什么条件下重视企业原股东的委托代理行为。

本书的研究意义主要体现在以下两个方面：

（1）为成长型企业股权融资和股权投资者的股权投资提供理论建议，为金融和实体经济相互结合提供一定的参考价值。本书基于企业运营视角研究成长型企业的股权融资问题，围绕融资方式、投资者选择、融资策略、市场竞争、企业估值、委托代理六个方面开展研究，为成长型企业的股权融资和运营决策提供理论支撑，为股权投资者的股权投资决策提供科学参考。本书探讨了多方合作共赢的实现途径，是金融和实体经济相互结合的直接体现。

（2）丰富和拓展了股权融资领域和供应链金融领域的研究范畴。目前关于股权融资的研究主要以企业或股权投资者为对象开展实证分析，在创业者的融资意愿、控制权、股权融资的作用和影响因素等方面进行了较好的阐述。本书构建了企业运营和股权融资之间的内在联系，从运营视角探讨了企业股权融资中的各种问题，丰富了股权融资的模型研究成果。区别于传统供应链金融的债权融资，本书进一步将供应链运作与股权融资相结合（称之为供应链股权融资），从新的视角对股权融资进行审视，也拓展了供应链金融的研究范畴。

1.3　研究内容

本书以企业运营为基础，围绕股权融资中的融资方式、投资者选择、融资策略、市场竞争、企业估值、委托代理六个方面展开研究，探讨资金缺乏的成长型企业采取股权融资进行市场开拓时企业运营对股权融资的影响，主要研究框架如图1.5所示。

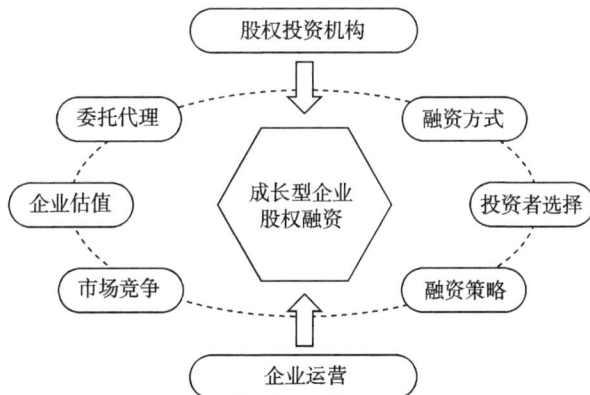

图 1.5　本书的主要研究框架

本书共分为9章，详细研究内容安排如下：

第1章，绪论。首先介绍了成长型企业的融资方式和我国股权投资市场的发展历史和现状，从真实的股权投资案例出发，分析股权投融资双方矛盾冲突的根源，进而提出研究问题。其次阐述了本书的研究目的以及理论和现实意义，并简要介绍了研究内容、研究方法和技术路线。最后对本书的创新点进行了归纳。

第2章，相关理论基础和国内外文献综述。首先介绍了与研究密切相关的概念、基础理论。其次对研究的内容和术语进行了界定，明确了本书的研究范围。再次对股权投/融资研究以及企业运营和融资交叉研究进行了文献综述，主要阐述了股权投/融资对企业发展的推动作用、股权投资的标的企业选择、供应链金融债权融资、交易信用融资的研究现状。最后对现有研究进行了评述，并提出了本书的研究方向。

第3章，成长型企业融资方式选择的供应链模型分析。本章从供应链运作的视角探讨成长型零售企业在股权融资和有限的债权融资下的最优运营和融资决策，给出了供应商参与博弈和不参与博弈下企业的最优融资方式，通过数值分析指出企业成长性、估值水平和供应商的博弈行为对融资方式的影响，并与文献中的相关结论进行了对比和分析。

第4章，成长型企业股权融资的投资者选择模型分析。本章从供应链运作视角研究主导型零售商的股权融资问题，通过对比零售商引入战略投资者和财务投资者在运营、融资决策和收益等方面的差异，分析了零售商采取股权融资时的投资者选择；进一步探讨了供应商的博弈行为对主导型零售商股权融资的影响，研究了"囚徒困境"产生的原因，并采用数值分析进行了验证。

第5章，成长型企业股权融资策略的供应链模型分析。本章构建了资金缺乏的成长型零售企业进行市场开拓的供应链股权融资模型，对比分析了供应商参与博弈和不参与博弈时零售商的最优运营和融资决策，发现了供应商博弈行为对零售商股权融资的影响以及多方合作共赢的价值空间，并采用数值分析研究了企业成长性、估值水平和运营资金比例对股权融资策略的影响。

第6章，成长型企业股权融资的市场竞争模型分析。本章首先在零售商的股权融资模型的基础上，进一步考虑零售商之间的市场竞争因素，通过对比零售商考虑和不考虑市场竞争下的最优定价和融资决策，探讨市场竞争与股权融资之间的相互作用机制。其次分析在相同供应链背景下，零售商采用股权融资后市场竞争与融资策略的相互作用机制，以及供应商博弈行为如何影响零售商的融资决策。最后考虑市场开拓的外部效应,深入探究融资零售商及其竞争对手在市场竞争中的策略选择,以及委托代理行为对市场竞争和股权融资的影响。

第7章,成长型企业股权融资的估值问题分析。本章基于市净率法的思想,研究采取股权融资进行市场开拓的成长型零售企业的估值问题,考虑投资者以IPO等股权转让方式的退出行为,从企业价值创造和投融资双方博弈的视角探索企业的最优估值,并借助数值分析对比了传统市净率法和本章的估值方法,探讨了企业成长性、固定资产和退出市净率的影响。

第8章,成长型企业股权融资的委托代理问题分析。本章基于鲁棒优化方法,构建了审慎乐观的成长型零售企业在面临成长风险下的股权融资模型,探讨了投融资双方的委托代理问题对股权融资的影响,并通过数值分析验证了鲁棒决策的有效性,给出了股权投资者需重视委托代理问题的相关参数条件。

第9章,结论与展望。本章对本书的研究工作进行了总结,并对未来可能的研究方向进行了展望。

1.4 研究方法和技术路线

1.4.1 研究方法

股权融资具有非常重要的现实意义,本书收集、整理和分析了诸多案例,并提炼出核心研究问题,通过文献研究建立成长型企业的股权融资模型,采用博弈论、最优化技术等方法进行企业运营和融资的最优决策,并辅以数值分析开展进一步的探讨和研究。本书运用的研究方法具体包括以下内容:

(1)案例分析。本书收集和整理了企业股权融资的诸多案例,分析采取股权融资后企业成功或失败的根源,并探讨其与股权融资之间的内在联系以及可能的影响因素(具体的案例分析见第3章到第8章的引言部分),从而提炼出本书的研究问题。

(2)博弈论。本书构建了供应商和零售商(第3章到第5章)、股权投资者和零售商(第7章)的 Stackerberg 博弈模型,以及零售商与零售商(第6章)的 Betrand 竞争模型。在 Stackerberg 博弈中,供应商(或股权投资者)处于博弈主导地位制定批发价格(或估值水平),融资的零售商处于跟随地位制定市场开拓的努力水平，深入研究零售商的融资方式、投资者选择、融资策略和企业最优估值。在 Betrand 竞争模型中，零售商在股权融资的支持下与竞争对手开展价格竞争，旨在研究市场竞争和股权融资的相互作用机制。

（3）比较研究和敏感性分析。本书采用比较研究法作为主要分析工具，第 3 章通过对比债权融资和股权融资下零售商的收益差异，明晰了零售商的融资方式；第 4 章通过对比零售商引入战略投资者和财务投资者的利润，分析其投资者选择；第 5 章对比供应商是否参与博弈时零售商的利润情况，研究其股权融资策略；第 6 章对比零售商在股权融资时是否考虑市场竞争因素，厘清股权融资和市场竞争的相互作用机制；第 8 章对比零售商不同的目标函数，分析委托代理行为产生的影响。在各章的推论中，本书广泛采用了敏感性分析方法，揭示了各关键因素对企业最优决策和利润的影响规律。

（4）最优化技术。本书将企业运营和股权融资相结合，针对供应链金融股权融资的特点，运用决策论等最优化技术原理构建优化决策模型，对参与者的努力水平、销售价格、批发价格、估值水平等进行最优化决策。本书第 3 章的债权融资为不等式约束的线性规划模型，第 5 章为股权融资下的供应链博弈模型，第 7 章为考虑企业成长风险的鲁棒模型，其余章节均为无约束的分式规划模型。

（5）鲁棒优化决策。针对随机性市场需求，本书在第 8 章使用均值和方差刻画零售商采取股权融资进行市场开拓带来的市场需求不确定性，以"审慎乐观"作为基本决策准则，采用对偶理论与鲁棒优化技术制定最优决策，实现在满足均值和方差的最差分布下的最优利润。

（6）数值分析。在模型求解的基础上，运用 Fortran、Matlab 等编程语言展开数值分析，并借助专业绘图软件（如 Origin）进行图形化呈现，以直观展示各关键参数对决策和问题的影响，并验证定性分析结论的正确性，深入探讨因模型复杂性而被忽视的一些潜在结论，丰富对问题的全面理解。

1.4.2　技术路线

本书的技术路线如图 1.6 所示。在主体研究内容部分，本书从成长型企业和股权投资者两个层面分别开展研究。对成长型企业而言，本书研究其面临良好市场机遇但因缺乏资金而无法进行市场开拓时的首要问题——选择何种融资方式？当其决定采取股权融资时，本书进一步研究成长型企业应该选择战略投资者还是财务投资者，并分析其在股权融资时是否需考虑企业运营的影响，以及其影响程度和机制等。对股权投资者而言，本书分别研究企业的投前估值和投后管理中的委托代理问题。本书将企业运营贯穿于融资方式选择、企业估值、企业运营、投后管理过程中，覆盖了股权投融资的主要流程，试图为投融资双方提供理论支撑和决策建议，实现企业价值增值和投融资双方的合作共赢。

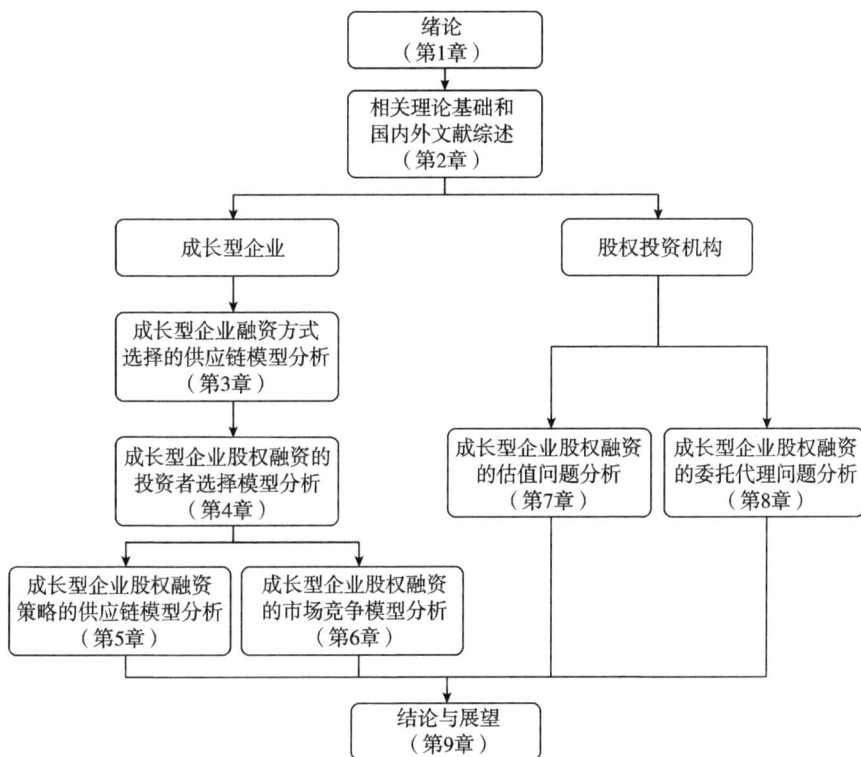

```
                    ┌──────────────┐
                    │    绪论        │
                    │  （第1章）     │
                    └──────┬───────┘
                    ┌──────┴───────┐
                    │相关理论基础和   │
                    │国内外文献综述   │
                    │  （第2章）     │
                    └──────┬───────┘
         ┌─────────────────┴─────────────────┐
    ┌────┴─────┐                        ┌─────┴─────┐
    │ 成长型企业 │                        │ 股权投资机构 │
    └────┬─────┘                        └─────┬─────┘
    ┌────┴──────────┐              ┌──────────┴──────────┐
    │成长型企业融资方式 │              │                     │
    │选择的供应链模型分析│        ┌──────┴──────┐    ┌───────┴──────┐
    │   （第3章）     │        │成长型企业股权融资│    │成长型企业股权融资│
    └────┬──────────┘        │ 的估值问题分析 │    │的委托代理问题分析│
    ┌────┴──────────┐        │  （第7章）    │    │  （第8章）    │
    │成长型企业股权融资的│        └──────┬──────┘    └───────┬──────┘
    │ 投资者选择模型分析 │               │                   │
    │   （第4章）     │               │                   │
    └──┬─────────┬──┘               │                   │
  ┌────┴───┐ ┌───┴────┐            │                   │
  │成长型企业│ │成长型企业│            │                   │
  │股权融资  │ │股权融资  │            │                   │
  │策略的供应│ │的市场竞争│            │                   │
  │链模型分析│ │模型分析  │            │                   │
  │（第5章）│ │（第6章）│            │                   │
  └────────┘ └───┬────┘            │                   │
              ┌───┴──────────────────┴───────────────────┘
              │    结论与展望    │
              │   （第9章）     │
              └────────────────┘
```

图1.6　本书的技术路线

1.5　创新之处

本书以企业运营为基础，探讨成长型企业的股权融资问题，以及资金缺乏的成长型企业采取股权融资进行市场开拓时企业运营对股权融资的影响。本书的创新之处主要体现在以下三个方面：

（1）研究了成长型零售企业进行市场开拓的融资方式选择问题。

优序融资理论从资本运作层面提出的企业最优融资顺序受到了 Ueda（2004）、Schfer 等（2004）实证研究的质疑。本书基于企业运营视角给出了零售商采取债权和股权融资进行市场开拓的运营和融资决策，探讨了零售商的最优融资方式。发现被低估的中、低成长型零售商应遵循优序融资理论选择债权融资，而在其他情况下则应遵循 Ueda（2004）和 Schfer 等（2004）的结论选择股权融资，从企业成长性的角度解释了部分文献中关于企业最优融资方式的分歧，并进一步给出了供应商参与博弈时零售商的最优融资方式选择。

（2）构建了企业运营和股权融资的内在联系，研究了股权投资者选择、融资策略选择和市场竞争的影响。

关于股权投/融资的研究主要以实证研究为主，股权投/融资决策与运营决策相互分离。Yang 等（2017）从运营视角初步审视了零售商的股权融资问题，但也仅将其作为外生条件开展研究。本书建立了企业运营和股权融资之间的内在联系：企业运营的资金需求直接影响其股权融资额，股权融资决策则通过企业家的持股比例影响其利益，进而影响企业的运营决策。在此基础上探讨了零售商在股权融资时的股权投资者类型选择、供应商参与博弈时零售商的最优融资策略和多方合作共赢空间，以及市场竞争与股权融资的相互作用机制，发现成长型企业在股权融资决策时应考虑运营层面的供应商博弈行为和市场竞争因素的影响。关于运营和融资的交叉研究目前主要集中在供应链金融的债权融资领域，本书将其拓展到供应链股权融资领域，拓宽了供应链金融研究领域的范畴。

（3）研究了考虑投资者退出的企业估值问题和面临成长风险下的委托代理问题。

传统的市净率法高度依赖估值者的实践经验、预测及判断，本书从企业价值创造和投融资双方博弈的视角探索企业的最优估值，赋予了市净率法博弈理论基础，发现投资者不应一味压低企业估值，而应给予高成长性、轻资产、高行业市净率的企业以较高的估值水平。在投后管理方面，本书考虑了零售商面临成长风险下的股权融资，发现股权投资者在监督成本较高时不需要考虑高估值、低成长性均值或高成长风险零售商的委托代理问题。本书从理论上为股权投资者的投前估值和投后管理提供了建议，有助于股权投资者缓解与成长型企业之间的矛盾冲突，并降低投资成本，提高投资回报。

2 相关理论基础和国内外文献综述

本书以成长型企业为研究对象，基于运营视角研究其股权融资问题，研究内容不仅涵盖成长型企业、股权融资等核心概念，还涉及优序融资理论、企业生命周期理论、委托代理理论等关键基础理论在股权融资实践中的应用。本书将供应链金融的债权融资拓展到股权融资领域，与供应链金融债权融资的丰富研究紧密相连，属于供应链金融的创新研究范畴。

2.1　相关理论基础

2.1.1　成长型企业

成长型企业是指在较长的时期内（如 3 年以上），具有持续挖掘未利用资源的能力，不同程度地呈现整体扩张态势，并且未来发展预期良好的企业。这类企业往往成为股权投资者热衷的投资目标，因为它们能在外部支持和内部努力的共同作用下实现快速发展，股权价值得到大幅提升，为股权投资者带来可观的回报。成长型企业通常具备以下几个特点：

（1）持续成长和扩张：成长型企业不仅具有当前的市场地位和盈利能力，而且在未来几年内还能够保持稳定的增长和扩张态势。这种增长和扩张可能来自市场份额的增加、产品线的扩大、技术的革新或者是运营效率的提升等方面。

（2）资源利用能力：成长型企业具备持续挖掘未利用资源的能力。这包括内部资源，如员工的潜力和技能、企业的资产和资金等；以及外部资源，如市场机会、合作伙伴关系等。企业能够充分利用这些资源，实现自身的快速成长。

（3）适应和创新能力：在不确定的市场环境中，成长型企业能快速适应市场变化，并抓住新的机会。它们通常具备较强的学习能力和创新能力，能够不断推出新产品、新服务或新的商业模式，以满足市场的变化和消费者的需求。

2.1.2 股权融资

股权融资是企业筹集资金的一种重要方式，具体指企业通过出让部分企业所有权，以引入新的股东方式增加总股本，从而获取企业所需的资金。与债权融资显著不同，股权融资的核心聚焦于企业成长性，其融资额度不依赖于抵押物或担保物，且没有资本配给的限制，企业利用股权融资获得的资金无须还本付息，股权投资者通过企业股权价值的增长来实现收益。融资企业不仅能通过股权融资解决资金短缺的问题，还能获得股权投资者提供的行业经验与资源、管理优化与战略指导、品牌建设与市场推广、资本市场运作等多方面的价值和支持，助力企业实现跨越式发展。

随着股权投资市场的蓬勃发展，股权投资基金的类型日益丰富，涵盖了成长基金、创业投资基金、并购基金、夹层基金、债转股基金、政府引导基金等多种类型。其中，以下三类股权投资基金尤为常见：

（1）天使投资（AI），是一种早期的、非正式的、由个人投资者提供的权益资本投资形式，主要投资于种子期和初创期的企业或团队，即便只有一个创业构思，只要有发展潜力就可能获得资金支持，其投资具有高风险性、长期性的特点。天使投资人通常是具有成功创业经验或丰富行业经验的个人，他们通过提供资金、经验和指导来支持初创企业，并期望在未来通过企业的成功获得回报。

（2）风险投资（VC），又称为创业投资，是一种向初创企业、中小企业或发展迅速但未上市的企业提供资本支持的投资方式。VC 主要投资初创期和扩张期的企业，这两个阶段的企业往往需要大量的资金来支持产品研发、市场推广和团队扩张。VC 投资者不仅为企业提供必要的资金支持，还通过自身的专业知识和经验，帮助企业制定发展战略、优化商业模式、寻找合作伙伴等，助力企业快速成长。

（3）私募股权投资（PE），是一种非公开交易权益资本的投资形式，通过私募形式对私有企业，即非上市企业进行的权益性投资。在交易实施过程中，PE会附带考虑到将来的退出机制，即通过上市、并购或管理层回购等方式，出售持股获利。广义的私募股权投资涵盖了企业 IPO 前各个阶段的股权投资，即对处于种子期、初创期、发展期、扩张期、成熟期和上市准备期（Pre-IPO）各个时期的企业进行的股权投资。狭义的私募股权投资主要指创业投资后期到 Pre-IPO 时期的私募股权投资。

在实际金融市场中，VC 和 PE 之间的业务界限已逐渐模糊，两者的业务多有重叠和交叉。例如，一些 PE 投资者也会投资于初创企业，而一些 VC 投资者也会关注成熟企业的投资机会。比如，著名的 PE 机构如凯雷（Carlyle）也涉及 VC 业务，其投资的携程网、聚众传媒等便是 VC 形式的投资。

2.1.3 生命周期理论

企业生命周期理论在股权融资领域的应用中，通常将企业的发展过程细分为五个阶段，即种子期、初创期、扩张期、成熟期和衰退期。

（1）种子期，企业生命周期中最初的阶段，也称为萌芽期或概念验证期。在这个阶段，企业通常处于创意或技术的研发阶段，产品或服务尚未成型，商业模式也尚未明确。企业的主要任务是验证创意的可行性，探索市场需求，以及为后续的发展制定初步的战略规划。在种子期，企业的融资需求较小，但非常关键，企业的主要资金来源可能包括创始人或团队的自有资金、亲友和家人的借款、天使投资人的投资等。

（2）初创期，企业从概念验证到实际运营的过渡期，此时企业已经完成了产品或服务的初步研发，并开始将其推向市场，尝试建立初步的客户基础。初创期的企业通常需要通过多种渠道筹集资金，除了创始人或团队的自有资金，企业还可以寻求天使投资、风险投资或政府资助等外部资金的支持。这些资金将用于支持企业的市场推广、产品改进、团队建设等方面。

（3）扩张期，企业已经建立了相对稳定的客户基础和市场地位，产品或服务也已被市场广泛接受。企业会通过增加生产线、扩大市场份额、开发新产品或服务、进行市场推广等方式实现快速增长和规模扩大。扩张期的企业通常会有较大的资金需求，为了支持其快速增长和扩张计划，企业可能会寻求风险投资、私募股权、债务融资等多元化的融资渠道，融资资金将用于支持企业的研发、生产、销售、市场推广和团队建设等方面。

（4）成熟期，企业已经建立了强大的市场地位，产品或服务在市场中占据了一定的份额，并且拥有稳定的客户群和收入来源，其主要目标是保持其市场地位，并寻求稳定增长。成熟期的企业通常拥有较为稳定的现金流和盈利能力，因此可能不需要像初创期和扩张期那样频繁地进行外部融资，其融资主要是出于保持市占率和行业领先地位、改善资本结构、实施战略合作、IPO 等目的。

（5）衰退期，企业销售额、利润等关键业绩指标开始下滑，可能连续多个季度或年度呈现负增长，其市场份额减少，在新产品、新技术或服务方面的创新能力减弱。衰退期的企业融资需求可能用于重组、转型或寻找新的市场机会，但可能难以通过传统的融资方式获得足够的资金支持，因此可通过资产出售、债务重组、并购重组、债转股等方式筹集资金。

企业在生命周期的不同阶段呈现出不同的特点和融资需求。根据清科研究中心数据（见图2.1），2023年中国股权投资市场的主要投资对象为扩张期企业，投资案例达3895起，占比41.5%，投资总金额3137.31亿元，占比45.3%。该阶段的企业产品或服务逐渐成熟，经受住了初创期各种风险的考验，展现出较强的盈利能力和发展态势，能实现企业价值的快速增值，成为股权投资者青睐的投资对象。

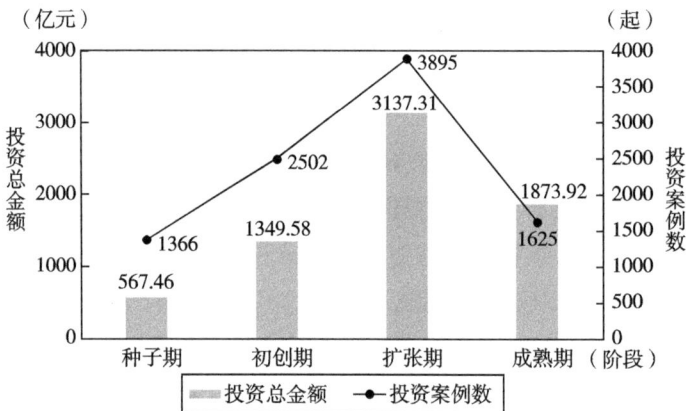

图2.1 2023年中国股权投资市场投资阶段分布

资料来源：清科研究中心。

2.1.4 优序融资理论

优序融资理论（Pecking Order Theory），亦称啄食顺序理论，是美国经济学家Myers和Majluf在1984年提出的关于公司资本结构的重要理论。该理论以信息不对称理论为基础，并考虑交易成本的存在，指出公司在为新项目或满足日常运营筹集资金时，将优先考虑使用内部的盈余，其次采用债券融资，最后才考虑股权融资，即遵循内部融资、外部债权融资、外部股权融资的顺序。

优序融资理论在 MM 理论的信息对称与不存在破产成本的前提假设条件下，认为当存在公司外部投资者与内部经理人之间的信息不对称时，由于投资者不了解公司的实际类型和经营前景，只能按照对公司价值的期望支付公司价值，因此如果公司采用外部融资方式，会引起公司价值的下降，所以公司增发股票是一个坏消息。如果公司具有内部盈余，那么公司应当先选择内部融资的方式。当公司必须依靠外部资金时，如果可以发行与非对称信息无关的债券，则公司的价值不会降低，因此债券融资比股权融资优先。

2.1.5 委托代理理论

委托代理理论（Principal-Agent Theory）是现代企业理论的重要组成部分，也是现代公司治理的逻辑起点。该理论起源于 20 世纪 30 年代，由美国经济学家 Berle 和 Means 提出，旨在研究在信息不对称和利益冲突的背景下，委托人（如股东）如何设计最优契约来激励代理人（如经理）为委托人的利益最大化服务。

委托代理理论的核心观点是，由于企业所有权和经营权分离，产生了委托人和代理人之间的信息不对称和利益冲突。委托人追求的是企业价值最大化，而代理人则可能追求个人利益的最大化，如更高的薪酬、更多的闲暇时间等。这种利益冲突可能导致代理人的行为偏离委托人的利益，从而产生代理问题。其主要内容包括：

（1）信息不对称。委托人和代理人之间存在的信息不对称是委托代理问题的根源。委托人往往难以完全掌握代理人的所有信息，而代理人则可能利用这种信息优势来追求个人利益。

（2）代理成本。为了缓解信息不对称和利益冲突带来的问题，委托人需要付出一定的成本监督和控制代理人，这些成本被称为代理成本。代理成本包括监督成本、约束成本和剩余损失等。

（3）激励与约束机制。委托代理理论强调，委托人需要设计合理的激励与约束机制来引导代理人的行为。这包括薪酬激励、股权激励、声誉激励等正面激励措施，以及监督、惩罚等负面约束机制。

（4）最优契约设计。在信息不对称和利益冲突的背景下，委托人需要设计最优的契约来激励代理人。这要求契约能够充分考虑代理人的风险偏好、努力程度、能力水平等因素，以实现双方利益的最大化。

委托代理问题在股权融资企业中尤为普遍。随着融资企业为实现其战略目标而迅速扩张，往往需要采取多轮股权融资才能满足其激增的资金需求。在此过程中，企业管理者的股权比例逐渐被稀释，而财务型股权投资者并不直接参与企业的日常运营决策，导致企业所有权与经营权相分离。由于股权投资者与企业管理者之间存在信息不对称和利益分歧，管理者可能不完全遵循股东利益最大化的原则来经营企业，进而引发双方频繁的矛盾和冲突。为缓解这一问题，股权投资者通常会要求获得董事会席位、重大事项一票否决权，甚至直接委派 CEO 来加强对企业的管理和监督。

2.2　研究问题界定

股权融资不仅是投融资双方关于企业价值评估和交易的过程，也是投融资双方合作提高企业价值并实现共赢的价值创造过程，涉及企业估值、投资额、投资阶段、经营目标、退出机制和控制权等一系列复杂问题。为明确研究内容和研究范畴，本书做出如下研究界定：

（1）本书研究成长型企业的"增资扩股型"股权融资。本书将研究对象确定为成长型企业，融资方式选择为"增资扩股型"融资，立足于为企业股权融资提供理论支持。本书强调实体经济与金融机构的协作，不研究纯资本层面的运作，如并购、产权交易、IPO 等。

（2）本书主要研究对象为扩张期的成长型企业，不考虑企业融资失败后会出现资金链断裂而导致破产的风险。企业"增资扩股型"融资的目的一般可分为两类：新业务探索（探索类成长型企业）和原业务的扩张（扩张类成长型企业）。虽然两类成长型企业的融资都需要关注企业运营，但"扩张类"与企业运营的关系更直接和紧密。因此，本书研究扩张期企业的股权融资，该类企业拥有一定的市场基础，以追求利润最大化为目标，而不是采用"烧钱"模式进行扩张以迅速占据市场（越来越多的案例表明，采取"烧钱"的扩张模式很难获得成功）。

（3）本书关注成长型零售企业 IPO 前的股权融资行为，不研究其 IPO 后的定向增发等再融资行为。本书强调企业成长性在股权融资中的核心地位，研究企业价值创造过程对股权融资的影响，而企业 IPO 后的定向增发决策更易受到企业股价的左右。

（4）本书关注财务投资者中的风险投资（VC）和私募股权投资（PE）行为，强调企业成长性对扩张期企业的重要作用，故暂不考虑天使投资（投资风险较高的种子期和初创期企业）、公司风险投资（Corporate Venture Capital，CVC，投资企业与融资企业可能产生"协同效应"）和政府引导基金（带有福利性质，且通常与其他类型的股权投资者共同投资）的投资行为。

（5）关于零售商利润和零售企业利润的说明：本书研究零售企业的股权融资问题，由于融资后零售企业的股权由零售商（原股东）和股权投资者共同拥有，股权投资者享有其股权对应的利润分配权。为便于区别，融资后零售企业的利润指零售商（原股东）的利润和股权投资者的利润之和，即零售企业进行企业运营后产生的利润；融资后零售商的利润指零售商（原股东）持有的股权占有的利润。股权融资前零售商全部持有零售企业的股权，零售商的利润即零售企业的利润。

2.3　国内外文献综述

本书从企业运营的视角研究成长型企业的股权融资问题，与本书研究相关的文献主要分为两类：一类是关于股权投/融资的研究，另一类是关于企业运营和融资的交叉研究。

2.3.1　股权投/融资研究现状

股权投/融资是一个非常复杂且漫长的过程，其主要步骤包括项目寻找和筛选、尽职调查、投资方案设计和交易构造、投后管理、项目退出，涉及企业估值、投资额、投资阶段、经营目标、退出机制和控制权等一系列因素。现有研究主要围绕以下几个方面展开：

2.3.1.1　股权投/融资对企业的助推作用

股权投资者不仅给予融资企业资金支持，还提供一系列增值服务以提高企业价值。Bocken（2015）指出，VC为企业提供三重底线（经济、环境和社会价值创造）的商业建议和网络支持，是企业可持续发展的关键因素。大量的实证研究表明，股权投/融资在改善公司治理、提高企业业绩和创新等诸多方面起着重要作用。

（1）股权投/融资有助于提高公司治理水平。Hellmann 和 Puri（2002）对硅谷初创企业的实证研究表明，VC 通过构建人力资源策略、采取股票期权计划，以及雇用市场和营销副总等方式提高企业的管理水平。Bettignies（2008）指出当投资回报较大时，CVC 通过高薪招募、挽留优秀的管理者，以激励管理者提高努力水平。王会娟和张然（2012）认为 PE 的参与能够提高薪酬业绩敏感性，进而提高公司治理水平。Bloom 等（2015）发现引入 PE 的企业拥有很强的人力资源管理和运营管理能力，其管理水平明显优于国有企业、家族企业和私人企业。股权投/融资也会影响企业的管理层结构。Boeker 和 Wiltbank（2005）指出，随着 VC 所有权的增加，其在董事会的代表给予了高管变动的额外影响。Suchard（2009）认为 VC 会通过招募具有行业经验的独立董事改善公司治理，因此 VC 投资的企业在 IPO 时拥有更多的独立董事。

（2）股权投/融资有助于提高企业业绩。Benson 和 Ziedonis（2009）指出企业可以从 CVC 投资中获得信息来提高业绩；Stubner 等（2007）对德国初创企业的实证研究表明，VC 带来的管理能力提升能提高企业业绩。对于改变了商业模式的初创企业而言，VC 参与程度与企业业绩正相关，而 VC 在此方面的经验可以增加 VC 参与程度对企业业绩的影响（Gerasymenko 等，2015）。Acharya 等（2012）指出，PE 的引入会使企业的销售和毛利率都高于同行。Paglia 和 Harjoto（2014）对比分析了 PE 和 VC 对企业业绩的提升作用，指出 PE 和 VC 的投资都可以提高实体企业的净销售和就业增长，VC 比 PE 的影响更大且更快，但持续时间更短。对于上市企业而言，VC 可以帮助其维持 IPO 后的业绩，而其他企业的业绩存在下滑趋势（Tang 等，2015）。Bruton 等（2010）通过实证分析指出 VC 和天使投资对企业的业绩影响有所不同。

（3）股权投/融资有助于提高企业创新能力。Lerner 等（2011）指出，VC 投资后企业专利引用率更高。Kortum 和 Lerner（2000）、Samila 和 Sorenson（2011）、邵同尧（2011）、张学勇和张叶青（2016）、陈思等（2017）均通过实证研究指出 VC 投资会提高企业的创新能力。Link 等（2014）认为，PE 的投资会加速科研技术的发展和商业化，提高了企业的创新能力。然而 Lahr 和 Mina（2016）对美国和英国企业的实证研究却表明：由于投资内生性，VC 对企业专利授予的影响不显著，它使企业的专利产出更合理化，但并未增加企业的专利数。对于引入 CVC 的企业而言，在技术或股权层面拥有较大影响的企业家更容易形成创新联盟（Galloway 等，2017），且 CVC 能指引高级管理层关注技术间断（Maula 等，2013），从而提升企业的创新能力。Chemmanur 等（2014）认为，由于投融资双方的技术和知识的融合，以及投资企业对融资企业失败的巨大容忍度，引入 CVC 的企业的创新能力要强于引入 VC 的企业。通过管理 CVC 网络中的企业位置，企业可以进一步提高其创新能力（Baierl 等，2016）。

此外，股权投/融资还可以增加就业（Davis 等，2011；Bernstein 等，2017）、提高企业 IPO 成功率（Shane 和 Stuart，2002；Hsu，2006；沈维涛等，2013；曾庆生等，2016）、改变 IPO 折价率（陈工孟等，2011）和抑价率（张学勇和廖理，2011；许昊等，2015），并在产品市场策略（Hellmann 和 Puri，2000）、盈余管理（Feng，2015）、电子商务的价值保留（Guo 等，2017）等方面为企业提供帮助。

2.3.1.2 股权投资标的企业的选择

基于世界各地历年的股权投/融资数据，学者对股权投资的标的企业选择开展了大量的实证研究，指出企业创新、企业家、投资者属性等因素会对股权投资中标的企业的选择决策产生影响。

（1）创新型企业更易受到股权投资者的青睐。Hellmann 和 Puri（2000）指出 VC 更倾向于投资成长性好的创新型企业，该结论得到 Link 等（2014）、Lahr 和 Mina（2016）、Groh 和 Wallmeroth（2016）的实证研究支持。张一林等（2016）指出，潜在投资者会被创新型企业的新技术、新产品的高额回报所吸引，创新型企业更易通过股权融资获得资金。但 Kellogg（2011）认为科学家的许多惊人创意因为缺乏市场而不会获得 VC 的喜爱，并为其技术转化以及如何获取 VC 投资提供了一系列建议。Gaba 和 Bhattacharya（2012）实证研究了信息科技企业的股权融资，指出当企业的创新接近管理层目标时，企业更可能引入 CVC 的投资。企业的创新通常以专利数、专利引用数等指标进行衡量。Zhou 等（2016）指出专利和商标权与 VC 投资可能性呈正相关，且同时拥有两者的企业获得 VC 投资的概率更高。Haeussler 和 Harhoff（2014）发现专利申请的规划和专利审查也会提高企业股权融资的可能性。

（2）企业家是股权投资者进行投资决策的重要因素。Hegde 和 Tumlinson（2014）指出，VC 更倾向于选择高管与其种族相近的企业进行投资。但企业家为少数民族、女性或外国人的企业更难获得 PE 或 VC 的投资（Paglia 和 Harjoto，2014）。Gimmon 和 Levie（2010）认为，企业家可以通过提高其管理才能和学术地位来吸引 VC 投资。Eckhardt 等（2006）指出，企业家对市场竞争、市场成长性和就业增长的认知会影响 VC 的投资选择。Shane 和 Stuart（2002）、Shane 和 Cable（2002）、Batjargal 和 Liu（2004）的实证研究均表明，企业家与 VC 的良好关系可以使其更容易获得 VC 投资。

（3）股权投资者的属性会影响其标的企业选择。Mayer 等（2002）对德国、以色列、日本和英国的企业股权融资开展了实证研究，指出不同资金来源的 VC 偏好处于不同成长阶段的企业。成立初期的 VC（Gompers，1996）以及存续期较长的 VC（Barrot，2016）会选择成长初期的企业进行投资。Dutta（2015）认为，成立初期的 VC 更倾向于投资具有探索性的创新企业，以产生更高的创新冲击，但此冲击在其存续期内不断衰减。Gould（2015）指出，VC 的教育背景也会影响其投资方向。

此外，影响股权投资者投资决策的因素还包括：信息不对称（Amit 等，1998）、电子口碑（Aggarwal 等，2012）、企业的媒体关注度（Petkova 等，2013）、企业的财务性竞争优势（吴翠凤等，2014）、企业政治关联（张天舒等，2015）、政府风险投资的获取（Guerini 和 Quas，2016）、地理距离（黄福广等，2014；董静等，2017）等。具体的投资决策方法可参考基于 Theil 指数的灰色评价方法（张识宇等，2011）、基于决策者后悔规避的方法（于超和樊治平，2016）以及基于贝叶斯修正的投资组合优化模型（胡支军等，2017）等。

2.3.1.3 股权投/融资的其他相关研究

除了上述两个方面的研究，学者还关注股权投/融资中的投资回报、价值评估、控制权、退出、委托代理等方面的相关性代表文献，如表 2.1 所示。

表 2.1 股权投/融资研究的相关文献分类

研究内容	代表文献
投资回报	Jackson 等（2012）、余琰等（2014）、Harris 等（2014）、Marquez（2015）、Fang 等（2015）、Gompers 等（2016）、Wang 和 Pu（2016）
价值评估	Penman（2011）、Estrada（2011）、Jacobs 和 Shivdasan（2012）、Bancel 和 Mittoo（2014）、Block 等（2014）、Zhang 等（2017）
控制权	Ma（2013）、Hirsch 和 Walz（2013）、Cestone（2014）、韩瑾等（2016）、王雷（2016）、陈庭强等（2014，2017）、Wang 等（2017）
委托代理	Bengtsson（2011）、Kandel 等（2011）、吴斌等（2012）、查博等（2015）、丁川和陈璐（2016）、Vergara 等（2016）、Lukas 等（2016）、Chakraborty 和 Ewens（2017）

研究内容	代表文献
退出	Cumming（2008）、Bienz 和 Walz（2010）、党兴华等（2011）、Félix 等（2014）、郑君君等（2013、2014、2015）、Guo 等（2015）、Bock 和 Schmidt（2015）
联合投资	Kogut 等（2007）、Tong 和 Li（2011）、周伶等（2014）、Wang 等（2016）、Jin 等（2016）、李波和梁樑（2017）

综合上述研究成果，现有文献主要以实证研究方法对股权投/融资的主要流程和作用开展了详细且深入的研究，研究结果指出企业成长性是股权投/融资的关键因素，本书将以企业成长性为核心，在股权投/融资中注入企业运营视角，对股权投/融资的主要流程（如企业估值、委托代理等问题）重新进行审视。此外，股权投/融资和企业运营仍处于相互独立的研究状态，且主要以股权投/融资的研究为主。目前已有较多学者指出企业运营和资本运营不可分割，如 Brander 和 Lewis（1986，1988）、Buzacott 和 Zhang（2004）等，股权投/融资与企业运营的关系也同样如此。

2.3.2 企业运营和融资的交叉研究

传统的资本结构理论（如 MM 理论、权衡理论、优序融资理论等）均基于企业的资本运作层面开展研究，忽视了企业在资本市场上的融资决策与产品市场上的运营决策之间的内在联系，企业融资和企业运营的研究一直处于相互独立的状态。实际上，企业融资和企业运营不可分割。一方面，企业的资本结构会通过债务的有限责任效应（Brander 和 Lewis，1986）和战略性破产效应（Brander 和 Lewis，1988）影响企业的运营决策，企业的现金流状况也会影响其订货决策（Katehakis 等，2016）。另一方面，企业的生产、订货、物流等运营决策会显著影响其现金流，从而影响其融资决策（Buzacott 和 Zhang，2004），产品市场上的竞争（De Bettignies 和 Duchêne，2015）、企业在竞争行业中的地位（Mackay 和 Phillips，2005）和企业的资源柔性（Chod 和 Zhou，2014）也会影响其资本结构。关于企业运营和融资的交叉研究主要集中于传统供应链金融的债权融资和交易信用融资方面，供应链金融的股权融资尚处于起步阶段。

2.3.2.1 供应链金融的债权融资

成长型企业信用基础薄弱、可抵押物价值低、信息不对称性强等特点使其银行贷款融资呈现出融资难、融资成本高、融资额有限的特征，极大地制约了成长型企业的发展。然而其拥有的较多流动资产（如存货、预付款和应收账款）以及作为供应链中核心企业的存在，促使了供应链金融债权融资的诞生和发展。供应链金融债权融资的核心是交易信用，根据风险控制体系的差别以及解决方案的问题导向纬度，可将供应链金融债权融资分为三大类：存货融资、应收账款融资和预付款融资。

（1）存货融资：Buzacott 和 Zhang（2004）首次将存货融资与运营决策相结合，研究了零售商的贷款金额和订货量决策，证明了生产和融资联合决策的重要性。Dada 和 Hu（2008）构建了零售商与金融机构之间的博弈模型，研究了金融机构（领导者）的利率和零售商（跟随者）的订货量决策。Yan 和 Sun（2013）进一步研究了多级博弈下的制造商的批发价格、银行的最优信贷额度以及零售商的订货量决策。Chen 和 Cai（2011）指出第三方物流提供的服务可以实现多方共赢，给出了存货融资优于供应商提供的交易信用融资的条件。鲁其辉等（2016）基于 EOQ 模型详细制定了存货融资三种模式（委托监管模式、物流银行模式、统一授信模式）下供应链成员的收益和决策，分析了制造商和物流企业参与融资的条件。此外，学者针对存货融资风险控制的核心——质押率也开展了相关研究。于辉和甄学平（2010）运用 Stackelberg 博弈理论和 VAR 计量方法，研究了银行追求利润最大化和权衡风险收益两种情形下的质押率决策。张钦红和赵泉午（2010）研究了存货需求随机波动下的最优质押率决策及其影响因素。李毅学等（2011）分析了统一授信模式下下侧风险规避的物流企业的季节性存货质押率决策。张小娟和王勇（2015）给出了零售商二次订货的最优仓单质押率和最优订购决策。孙喜梅和赵国坤（2015）基于供应链信用水平研究了供应链存货质押融资下银行的质押率决策及其影响因素，并与零售商单独融资进行了对比。刘蕾（2021）分析了统一授信模式下的动态质押融资服务定价，并与单一静态模式下的服务定价进行对比。

（2）应收账款融资：应收账款融资是我国最具发展前景的供应链金融债权融资模式，尤其是国有企业或所在地金融发展水平较高的企业，会更多地利用应收账款进行融资（江伟和姚文韬，2016）。鲁其辉等（2012）基于多阶段供应链决策模型研究了应收账款融资对供应链及其节点成员的价值。占济舟等（2014）在集中决策和分散决策下研究了应收账款融资和交易信用融资的联合决策。李泉林等（2016）对比分析了煤炭经销商的应收账款融资和民间借贷融资两种模式的融资决策。彭红军（2016）研究了产出不确定的供应链应收账款质押融资模式下的最优融资额度和运作策略。除应收账款质押融资外，保理和反向保理也是企业经常采取的应收账款融资方式。Klapper（2006）的实证研究指出保理可以使供应商将其高信用风险转移到高质量买家上，而高质量买家的反向保理可以降低供应商的信息不透明度。林强等（2016）在保理融资中考虑了实现多方共赢的数量折扣契约。杨睿琳等（2022）探讨了订单转保理融资模式下的供应链融资和库存决策，而南江霞等（2023）研究了订单转保理的供应链金融收益共享决策。Jin和 Wang（2020）研究了供应商和零售商均存在资金缺乏情况下的保理，制定了供应商运用保理融资实现供应链最优的策略。Chen 等（2020）对比分析了制造商的内部保理融资、提前支付融资和银行信贷融资三种方式。

（3）预付款融资：关于预付款融资的研究主要集中于保兑仓融资模式。Santomero 和 Eckles（2000）认为，保兑仓未来的发展应该与现代金融有机结合。Guillen（2006）也指出，企业在运用保兑仓时应加强与金融机构的合作，以提高企业效益。与先票后货标准授信模式相比，保兑仓融资模式更有利于降低分销商的库存成本，同时减少核心企业的库存水平（兰庆高和王婷睿，2014）。林强和贺勇（2015）对比了保兑仓融资和交易信用融资，发现保兑仓融资能增加零售商的订货量。牛攀峰和侯文华（2021）对比了供应商的预付款融资和股权融资，分析了自有资金水平对融资方式选择的影响。在契约机制和供应链协调方面，白少布和刘洪（2009）、林强和李苗（2013）分别给出了风险收益合约和收益共享契约下采取保兑仓模式实现多方共赢的条件。林强等（2017）研究了保兑仓模式在期末返利契约的协调问题。钱佳和王文利（2016）探讨了预付款融资下供应链协调的定价策略。此外，学者还关注预付款融资的风险研究。张目等（2015）从借款企业的信用风险、核心企业的信用风险及回购能力等六个方面构建了预付款融资模式下中小企业信用风险评价指标体系。王宗润等（2016）构建了零售商破产概率下的保兑仓融资模型，重点研究了供应商回购率对保兑仓融资的影响。

2.3.2.2 交易信用融资

交易信用是指供应链节点企业为资金不足的其他节点企业提供的提前或延迟支付货款服务，是一种短期的间接融资方式。英国超过 80% 的企业之间的交易是基于交易信用完成的（Wilson 和 Summers，2002），交易信用融资是美国最重要的公司短期融资渠道（Petersen 和 Rajan，1997），并有效地支撑了中国非国有企业的快速成长（Allen 等，2005）。学者对交易信用的研究主要集中在以下三个方面：

（1）交易信用融资和直接贷款融资的比较。在仅有一种融资途径时，Jing 等（2012）认为，交易信用融资会导致更高的批发价格，因此零售商选择直接贷款融资；Cai 等（2014）进一步考虑了融资市场的竞争性，表明当交易信用融资市场竞争性更强时，零售商偏好交易信用融资。当两种融资途径均存在时，Chen（2015）指出在批发价格契约下，交易信贷融资下制造商和零售商均能获得更高的收益，因此优于直接贷款融资。钟远光等（2011）指出初始资金约束的零售商在大多数情形下选择交易信用融资。Jing 等（2012）、Jing 和 Seidmann（2014）进一步研究了不同制造商成本下两种融资方式的选择。Kouvelis 和 Zhao（2012）提出了一种最佳结构的交易信贷契约（零售商提前付款享受批发价格折扣，延迟付款则付出利息），并指出在该契约下零售商总会选择交易信用融资。占济舟等（2015）研究了供应商资金缺乏、零售商提前支付享受批发价格折扣的融资问题，给出了交易信用融资优于直接贷款融资的条件。金伟和骆建文（2017）研究了双边资金约束供应链的组合融资策略（交易信用融资和直接贷款融资）。

（2）交易信用期限的制定。交易信用融资中信用期限的决策通常基于 EOQ 框架开展，Shi 和 Zhang（2010）基于 EOQ 模型指出供应商的资本成本是决定信用期限的重要因素。占济舟和张福利（2014）比较了供应链集中决策下的供应链绩效，给出了交易信用融资优于直接贷款融资的信用期限决策范围。Wang 等（2014）、Chen 和 Teng（2015）、Wu 等（2014，2016）采用现金流折现法研究了两级交易信用（供应商提供交易信用给零售商，零售商提供交易信息给消费者）的信用期限和生产周期决策。

（3）交易信用融资的供应链协调。Luo 和 Zhang（2012）研究了信息对称和不对称时交易信用融资的供应链协调问题，发现仅在信息对称下可实现供应链协调。陈祥锋（2013）指出，零售商存在破产风险且承担有限责任时，交易信用融资中的供应链协调仅能部分实现。但 Zhang 等（2014）认为交易信用融资下制造商会降低零售商的订货量而无法实现供应链协调。马中华和陈祥锋（2014）指出在信息不对称时，适度竞争环境可以实现供应链协调。学者进一步关注了实现供应链协调的契约机制，如数量折扣和零售商提前付款的组合契约（Zhang 等，2014；曾顺秋和骆建文，2015）、价格折扣和零售商提前付款的组合契约（曾顺秋和骆建文，2014）。

2.3.2.3　供应链金融的股权融资

供应链金融股权融资研究将股权融资决策与供应链运营相结合，目前尚处于起步阶段。王文利等（2020）发现供应商在自有资金较少时选择股权融资，在自有资金较多时选择债权融资；Yang 等（2017）分析了股权融资比例对供应商和两个产量竞争的零售商的影响，指出股权融资的低成本优势会使供应商受益，从而允许采取股权融资的零售商回归供应链。于辉团队探讨了股权融资后运营合作对象选择（于辉和李亚勋，2021），研究了企业股权融资时对赌协议的签订问题（邓杰和于辉，2020）。赵昕等（2022）研究了损失规避型零售商的股权融资决策，发现在合理谈判区间内，零售商会选择分红比例较低的投资方提供的股权融资。林强等（2023）指出当零售商的成长性较高时，投融资双方通常会采用零售商具有开拓市场控制权的股权融资方式达成合作。

综合以上研究成果，可以发现企业运营和融资的交叉研究均基于债权融资的层面开展，并得到了较多有价值、有管理学意义的研究成果，而企业运营和股权融资的交叉研究尚处于起步阶段。本书将在此基础上进一步深入探讨企业运营和股权投融资的内在联系，为股权投融资双方提供理论支持和科学建议。

2.4 文献评述

股权投/融资市场的蓬勃发展使其社会实践已领先于理论研究，如何缓解投融资双方的矛盾冲突，助力企业捕获成长机会，实现企业价值的快速增值和投融资双方的合作共赢，是国家、金融机构和实体经济发展的共同诉求，也急需相应的科学指导和理论支撑。目前，已有大量学者从股权投资视角开展研究，研究内容涵盖股权投/融资对企业的促进作用、标的企业选择、投资回报、价值评估、控制权等多个方面，理论研究已经逐渐发现股权投/融资不能与企业运营相互脱离，并得出了较多有价值的结论，展现出股权投/融资研究领域的美好前景。同时，企业运营和债权融资的交叉研究正如火如荼地开展，且已有研究在企业运营和股权融资的交叉领域进行了初步探索，为本书的研究打下了良好的基础。

本书在现有研究的基础上，从企业运营和融资的角度审视股权投/融资问题，将融资额和企业原股东的持股比例内生，并引入企业估值，构建了企业运营和股权融资之间的内在联系（企业运营的资金需求直接影响其股权融资额，而股权融资决策则通过企业原股东的持股比例影响其利益，进而影响企业的运营决策），深入研究企业运营对股权融资的影响。

3 成长型企业融资方式选择的供应链模型分析

3.1 引言

错误的选择融资方式和融资额可能给企业带来无法挽回的损失。"中国连锁百强企业"一丁集团凭借组装电脑市场的快速发展以及苹果产品的销售代理权的获得而实现了跨越式发展，其营业额在 2012 年高达 38 亿元。2015 年 12 月一丁在福州宣告破产，创始人吴建荣失联。一丁破产的根本原因在于其获得银行和厂商的大额授信后盲目扩张和超前布局，形成了一条靠借贷维持运转的资金链。当其某个环节出现问题时，资金将无法回收，就会形成多米诺骨牌效应导致企业轰然崩塌，以至于其创始人吴建荣得出"永远不要跟银行借钱"和"永远不要向民间借贷"等有失偏颇的经验教训。债权人的索债行为可能成为压死企业的最后一根稻草，股权融资由于出让的是企业股权而不存在此风险，但企业创始人和股权投资者之间的冲突却更为激烈。上海永乐、太子奶、中华英才等企业的创始人均因对赌失败而彻底失去企业的控制权，雷士照明、娃哈哈集团、国美电器、新浪网等知名企业也因控制权问题与股权投资者发生了激烈冲突。上述矛盾的根源在于企业在做融资决策时未能合理地估计企业运营对现金流的影响，以及企业价值创造给企业带来的价值增值，以致做出错误的选择。本章将在企业的融资中注入企业运营的视角，研究成长型企业在快速发展过程中的最优融资方式选择。

关于企业融资方式选择的研究起源于企业的资本结构理论。MM 理论认为，在完美竞争市场中，公司的价值与其资本结构无关（Modigliani 和 Miller，1958）；在仅考虑公司所得税的情况下，债权融资可产生节税收益从而提高企业价值（Modigliani 和 Miller，1963）；当进一步考虑个人所得税时，债权融资对企业价值的提升取决于公司所得税率和个人所得税率的大小（Miller，1977）。通过放宽MM理论的完全信息假设，Myers 和 Majluf（1984）提出了著名的优序融资理论。该理论认为，企业管理者拥有更多关于企业未来收益及风险的私人信息，企业融资方式的选择会传递这些信息进而影响企业的股价及价值，因此融资方式不会遵循 Rendleman（1980）提出的"高估的企业选择股权融资，低估的企业选择债权融资"的观点，而是应顺序地选择内源融资、债权融资和股权融资。然而在考虑更多影响因素后，企业的融资方式不一定服从优序融资理论。Viswanath（1993）指出在多周期情况下，即使企业能获得足够的现金或债权融资额，股权融资仍可能是被低估企业的最优选择。Kochhar 和 Hitt（1998）实证研究表明，相关多元化的企业偏好股权融资，非相关多元化的企业偏好债权融资。此外，企业的融资方式还与其风险相关（Bolton 和 Freixas，2000；Winton 和 Yerramilli，2008）。

成长型企业独有的特征导致其融资方式有所不同。成长型企业内部盈余有限，内源融资能力不足；其拥有的抵押物价值较低，且信用基础薄弱，因而债权融资也受到限制。股权投资者在筛选企业方面具有更专业的知识，并拥有董事会席位和投票权，对企业的监督更为便利（Kaplan 和 Stromberg，2001），因此在股权融资中，资本的限额配给将不复存在（De Meza 和 Webb，1987）。Ueda（2004）指出初创企业低抵押物价值、高风险、高成长性和高回报的特征使其选择股权融资而不是债权融资。尤其是创新型中小企业缺乏抵押物而难以通过债权融资，股权融资可能是其唯一选择（Schfer 等，2004）。企业项目失败的惩罚也会影响创业者的融资方式：若失败惩罚较高，创业者会选择保守项目和债权融资；若失败惩罚较低，创业者会选择高风险项目和股权融资（Landier，2003）。

已有的文献研究在模型和实证两个方面对企业在不同影响因素下的融资方式选择进行了较好的阐述，其中大部分模型研究（尤其是基于 MM 理论和优序融资理论的研究）均以企业价值最大化为目标，从企业收益分配和资本成本的角度考虑企业融资方式的选择问题，而并未考虑企业运营产生的影响。实际上，企业的资本结构与企业运营不可分割。企业的资本结构会通过债务的有限责任效应（Brander 和 Lewis，1986）和战略性破产效应（Brander 和 Lewis，1988）影响企业的运营决策，而企业的生产、订货、物流等运营决策会显著地影响其现金流（Buzacott 和 Zhang，2004），需求和成本的不确定性（Showalter，1995；De Jong 等，2007）、市场占有率（De Jong 等，2008；Mitani，2014）等因素也会影响企业的债权融资决策。随着供应链金融的兴起，企业运营下的债权融资问题已成为学者研究的焦点，但企业运营下的股权融资问题却鲜有开展，使基于运营视角的企业融资方式选择的研究仍处于一片空白。本章延续了优序融资理论中企业原股东利益最大化的假定，但不考虑其融资方式选择传递的关于企业价值和风险等信息对企业股价的影响（因为绝大部分成长型企业尚未公开发行股票），而从运营视角审视成长型企业的融资方式选择。

3.2 问题描述及假设

考虑一个二级供应链，零售商固定资金为 A，自有资金为 η，面临市场需求 $D = a - bp$，其订货量为 q，产品的销售价格为 p，供应商的批发价格为 w，单位成本为 c。融资前零售商的自有资金 η 刚好能满足企业运营，即 $\eta = wq$。当其面临较好市场机遇时，可通过付出努力水平 e 进行市场开拓，但由于自有资金不足而选择债权或股权融资。融资额 $B(e)$ 取决于市场开拓的努力成本和企业运营的订货成本产生的资金缺口，过多的融资额会使部分资金闲置，导致债权融资中资本成本增加，股权融资中零售商的持股比例和利润降低。当其采取股权融资时，假设股权投资者（VC/PE）为财务投资者而非战略投资者，不参与企业经营决策。

模型其他相关变量及参数定义见表 3.1。

表 3.1 参数定义

变量	定义
λ	零售企业使用固定资产抵押进行债权融资时的抵押率
r	债权融资的资本成本率，即贷款利率
α	零售企业股权融资的市净率估值
β	零售企业的市场成长因子
s	零售商市场开拓的努力成本参数，$s > 0$

3.3 基准模型

在二级供应链中，零售商和供应商订立批发价契约，零售商按市场需求订货，供应商和零售商均以利润最大化为目标进行运营，系统流程如图 3.1 所示。

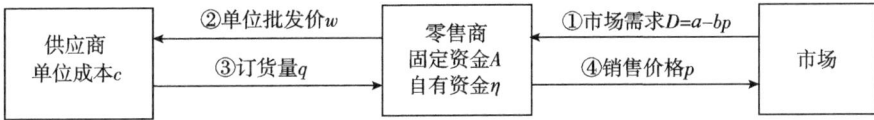

图 3.1 基准模型的系统流程

零售商的利润函数为

$$\pi_r(q) = pD - wq = -\frac{1}{b}q^2 + \left(\frac{a}{b} - w\right)q$$

供应商的利润函数为

$$\pi_s(w) = (w - c)q$$

双方进行 Stackelberg 博弈，则供应商的最优批发价为 $w^* = \frac{a+bc}{2b}$，零售商的

最优销售价格为 $p^* = \frac{3a+bc}{4b}$，最优订货量为 $q^* = \frac{a-bc}{4}$。供应商的最大利润为

$\pi_s(w^*) = \frac{(a-bc)^2}{8b}$，零售商的最大利润为 $\pi_r(q^*) = \frac{(a-bc)^2}{16b}$，零售商的自有资金

为 $\eta = w^* q^* = \frac{a^2 - b^2c^2}{8b}$。

3.4 融资模型

在基准模型基础上，当零售商面临较好市场机遇（如在大范围市场上存在明显没有被满足的现实需求，或整个行业面临良好的发展前景和市场空间）时，可通过付出努力水平 e 进行市场开拓。市场开拓扩大了市场规模，新的市场需求 $D(e)$ 可细分为基本需求 D 和市场开拓努力带来的需求增长 βe，并产生努力成本 $se^2/2$（Taylor，2002；梁昌勇和叶春森，2015）。假设市场开拓后零售商的产品销售价格保持不变，则新的需求为：

$$D(e) = a - bp^* + \beta e = q^* + \beta e$$

零售商在做融资决策时需考虑企业运营带来的影响。根据供应商在面对零售商市场开拓后订货量增加的反应，可分为以下两种情况：

（1）供应商不参与博弈：当零售商融资进行市场开拓后，供应商面临零售商订货量增加而不改变批发价格 w^*（比如零售商与供应商签订长期供应合同，批发价格外生的具体解释可参考 Dong 和 Rudi（2004）、Özer 和 Wei（2006）、Dong 和 Zhu（2007））。

（2）供应商参与博弈：零售商进行市场开拓后，供应商作为领导者制定新的批发价格，零售商作为跟随者制定努力水平最大化其所持股份占有的利润（债权融资下即为零售企业的利润，股权融资下为企业利润乘以零售商的持股比例）。

3.4.1 供应商不参与博弈的融资模型

若供应商针对零售商的订货量增加不做出反应，面临给定的利率水平（债权融资）和估值水平（股权融资），零售商可选择债权融资或股权融资来获取资金 $B(e)$ 进行市场开拓，并制定努力水平最大化其所持股份占有的利润。

零售商选择过多的融资额会使部分资金闲置，导致债权融资中资本成本增加，股权融资中持股比例和利润降低。因此，零售商的融资额应根据企业运营所需资金确定，即 $w^* q(e)+\dfrac{1}{2}se^2 = \eta+B(e)$，则：

$$B(e)= w^* q^* -\eta+w^* \beta e+\frac{1}{2}se^2$$

3.4.1.1 债权融资模型

假设零售商面临良好的市场机遇时采取债权融资，由于信息不对称及其薄弱的信用基础，银行通常要求零售商以固定资产作为抵押，抵押率为 λ，贷款利率为 r，贷款额为 $B(e)$。零售商抵押物价值有限，其融资额不应高于最高贷款额 λA，即：

$$B(e)= w^* q^* -\eta+w^* \beta e+\frac{1}{2}se^2 \leqslant \lambda A$$

零售商使用该资金进行市场开拓，待产品售出、资金回笼后对银行还本付息。供应商不参与博弈时零售商选择债权融资进行市场开拓的系统流程如图 3.2 所示。

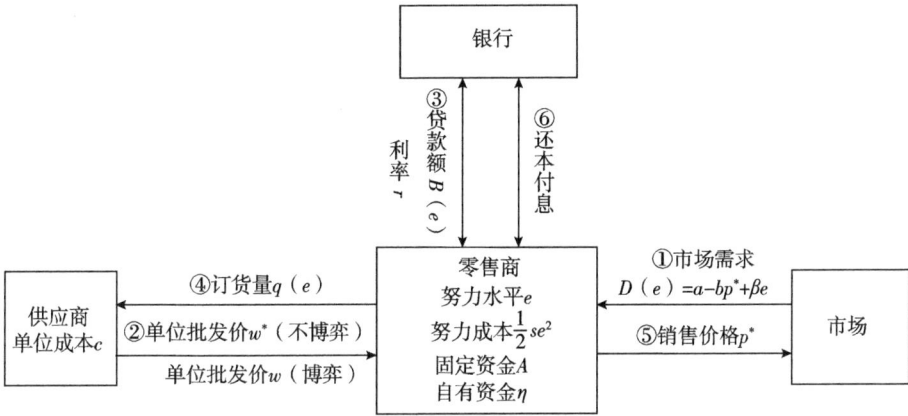

图 3.2　零售商债权融资的系统流程

由于零售商完全依靠融资额进行市场开拓，则银行贷款的利率应满足 $p^* > (1+r)w^*$，否则零售商采取债权融资进行市场开拓不仅无利可图，还会产生努力成本导致企业利润降低，此时零售商不会选择债权融资。

当零售商通过债权融资进行市场开拓后，其利润为：

$$\pi_r(e) = (p^* - w^*)(q^* + \beta e) - \frac{1}{2}se^2 - rB(e)$$

$$= -\frac{1}{2}s(1+r)e^2 + \beta[p^* - (1+r)w^*]e + (p^* - w^*)q^* + r(w^*q^* - \eta)$$

因此，供应商不参与博弈时追求利润最大化的零售商采取债权融资进行市场开拓的问题可描述为：

$$\max\pi_r(e) = -\frac{1}{2}s(1+r)e^2 + \beta[p^* - (1+r)w^*]e + (p^* - w^*)q^* + r(w^*q^* - \eta)$$

$$\text{s. t.} \begin{cases} B(e) = w^*q^* - \eta + w^*\beta e + \frac{1}{2}se^2 \leqslant \lambda A \\ e \geqslant 0 \end{cases} \tag{3.1}$$

定理 3.1　若零售商采取债权融资进行市场开拓后供应商不参与博弈，则追求利润最大化的零售商的最优努力水平为：

$$e_{D1}^* = \begin{cases} \dfrac{\beta[p^*/(1+r) - w^*]}{s} & \text{if } \beta < \beta_{cr} \\ \dfrac{-w^*\beta + \sqrt{(w^*\beta)^2 + 2s\lambda A}}{s} & \text{if } \beta \geqslant \beta_{cr} \end{cases}$$

其中，$\beta_{cr} = \sqrt{\dfrac{2s\lambda A}{[p^*/(1+r)]^2 - (w^*)^2}}$。

零售商的融资额为：

$$B(e_{D1}^*) = \begin{cases} \dfrac{\beta^2\{[p^*/(1+r)]^2 - (w^*)^2\}}{2s} & \text{if } \beta < \beta_{cr} \\ \lambda A & \text{if } \beta \geqslant \beta_{cr} \end{cases}$$

零售商的利润为：

$$\pi_r(e_{D1}^*) = \begin{cases} \dfrac{\beta^2[p^* - w^*(1+r)]^2}{2s(1+r)} + (p^* - w^*)q^* & \text{if } \beta < \beta_{cr} \\ (p^* - w^*)q^* - \lambda(1+r)A + \dfrac{\beta p^*}{s}\left(\sqrt{(\beta w^*)^2 + 2s\lambda A} - \beta w^*\right) & \text{if } \beta \geqslant \beta_{cr} \end{cases}$$

由定理 3.1 可知：

$$\frac{\partial \pi_r(e_{D1}^*)}{\partial \beta} = \begin{cases} \dfrac{2\beta[p^* - w^*(1+r)]^2}{2s(1+r)} > 0 & \text{if } \beta < \beta_{cr} \\ \dfrac{p^*}{s\sqrt{(\beta w^*)^2 + 2s\lambda A}}\left(\sqrt{(\beta w^*)^2 + 2s\lambda A} - \beta w^*\right)^2 > 0 & \text{if } \beta \geqslant \beta_{cr} \end{cases}$$

易证在 $\beta = \beta_{cr}$ 处零售商的利润连续，故其利润随着市场成长性的增加而增加，均大于不融资时的利润。但较低的银行利率会诱使零售商选择更高的融资额，而低抵押率以及抵押物价值则直接降低了融资额上限，使成长性较好的零售商更易受到融资额限制（β_{cr} 更小）而被迫降低努力水平，其成长性不能通过债权融资完全激活。低成长性的零售商由于融资额较少而未受限制，可采取债权融资获得发展。

3.4.1.2 股权融资模型

若零售商在市场开拓过程中由于资金不足而选择向股权投资者融资，融资额为 $B(e)$。投融资双方采用市净率法对企业进行估值，市净率估值为 α。在不考虑企业负债和其他资产的情况下，企业的净资产为 $A + \eta$，则融资前企业估值为 $\alpha(A + \eta)$，融资后企业估值为 $\alpha(A + \eta) + B(e)$，故零售商的持股比例为 $\dfrac{\alpha(A + \eta)}{\alpha(A + \eta) + B(e)}$，股权投资者的持股比例为 $\dfrac{B(e)}{\alpha(A + \eta) + B(e)}$。

股权投资者作为财务投资者不干预企业的运营，股权融资后企业的运营决策仍由零售商制定。面临给定的估值水平和市场信息，零售商通过制定努力水平来最大化其所持股份占有的利润。供应商不参与博弈时零售商选择股权融资进行市场开拓的系统流程图如图 3.3 所示。

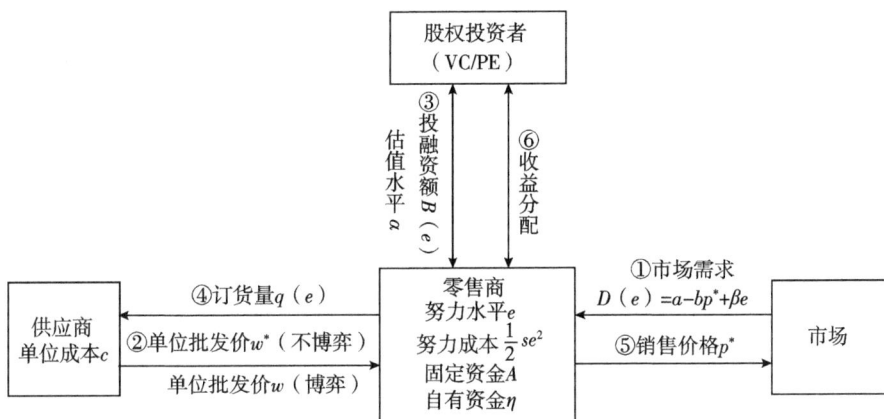

图 3.3 零售商股权融资的系统流程

当零售商通过股权融资进行市场开拓后，零售企业的总利润为：

$$\pi(e)=(p^*-w^*)(q^*+\beta e)-\frac{1}{2}se^2$$

零售商所持股份占有的利润为：

$$\pi_r(e)=\frac{\alpha(A+\eta)}{\alpha(A+\eta)+B(e)}\left[(p^*-w^*)(q^*+\beta e)-\frac{1}{2}se^2\right]$$

因此，供应商不参与博弈时零售商采取股权融资进行市场开拓的问题可描述为：

$$\max\pi_r(e)=\frac{\alpha(A+\eta)}{\alpha(A+\eta)+B(e)}\left[(p^*-w^*)(q^*+\beta e)-\frac{1}{2}se^2\right]$$

$$\text{s. t. }\begin{cases}B(e)=w^*q^*-\eta+w^*\beta e+\frac{1}{2}se^2\\[2mm]e\geqslant 0\end{cases}$$

定理 3.2 若零售商采取股权融资进行市场开拓后供应商不参与博弈，则追求利润最大化的零售商的最优努力水平为：

$$e_{S1}^*=\begin{cases}0 & \text{if } \alpha<\dfrac{\eta}{A+\eta}\\[4mm]\dfrac{-I+\sqrt{I^2+2\beta^2p^*(p^*-w^*)(T-\eta)/s}}{\beta p^*} & \text{if } \alpha\geqslant\dfrac{\eta}{A+\eta}\end{cases}$$

零售商的融资额为：$B(e_{S1}^*) = w^* \beta e_{S1}^* + \dfrac{1}{2} s(e_{S1}^*)^2$，零售商的利润为：$\pi_r(e_{S1}^*) =$

$\dfrac{T}{T+B(e_{S1}^*)} \left[(p^*-w^*)(q^*+\beta e_{S1}^*) - \dfrac{1}{2} s(e_{S1}^*)^2 \right]$。其中，$T=\alpha(A+\eta)$，$I=T-\eta+p^* q^*$。

因此，当采用市净率法对零售商进行估值时，企业价值不应低于其流动资金，否则零售商不会选择股权融资。由于该条件在现实中基本能获得满足，在后续数值分析的讨论中仅考虑 $\alpha \geqslant \eta/(A+\eta)$ 的情形。

3.4.2　供应商参与博弈的融资模型

进一步考虑供应商参与博弈下的零售商融资问题，即在零售商融资进行市场开拓过程中，供应商作为领导者制定批发价格最大化其利润，零售商作为跟随者制定努力水平最大化其所持股份占有的利润。

3.4.2.1　债权融资模型

若零售商选择以债权融资进行市场开拓，则供应商参与博弈下其系统流程如图 3.2 所示，零售商市场开拓后的利润为：

$$\pi_r(e) = (p^*-w)(q^*+\beta e) - \frac{1}{2} se^2 - rB(e)$$

供应商的利润为：

$$\pi_s(w) = (w-c)(q^*+\beta e)$$

当零售商选择债权融资进行市场开拓后供应商作为领导者参与博弈，双方追求各自利润最大化的问题可描述为：

$$\max \pi_s(w) = (w-c)(q^*+\beta e)$$

$$\max \pi_r(e) = (p^*-w)(q^*+\beta e) - \frac{1}{2} se^2 - rB(e)$$

$$\text{s. t.} \begin{cases} B(e) = w(q^*+\beta e) - \eta + \dfrac{1}{2} se^2 \leqslant \lambda A \\ e \geqslant 0 \end{cases}$$

定理 3.3　若零售商选择债权融资进行市场开拓后供应商作为领导者参与博弈，则：

（1）当 $\lambda A + \eta > \dfrac{p^* q^*}{1+r}$ 时，供应商的最优批发价格为：

$$w_D^* = \begin{cases} w_1 & \text{条件 1} \\ w_3 & \text{条件 2} \\ p^*/(1+r) & \text{其他} \end{cases}$$

零售商的最优努力水平为 $e_{D2}^* = \dfrac{\beta[p^* - (1+r)w_D^*]}{s(1+r)}$。

其中，条件 1 为下列三个条件的并集：

$$\begin{cases} \beta \subset [\beta_1, \beta_2] \cap (\beta_3, +\infty) \\ \beta \subset \{(0, \beta_1) \cup (\beta_2, +\infty)\} \cap \{[\beta_3, \beta_6) \cup [\max(\beta_3, \beta_5, \beta_6), +\infty)\} \text{ 且 } w_1 \geq w_3 \\ \beta \subset \{(0, \beta_1) \cup (\beta_2, +\infty)\} \cap [\beta_5, \beta_6] \cap [\beta_3, +\infty) \end{cases}$$

条件 2 为 $\beta \subset \{(0, \beta_1) \cup (\beta_2, +\infty)\} \cap \{[\beta_3, \beta_6) \cup [\max(\beta_3, \beta_5, \beta_6), +\infty)\}$ 且 $w_1 < w_3$。

（2）当 $\lambda A + \eta \leq \dfrac{p^* q^*}{1+r}$ 时，供应商的最优批发价格为 $w_D^* = p^*/(1+r)$。零售商的最优努力水平为：

$$e_{D2}^* = \frac{-w_D^* \beta + \sqrt{(w_D^* \beta)^2 + 2s(\lambda A + \eta - w_D^* q)}}{s}$$

其中，

$$\beta_1 = \frac{\sqrt{s(\lambda A + \eta) - s\sqrt{(\lambda A + \eta)^2 - [p^* q^*/(1+r)]^2}}}{p^*/(1+r)}$$

$$\beta_2 = \frac{\sqrt{s(\lambda A + \eta) + s\sqrt{(\lambda A + \eta)^2 - [p^* q^*/(1+r)]^2}}}{p^*/(1+r)}$$

$$\beta_3 = \sqrt{\frac{sq^*}{p^*/(1+r) - c}}, \quad \beta_5 = \sqrt{\frac{2s(\lambda A + \eta - cq)}{[p^*/(1+r)]^2 - c^2}}, \quad \beta_6 = \sqrt{\frac{sq^*}{c}}$$

w_1 和 w_3 分别为：

$$w_1 = \frac{1}{2}\left(\frac{sq^*}{\beta^2} + c + \frac{1}{1+r}p^*\right), \quad w_3 = \frac{sq^* + \sqrt{(sq^*)^2 - \beta^2\{2s(\lambda A + \eta) - [\beta p^*/(1+r)]^2\}}}{\beta^2}$$

3.4.2.2 股权融资模型

若零售商选择以股权融资进行市场开拓，则供应商参与博弈下其系统流程如图 3.3 所示，零售商所持股份占有的利润为：

$$\pi_r(e) = \frac{\alpha(A+\eta)}{\alpha(A+\eta)+B(e)}\left[(p^*-w)(q^*+\beta e)-\frac{1}{2}se^2\right]$$

供应商的利润为：

$$\pi_s(w) = (w-c)(q^*+\beta e)$$

因此，当零售商选择股权融资进行市场开拓后供应商作为领导者参与博弈，双方追求各自利润最大化的问题可描述为：

$$\max\pi_s(w) = (w-c)(q^*+\beta e)$$

$$\max\pi_r(e) = \frac{\alpha(A+\eta)}{\alpha(A+\eta)+B(e)}\left[(p^*-w)(q^*+\beta e)-\frac{1}{2}se^2\right]$$

$$\text{s. t.} \begin{cases} B(e) = wq^* - \eta + w\beta e + \dfrac{1}{2}se^2 \\ e \geqslant 0 \end{cases}$$

定理 3.4 若零售商选择股权融资进行市场开拓后供应商作为领导者参与博弈，则供应商的最优批发价格为：

$$w_s^* = \begin{cases} p^* & \text{if } \alpha < \dfrac{\eta}{A+\eta} \\ \min[\max(c,\ w_5),\ p^*] & \text{if } \alpha \geqslant \dfrac{\eta}{A+\eta} \end{cases}$$

零售商的最优努力水平为：

$$e_{S2}^* = \frac{-I+\sqrt{I^2+2\beta^2 p^*(p^*-w_s^*)(T-\eta)/s}}{\beta p^*}$$

其中，$T=\alpha(A+\eta)$，$I=T+p^*q^*-\eta$，$D=sI^2+\beta^2 p^*(T-\eta)(2p^*+c)$，且

$$w_5 = \frac{3D-s(T-\eta)^2-\sqrt{[3D-s(T-\eta)^2]^2+9s(T-\eta)^2[sI^2+2\beta^2(p^*)^2(T-\eta)]-9D^2}}{9\beta^2 p^*(T-\eta)}$$

3.5 数值分析

本节拟通过数值仿真分析：①供应商参与和不参与博弈下零售商的最优融资方式；②企业的估值水平和市场成长性将如何影响其融资方式；③供应商的博弈行为对企业融资方式选择产生的影响。

基本参数选取：$a = 2000$，$b = 5$，$c = 50$，$s = 1$，$r = 10\%$，$\lambda = 0.8$，则 $p^* = 312.5$，$w^* = 225$，$q^* = 437.5$，$\eta = w^* q^* = 98437.5$，$A = 3\eta$。

3.5.1　被低估企业的融资方式选择

当企业的估值水平较低时（如 $\alpha = 1$，即企业的估值等于其净资产，此时并未考虑企业的成长性，可认为企业被低估），图3.4实线部分给出了供应商不参与博弈时零售商不融资、采取债权融资和股权融资进行市场开拓的仿真结果：①当市场成长性较低时（本例中 $\beta < 4.65$），采取债权融资的零售商选择更高的努力水平（见图3.4（a））、订货量（见图3.4（c））和融资额（见图3.4（d）），获取高于股权融资下的利润（图3.4（e））且不会失去任何股权，债权融资是零售商的最优选择。②当市场成长性上升时（$4.65 \leqslant \beta < 14$），零售商因债权融资额受限而无法完全激活企业成长性，而股权融资下资金不受限制，零售商会选择更高的努力水平、订货量和融资额来加快企业的发展，但持股比例的降低使零售商的利润仍低于债权融资下的利润，债权融资依然是零售商的最优选择。③当市场成长性进一步增加时（$\beta \geqslant 14$），零售商的利润、订货量（反映了市场规模）均大幅度增加，股权融资极大地促进了企业的成长；债权融资仅能激活企业有限的成长性，零售商的利润低于股权融资下的利润，故高成长性的零售商被低估时会选择股权融资。

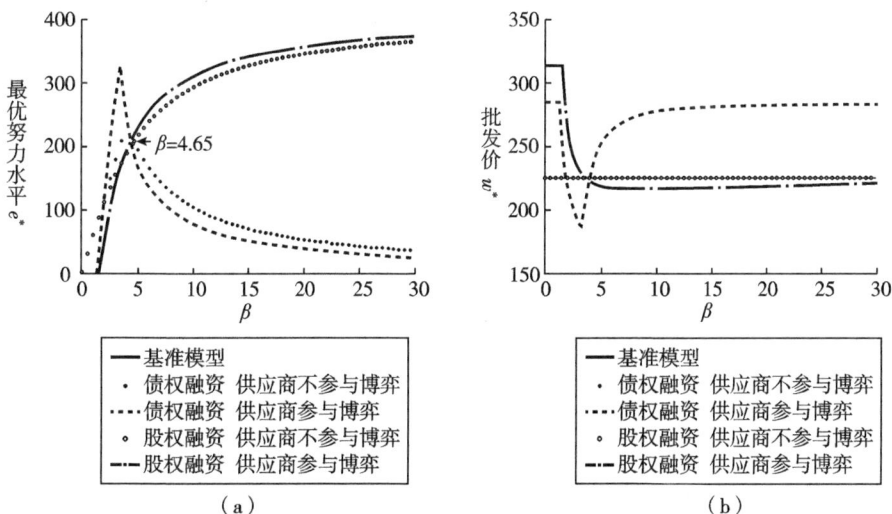

（a）

（b）

图3.4　基准模型、债权融资和股权融资的比较（$\alpha = 1$）

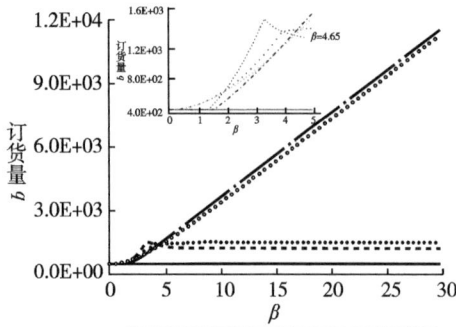

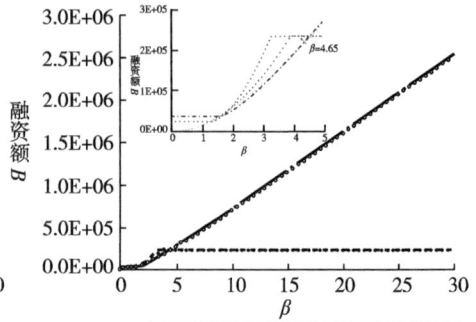

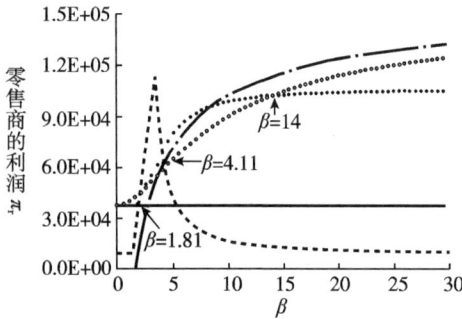

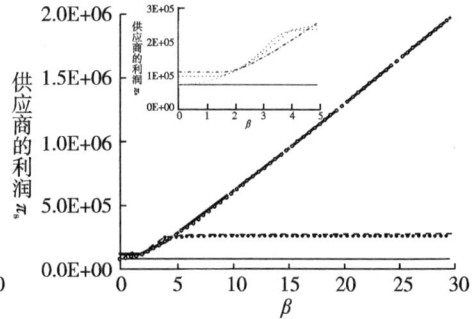

图3.4　基准模型、债权融资和股权融资的比较（$\alpha=1$）（续）

注：子图中的小图为局部放大图。

　　因此，基于企业运营视角审视零售商在供应商不参与博弈时的融资方式选择，可以从一定程度上解释文献中关于低估企业融资方式选择的分歧。Rendleman（1980）和优序融资理论（Myers 和 Majluf，1984）认为企业被低估时应选择债权融资，Viswanath（1993）则认为应选择股权融资。数值分析的结果表明：在中低成长性下，零售商通过债权融资能获得其发展所需的全部或大部分资金，故而倾向于选择债权融资，符合优序融资理论以及 Rendleman（1980）的结论；在高成长性下，Viswanath（1993）的"低估时可能选择股权融资"成立，而优序融资理论和 Rendleman（1980）未考虑企业成长性这一因素，忽视了有限的债权融资额对高成长性企业发展的巨大限制，从而得出不同的结论。

当供应商参与博弈时（见图3.4虚线部分），拥有主导权的供应商通过制定不同的批发价格（见图3.4（b））来提升其利润，导致零售商的融资方式发生改变（见图3.6左图）。当预期到零售商进行市场开拓带来的订货量增加较少，或零售商因融资额受限而不能进一步提高订货量时，处于领导地位的供应商均会提高批发价格来侵蚀零售商的利润（见图3.4（b）和图3.4（e））。当预期到零售商进行市场开拓可大幅提高订货量时，供应商会降低批发价格来最大化其利润，以此激励零售商选择更高的努力水平、订货量和融资额，从而实现双方共赢。因此，与供应商不参与博弈相比，供应商参与博弈削弱了低成长性零售企业融资后（无论是债权还是股权）的盈利能力，以及高成长性零售企业在债权融资后的盈利能力，但增强了债权融资下部分中等成长性零售企业和股权融资下中高成长性零售企业的盈利能力。供应商的博弈行为使低成长性的零售商放弃债权融资而选择不融资，而一部分中等成长性的零售商放弃债权融资而选择股权融资。故供应商参与博弈时零售商的融资方式为：低成长性（$\beta < 1.81$）下不进行融资，中成长性下（$1.81 \leqslant \beta \leqslant 4.11$）选择债权融资，高成长性（$\beta > 4.11$）下选择股权融资。

3.5.2　被高估企业的融资方式选择

企业估值较高时（如 $\alpha = 6$，远高于我国 A 股市场上市的零售行业的市净率2.22，数据截至 2017 年 6 月 2 日）的仿真结果及最优融资方式如图3.5和图3.6所示。在供应商不参与博弈时，估值较高时零售商拥有更多的股权（见图3.5（a）），可获得高于债权融资的利润而彻底放弃债权融资，此时股权融资是零售商唯一的最优选择。在不考虑企业融资方式选择传递的信息对企业股价影响的情况下，该结论与优序融资理论、Rendleman（1980）和 Viswanath（1993）结论一致。当供应商参与博弈时，估值水平的上升会使选择债权融资中成长性相对较好的企业（$3.46 \leqslant \beta \leqslant 4.11$）获得更高的利润，从而放弃债权融资而选择股权融资。因此，无论供应商是否参与博弈，估值水平的提高有利于零售商获得更多股权以及利润，从而改变低估时选择债权融资的部分零售商的融资方式。

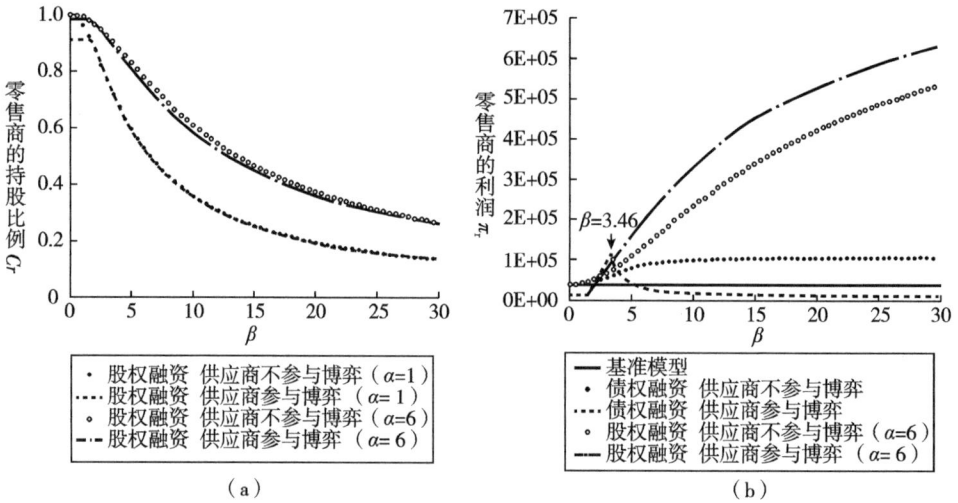

（a）

（b）

图3.5 （a）低估和高估时零售商持股比例的比较 （b）高估时基准模型、债权和股权融资的比较

本章的研究结论及其与文献的对比可归结如图3.6和表3.2所示。当考虑成长性、估值、供应商的博弈行为等更多因素时，企业的融资方式呈现出更复杂的变化。在供应商不参与博弈时，无论零售商在股权融资过程中被低估还是高估，高成长性的零售商总会选择股权融资，这与Ueda（2004）的"高成长性企业会选择股权融资"以及Schfer等（2004）的"股权融资可能是创新型企业的唯一选择"结论一致，而中低成长性零售商的融资方式选择与估值水平相关。供应商参与博弈均会使企业随着其成长性的增加而顺序地选择不融资、债权融资和股权融资：在低成长性下，供应商主导权的使用侵蚀了零售商的利润，迫使零售商选择不融资；在中成长性下，债权融资仍显示出其融资成本低的优越性，此时优序融理论适用于成长型企业；在高成长性下债权融资仅能激活企业有限的成长性，而股权融资极大地推动了企业发展，故成为零售商的最优选择。

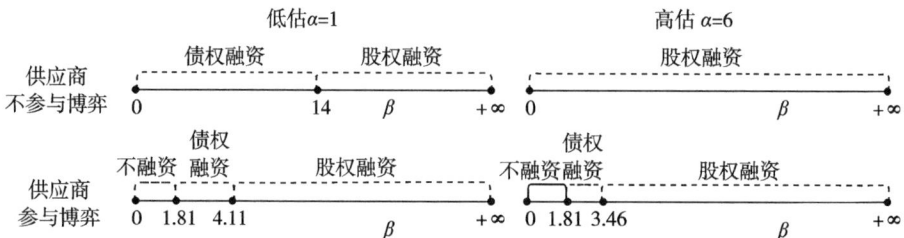

图3.6 供应链参与和不参与博弈时零售商被低估和高估时的最优融资方式选择

表 3.2　仅考虑债权和股权融资时企业最优融资方式选择的研究结论对比

供应链	估值	成长性	本章结论	MM 理论	优序融资理论	优序融资理论（不考虑信号传递）	Rendleman（1980）	Viswanath（1993）	Ueda（2004）Schfer 等（2004）
不合作	低估	低	债权	不考虑税收时股债均可，考虑公司税时选择债权	债权	债权	债权	股权	股权
		中	债权		债权	债权	债权	股权	股权
		高	股权		债权	债权	债权	股权	股权
	高估	低	股权		债权	股权	股权	股权	股权
		中	股权		债权	股权	股权	股权	股权
		高	股权		债权	股权	股权	股权	股权
合作	低估	低	不融资	不考虑税收时股债均可，考虑公司税时选择债权	债权	债权	债权	股权	股权
		中	债权		债权	债权	债权	股权	股权
		高	股权		债权	债权	债权	股权	股权
	高估	低	不融资		债权	股权	股权	股权	股权
		中	债权		债权	股权	股权	股权	股权
		高	股权		债权	股权	股权	股权	股权

注："低、中、高"成长性只是一种相对的描述，不同情形下的"低（或中、高）"成长性范围可能不同。MM 理论并未考虑供应商的博弈行为、企业估值和成长性；优序融资理论、Rendleman（1980）和 Viswanath（1993）未考虑供应商的博弈行为和成长性；Viswanath（1993）考虑的是多周期情形；Ueda（2004）和 Schfer 等（2004）的结论一般针对高成长性的初创企业，未考虑供应商的博弈行为和企业估值。

3.6　本章小结

优序融资理论指出企业应顺序地选择内源融资、债权融资和股权融资，但其在成长型企业中的适用性仍值得商榷。本章引入企业运营的视角研究成长型企业的债权和股权融资问题，探讨供应商参与和不参与博弈下企业的最优融资方式及其影响因素，结论如下：

（1）供应商不参与博弈时零售商的市场成长性和估值水平影响了其融资方式，在一定程度上解释了文献中关于企业融资方式的结论及其分歧。被高估时指投资者占有的利润较低，零售商可获取更高的利润而选择股权融资，与 Rendle-man（1980）、Viswanath（1993）的结论以及不考虑信号传递时的优序融资理论一致。当企业被低估时，中低成长性零售商的融资额未受限制或仅受到部分限制，倾向于选择融资成本低的债权融资；高成长性的零售商仅能通过有限的债权融资额激活其部分成长性，倾向于选择股权融资。因此，低估时 Rendleman（1980）和优序融资理论的结论仅对中低成长性零售商成立，而 Viswanath（1993）的结论仅对高成长性零售商成立。无论企业被低估或是高估，股权融资是高成长性零售商的唯一选择，符合 Ueda（2004）和 Schfer 等（2004）的结论。

（2）供应商参与博弈时零售商的市场成长性主导了其融资方式选择。随着零售商市场成长性的增加，零售商应顺序地选择不融资、债权融资和股权融资，优序融资理论仅对部分中等成长性的零售商适用。估值水平的变化会影响一部分中等成长性零售商的融资方式，而不会对低成长性或高成长性零售商的融资方式产生影响。

（3）供应商参与博弈时零售商融资方式的改变源于供应商主导权的使用。对于低成长性或融资额受限的零售商，供应商会制定高批发价格侵蚀零售商的利润，迫使低成长性的零售商选择放弃融资，融资额受限的零售商选择股权融资；在其他情况下供应商会降低批发价格，以激励零售商选择更高的订货量和融资额而实现双方共赢，因此中等成长性的零售商由于融资成本较低而仍选择债权融资。

4 成长型企业股权融资的
投资者选择模型分析

4.1 引言

随着我国资本市场的迅速发展和多层次资本市场体系的逐步建立，以及李克强总理提出"大众创业、万众创新"，股权投融资已逐渐发展成为成长型企业捕获成长机会、实现跨越式发展的重要融资途径。微软、Google、Facebook、阿里巴巴、腾讯、京东等世界知名企业的快速发展均离不开股权融资的大力支持，但雷士照明、俏江南、汽车之家、大娘水饺等企业的创始人在引入股权融资后控制权旁落而被扫地出门，投融资双方的矛盾冲突极大地制约了企业的发展。如何使股权融资助推而不掣肘实体企业的快速发展，是国家、金融机构和实体企业的当务之急。

股权投资者不仅给予融资企业资金支持，还提供一系列增值服务以提高企业价值。首先，股权融资有助于提高公司治理水平。Hellmann 和 Puri（2002）对硅谷初创企业的实证研究指出，风险投资者（VC）通过构建人力资源策略、采取股票期权计划、雇佣市场和营销副总等方式提高企业的管理水平。Bettignies 和 Chemla（2008）指出当投资回报较大时，企业风险投资者（CVC）通过高薪招募、挽留优秀的管理者，以激励管理者提高努力水平。王会娟和张然（2012）认为私募股权投资者（PE）的参与能够提高薪酬业绩敏感性，进而提高公司治理水平。Bloom 等（2015）发现引入 PE 的企业拥有很强的人力资源管理和运营管理，其管理水平明显优于国有企业、家族企业和私人企业。其次，股权融资有助于提高企业业绩。Benson 和 Ziedonis（2009）指出企业可以从 CVC 投资中获得信息来提高其业绩；Acharya 等（2013）指出 PE 的引入会使企业的销售和毛利率都高于同行；Paglia 和 Harjoto（2014）发现 PE 和 VC 的投资可以提高实体企业的净销售和就业增长，VC 比 PE 的影响更大且更快，但持续时间更短。对于改变了商业模式的初创企业而言，VC 参与程度与企业业绩正相关，而 VC 在此方面的经验可以增加 VC 参与程度对企业业绩的影响（Gerasymenko 等，2015）。最后，股权融资还有助于提高企业创新能力。Samila 和 Sorenson（2011）、张学勇和张叶青（2016）、陈思等（2017）均通过实证研究指出 VC 投资会提高企业的创新能力。Link 等（2014）认为 PE 的投资会加速科研技术的发展和商业化，提高了企业的创新能力。对于引入 CVC 的企业而言，在技术或股权层面拥有较大影响的企业家更容易形成创新联盟（Galloway 等，2017），且 CVC 能指引高级管理层关注技术间断（Maula 等，2013），从而提升企业的创新能力。

目前，关于股权融资的研究主要以实证研究为主，更多地关注股权融资对企业的促进作用、企业估值、控制权、退出等方面。供应链是企业价值创造的载体，是企业采取融资实现价值增值的渠道，因此，企业的融资应该与企业运营甚至供应链运营相结合，才能使金融力量更好地支持实体经济的发展。传统供应链金融的迅速发展使学者逐渐关注到债权融资和企业运营的相互联系，但股权融资和企业运营结合的相关研究还处于起步阶段。于辉团队研究了供应链合作下零售商的融资方式选择（于辉和王宇，2018）和股权融资策略选择（王宇和于辉，2017），并发现市场竞争对股权融资的抑制作用（王宇和于辉，2018）。于辉和邓杰（2019）指出，供应商主导型的契约结构会阻碍零售商的股权融资意愿。上述研究基于供应商主导型供应链研究零售商的股权融资问题，但股权融资的助推作用使得企业在快速成长的同时也可能改变供应链的权力结构。京东自 2004 年创立以来，先后引入今日资本、老虎环球基金、高瓴资本等股权投资机构共计七轮股权投资，融资总金额高达 30 亿美元，实现了营业收入从千万元到千亿元的巨大跨越，逐渐成为供应链的主导核心企业。同样在供应链中占据主导地位的国美电器，通过引入贝恩资本 18.04 亿港元的投资后走出了经营危机，但贝恩资本转股后成为国美第二大股东，其参与的股权与控制权之争严重阻碍了企业的快速成长。因此，股权融资在助推企业快速成长的同时，不同的股权投资者带给企业的影响也不尽相同，但目前鲜有零售商主导型供应链的股权融资模型研究。本章构建了零售商主导型供应链的股权融资模型，研究其采取股权融资进行市场开拓后，股权融资对供应链节点企业的助推作用，以及供应商的博弈行为和投资者属性对零售商融资、运营决策的影响。基于供应链视角对主导型零售商的股权融资问题开展研究，既丰富和拓展了供应链金融股权融资的研究范畴，也可为零售商股权融资决策和运营决策提供科学指导和理论支撑。

4.2　基准模型

考虑一个零售商主导型的二级供应链，零售商固定资产为 A，自有资金为 η，面临市场需求 $D=a-bp$，订货量为 q，产品的销售价格为 p，供应商的批发价格为 w，成本为 c。零售商作为领导者制定单位产品的收益 m（也称产品加价，此时产品销售价格 $p=w+m$（Choi，1991；曹宗宏等，2014）），供应商作为跟随者根据产品加价制定其批发价格，零售商和供应商均以利润最大化为目标进行运营，具体的系统流程如图 4.1 所示。

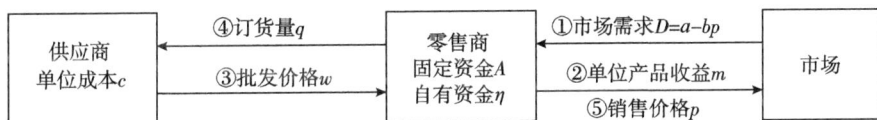

图 4.1　基准模型的系统流程

零售商的利润函数为：
$$\pi_r(m) = (p-w)(a-bp) = m(a-bm-bw)$$
供应商的利润函数为：
$$\pi_s = (w-c)(a-bp) = (w-c)(a-bm-bw)$$

通过简单优化，可得零售商的最优产品加价 $m^* = \dfrac{a-bc}{2b}$，供应商的最优批发价格 $w^* = \dfrac{a+3bc}{4b}$，零售商的销售价格 $p^* = \dfrac{3a+bc}{4b}$，订货量 $q^* = \dfrac{a-bc}{4}$。供应商的最大利润为 $\dfrac{(a-bc)^2}{16b}$，零售商的最大利润为 $\dfrac{(a-bc)^2}{8b}$。

4.3　股权融资模型

当零售商面临良好的市场机遇时，可通过付出努力水平 e 进行市场开拓。市场开拓后零售商的需求 $D(e)=a-bp+\beta e$，并产生努力成本 $se^2/2$。零售商由于存在资金瓶颈，其自有资金不能满足市场开拓需求而向股权投资者进行"增资扩股"型股权融资。假设零售商的融资额仅用于市场开拓（如部分上市企业通过定向增发募集新项目的专用资金），则其融资额为 $B=se^2/2$。若融资时企业估值为 V，则融资后零售商的持股比例为 $Cr=\dfrac{V}{V+B}$，股权投资者的持股比例为 $\dfrac{B}{V+B}$。

零售商在进行股权融资决策时，需考虑到企业估值、融资额与融资后供应链运营的相互匹配，以及股权投资者的属性和供应链成员可能的反应。股权投资者通常可以分为财务投资者和战略投资者，财务投资者关注投资回报，除了在董事会层面参与企业的重大战略决策外，一般不参与企业的日常经营管理，故股权融资后零售商仍拥有经营管理权；战略投资者通常会委派专业人士担任董事参与公司治理，为企业提供丰富的管理经验以及市场、渠道、品牌、核心技术等优势资源，致力于长期股权投资合作，与零售商共同进行公司治理[①]。因此，根据供应商的博弈行为选择以及股权投资者属性，本章考虑表 4.1 中的三个模型。

表 4.1　模型定义

模型	股权投资者属性	股权投资者参与企业运营	供应商参与博弈	零售商目标函数
1	战略投资者	参与	不参与	企业利润最大化
2	战略投资者	参与	参与	企业利润最大化
3	财务投资者	不参与	不参与	所持股份利润最大化

4.3.1　模型 1：供应商不参与博弈的战略性股权投资

当零售商采取股权融资进行市场开拓后，供应商的批发价格保持不变（比如

---

①　2020 年 3 月 20 日证监会发布的《发行监管问答——关于上市公司非公开发行股票引入战略投资者有关事项的监管要求》对上市企业的战略投资者进行了界定和要求，指出战略投资者需委派董事实际参与公司治理。

零售商与供应商签订长期供应合同锁定批发价格，批发价格外生的具体解释可参考 Dong 和 Rudi（2004）、Özer 和 Wei（2006）)。假设股权投资者作为战略投资者参与企业运营，与零售商原股东之间不存在代理成本，市场开拓后零售商重新制定产品加价和努力水平最大化企业利润，系统流程图如图 4.2 所示。

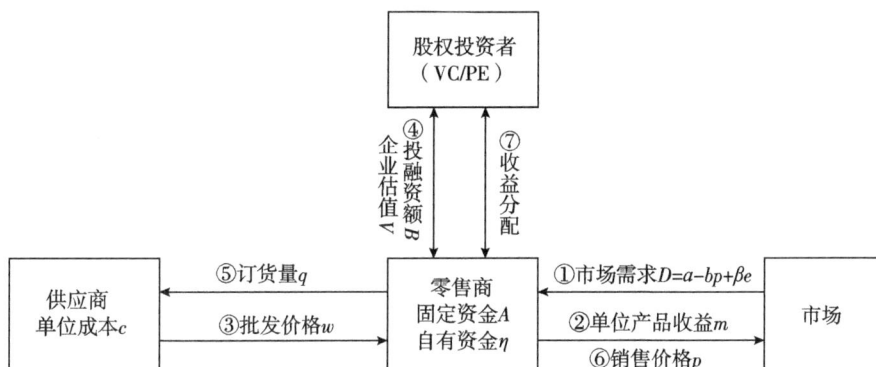

图 4.2　零售商采取股权融资进行市场开拓的系统流程

市场开拓后，零售企业的利润为：

$$\pi_{r1}(m, e) = (p-w^*)(a-bp+\beta e) - \frac{1}{2}se^2 = m(a-bm-bw^*+\beta e) - \frac{1}{2}se^2$$

定理 4.1　若零售商引入战略投资者进行股权融资，且融资后供应商不参与博弈，当零售商的市场成长性满足 $\beta<\sqrt{2bs}$ 时，则追求企业利润最大化时零售商的最优产品加价为 $m_1^* = \frac{s(a-bw^*)}{2bs-\beta^2}$，最优努力水平为 $e_1^* = \frac{\beta(a-bw^*)}{2bs-\beta^2}$。零售商的订货量为 $q_1^* = \frac{bs(a-bw^*)}{2bs-\beta^2}$，融资额为 $B_1^* = \frac{s\beta^2(a-bw^*)^2}{2(2bs-\beta^2)^2}$，利润为 $\pi_{r1}^* = \frac{s(a-bw^*)^2}{2(2bs-\beta^2)}$，供应商的利润为 $\pi_{s1}^* = \frac{bs(a-bw^*)(w^*-c)}{2bs-\beta^2}$。

由定理 4.1 易知，$\frac{\partial m_1^*}{\partial \beta}>0$，$\frac{\partial e_1^*}{\partial \beta}>0$，即高成长性零售商在市场开拓过程中会付出更多努力，并提高其产品加价和订货量，企业利润大幅提高而实现快速发展。由于 $\frac{\partial B_1^*}{\partial \beta} = se_1^*\frac{\partial e_1^*}{\partial \beta}>0$，故高成长性零售商需选择更高的融资额，高额融资几

乎成为企业独角兽成长道路的标配，此时企业原股东持股比例大幅降低，需采取相应的手段（如投票权委托、双层股权结构等）来维持其对企业的控制。战略投资者由于持股比例的增加和企业利润的大幅提高而获得更高收益，故青睐于投资高成长性的企业。

推论 4.1 零售商的股权融资提高了其订货量，但产品加价和销售价格则与其成长性相关：当 $\beta<\sqrt{bs/2}$ 时零售商降低产品加价和销售价格，当 $\sqrt{bs/2}<\beta<\sqrt{2bs}$ 时零售商提高产品加价和销售价格。

零售商采取股权融资进行市场开拓后扩大了市场规模，低成长性零售商市场开拓带来的需求较少，故选择降低销售价格来进一步提升市场需求，以减少市场开拓产生的努力成本；高成长性零售商通过市场开拓能获得较多需求，故选择提高销售价格来进一步提高利润。

推论 4.2 零售商采取股权融资进行市场开拓促进了企业的快速成长，并带动了供应商的发展。

由此可见，股权融资促进了零售商的快速成长，供应商因零售商订货量的增加，其利润也得以提升（至少提高 50%）。随着成长性的增加，π_{r1}^*/π_r^* 和 π_{s1}^*/π_s^* 大幅提升，高成长性的零售商及其供应商受到股权融资的助推作用更大，其利润呈现出爆发式的增长，这也是股权投资机构更青睐于投资高成长性企业的重要原因之一。

4.3.2 模型 2：供应商参与博弈的战略性股权投资

当供应商获取零售商的股权融资信息，面临其增加的订货需求选择参与博弈重新制定批发价格，即零售商引入战略投资者进行股权融资和市场开拓后，作为领导者制定产品加价和努力水平最大化企业利润，供应商作为跟随者制定批发价格最大化其利润。

市场开拓后，零售企业的利润为：

$$\pi_{r2}(m,\ e)=(p-w)(a-bp+\beta e)-\frac{1}{2}se^2=m(a-bm-bw+\beta e)-\frac{1}{2}se^2$$

供应商的利润为：

$$\pi_{s2}(w)=(w-c)(a-bp+\beta e)=(w-c)(a-bm-bw+\beta e)$$

定理 4.2 若零售商引入战略投资者进行股权融资，且供应商作为跟随者参与博弈，则当零售商的市场成长性 $\beta<2\sqrt{bs}$ 时，零售商利润最大化下的最优产品

加价和努力水平为：

$$m_2^* = \frac{2s(a-bc)}{4bs-\beta^2}, \quad e_2^* = \frac{\beta(a-bc)}{4bs-\beta^2}$$

追求利润最大化的供应商最优批发价格为：

$$w_2^* = \frac{s(a-bc)}{4bs-\beta^2} + c$$

零售商的订货量为 $q_2^* = \frac{bs(a-bc)}{4bs-\beta^2}$，利润为 $\pi_{r2}^* = \frac{s(a-bc)^2}{2(4bs-\beta^2)}$，供应商的利润为

$$\pi_{s2}^* = \frac{bs^2(a-bc)^2}{(4bs-\beta^2)^2}。$$

供应商的批发价格随着零售商成长性的增加而增加，由于 $\lim\limits_{\beta\to 0} w_2^* = w^*$，因此供应商在参与博弈后通过提高批发价格来分享零售商市场开拓的成果。通过与模型 1 进行对比，可得如下推论。

推论 4.3 供应商参与博弈后会提高批发价格，零售商产品加价的变化则与其成长性相关：当 $\beta < \sqrt{4bs/5}$ 时零售商提高产品加价，当 $\sqrt{4bs/5} < \beta < \sqrt{2bs}$ 时零售商降低产品加价。

推论 4.4 供应商的博弈行为降低了零售商的努力水平和订货量，抑制了零售商的市场开拓和股权融资。

推论 4.3 和推论 4.4 表明：在面对高成长性零售商时，供应商的提价幅度较大，零售商不得不降低产品加价以减缓需求的下降；当零售商成长性较低时，供应商的提价幅度较小，零售商通过提高产品加价、降低努力水平来减缓利润的下滑。此外，零售商在股权融资时不仅应考虑自身企业运营和融资的相互影响，还应进一步考虑供应链节点企业在融资后的运营策略选择，合理地选择股权融资额度，避免过度融资导致其零售商持股比例的进一步降低。

推论 4.5 供应商的博弈行为降低了零售商和供应商的利润，抑制了供应链节点企业的快速发展，降低了供应链效率。

因此，在零售商主导型供应链中，尽管供应商参与博弈后通过提高批发价格增加了其单位产品的收益，但会抑制零售商的市场开拓和股权融资，使其订货量降低，最终导致双方利益均受损而陷入"囚徒困境"：供应商不参与博弈时零售商和供应商的利润均更高，但若不对供应商加以约束，当零售商将决策定为 m_1^* 和 e_1^*，根据附录中式（B.1），供应商会将批发价格制定为 $w_2' = \frac{a+bc}{2b} +$

$\dfrac{3(a-bc)(\beta^2-bs)}{8b(2bs-\beta^2)}$。此时零售企业和供应商的利润及利润变化为：

$$\pi'_{r2}=\frac{3s(a-bc)^2(5bs-4\beta^2)}{32(2bs-\beta^2)^2}, \quad \pi'_{s2}=\frac{\left[(a-bc)(\beta^2+5bs)\right]^2}{64b(2bs-\beta^2)^2}$$

$$\Delta\pi'_{r1}=\pi'_{r2}-\pi^*_{r1}=-\frac{3s(a-bc)^2(bs+\beta^2)}{32(2bs-\beta^2)^2}<0$$

$$\Delta\pi'_{r2}=\pi'_{r2}-\pi^*_{r2}=-\frac{s(a-bc)^2\left[4\beta^4+bs(4bs-\beta^2)\right]}{32(2bs-\beta^2)^2(4bs-\beta^2)}<0$$

$$\Delta\pi'_{s1}=\pi'_{s2}-\pi^*_{s1}=\frac{(a-bc)^2(\beta^4+22bs\beta^2+b^2s^2)}{64b(2bs-\beta^2)^2}>0$$

$$\Delta\pi'_{s2}=\pi'_{s2}-\pi^*_{s2}=\frac{(a-bc)^2(4b^2s^2+7bs\beta^2-\beta^4)}{64b(2bs-\beta^2)^2(4bs-\beta^2)^2}\left[\begin{array}{l}(\beta^2+5bs)(4bs-\beta^2)+\\8bs(2bs-\beta^2)\end{array}\right]>0$$

故 $\pi^*_{r1}>\pi'_{r2}>\pi'_{r2}$，$\pi'_{s2}>\pi^*_{s1}>\pi^*_{s2}$。即零售商将决策制定为 m^*_1 和 e^*_1，供应商会选择 w'_2 以获取更高的利润 π'_{s2}，使零售商的利润低于 π^*_{r1} 和 π'_{r2}。因此，零售商不得不选择 m^*_2 和 e^*_2 以获得次优的利润 π^*_{r2}，此时供应商将批发价格制定为 w^*_2，获得相对较低的利润 π^*_{s2}。可以看出，策略（m^*_1，e^*_1，w^*）下零售商和供应商的利润均优于纳什均衡策略（m^*_2，e^*_2，w^*_2）下的利润，供应商的博弈行为反而降低了供应链的效率。但由于策略（m^*_1，e^*_1，w^*）下不能实现纳什均衡，需通过合理的设计契约结构，或供需双方签订长期供货协议锁定批发价格等方式来缓解此矛盾。

值得注意的是，在供应商主导型供应链中，供应商的博弈行为总能提高其利润，并刺激高成长性零售商的股权融资和快速成长，但会阻碍低成长性零售商的融资和发展，由此可见，供应链权力结构的改变也会对企业的融资和运营决策产生较大影响。

4.3.3　模型3：供应商不参与博弈的财务性股权投资

若股权融资后零售商仍拥有企业的经营管理权，股权投资者作为财务投资者只干涉企业重大决策而不参与企业运营（如京东的控制权仍在刘强东团队手中），从而产生委托代理问题，零售商以所持股份占有的利润 π_{rs} 最大化进行企业运营，该问题可描述为：

$$\pi_{rs}(m,\ e)=\frac{V}{V+B}\left[m(a-bm-bw^*+\beta e)-\frac{1}{2}se^2\right]$$

$$\text{s. t.} \begin{cases} B = \dfrac{1}{2} s e^2 \\ e \geqslant 0, \ m \geqslant 0 \end{cases}$$

定理4.3　若零售商采取股权融资后，股权投资者不参与企业运营且供应商不参与博弈，则原股东利润最大化下零售商的最优努力水平和产品加价为：

$$e_3^* = \frac{(2\beta^2 - 4bs)V - sU^2 + \sqrt{[(2\beta^2 - 4bs)V - sU^2]^2 + 8s\beta^2 U^2 V}}{2s\beta U}$$

$$m_3^* = \frac{a - bw^* + \beta e_3^*}{2b}$$

其中，$U = a - bw^*$。

由定理4.3可知：

$$\frac{\partial e_3^*}{\partial \beta} = \frac{(2\beta^2 + 4bs)V + sU^2}{2s\beta^2 U} \left\{ 1 + \frac{(2\beta^2 - 4bs)V - sU^2}{\sqrt{[(2\beta^2 - 4bs)V - sU^2]^2 + 8s\beta^2 U^2 V}} \right\} > 0$$

则 $\dfrac{\partial p_3^*}{\partial \beta} = \dfrac{\partial m_3^*}{\partial \beta} = \dfrac{1}{2b}\left(e_3^* + \beta \dfrac{\partial e_3^*}{\partial \beta} \right) > 0$，$\dfrac{\partial q_3^*}{\partial \beta} = \dfrac{1}{2}\left(e_3^* + \beta \dfrac{\partial e_3^*}{\partial \beta} \right) > 0$，即当零售商引入财务投资者的股权融资进行市场开拓时，随着市场成长性的增加，其最优努力水平、产品加价、销售价格和订货量均增加，零售商的融资额和利润也进一步上升，但原股东的持股比例下降，股权投资者的持股比例和利润均上升。因此，财务投资者同样青睐于投资高成长性企业。结合定理4.1的分析可得推论4.6。

推论4.6　股权投资者倾向于投资成长性高的零售商；高成长性零售商无论引入财务投资者或者战略投资者，均会选择较高的融资额以实现快速发展，但会加速零售商股权的丧失速度。

因此，高成长性零售商在面临良好的市场开拓机遇时，会选择大额融资以捕获成长机会，但同时付出较多股权。股权投资者可以获得大量股权和高额利润，也青睐于投资高成长性企业，从而形成"高成长性企业受到股权投资者热捧、低成长性企业无人问津""高成长性企业往往伴随着巨额融资"的社会现实。

推论4.7　当供应商不参与博弈时，若 $\beta < \sqrt{2bs}$，则追求利润的零售商更倾向于引入财务投资者而非战略投资者。与引入战略投资者相比，引入财务投资者的零售商会降低市场开拓的努力水平、产品加价和融资额，以获得股权和利润的双重收益。

由推论4.6和推论4.7可知，股权投资者属性只会对零售商的股权融资产生定量而非定性影响。战略投资者由于参与企业经营，与零售商共同制定决策，从而制定更加合理的决策以助推企业快速成长。零售商在面临财务投资者时，为最大化其利润和维持其股权，会适当降低努力水平和减少融资额，在一定程度上抑制了企业成长性的完全释放。

4.4　数值分析

本节拟通过数值仿真，分析股权融资对零售商发展的助推作用，以及供应商的博弈行为、投资者属性对零售商运营和融资的影响。基本参数选取为：$a = 4000$，$b=4$，$c=100$，$s=1$，$\eta = 2 \times 10^5$。假设股权融资中采取市净率法进行企业估值，参考我国上市零售业的行业数据，市净率选择为 $\alpha = 3$，零售商固定资产 $A = 0.3\eta$，则零售商的估值为 $V = \alpha(A+\eta) = 7.8 \times 10^5$。

表 4.2 给出了三个模型下零售商和供应商的运营和融资决策。零售商采取股权融资进行市场开拓后，其利润和供应商的利润均得到大幅提升。当零售商引入战略投资者且供应商不参与博弈时（模型 1），成长性为 2.5 的零售企业利润提高了 5.1 倍，供应商的利润提高了 6.9 倍，供应链总利润提高了 5.7 倍，股权融资能显著地促进高成长性零售商及其供应链的成长，但此时零售商由于融资额过高而导致其零售商持股比例较低（仅持有 9% 的股权），企业的快速成长和原股东的股权之间存在着不可调和的矛盾，需要采取相应的措施来维持对企业的控制。如京东集团采取多轮融资后获得快速发展，其创始人刘强东股权仅为 15.4%，但通过采取双层股权结构（A、B 两类股）等手段，使其仍拥有 79% 的投票权，维持了对京东集团的绝对控制。

表 4.2　融资前后参与各方主要指标随市场成长性的变化

	β	e	m	p	w	q	B	Cr	π_r	π_s	π_{rs}	投资者利润	供应链总利润
基准模型	任意	0	450	775	325	900	0.0E0	1.00	4.1E5	2.0E5	4.1E5	0.0E0	6.1E5
模型 1	1	386	386	711	325	1543	7.4E4	0.91	5.2E5	3.5E5	4.8E5	4.5E4	8.7E5
	1.79	1008	563	888	325	2252	5.1E5	0.61	7.6E5	5.1E5	4.6E5	3.0E5	1.3E6
	2	1350	675	1000	325	2700	9.1E5	0.46	9.1E5	6.1E5	4.2E5	4.9E5	1.5E6
	2.5	3857	1543	1868	325	6171	7.4E6	0.09	2.1E6	1.4E6	2.0E5	1.9E6	3.5E6

	β	e	m	p	w	q	B	Cr	π_r	π_s	π_{rs}	投资者利润	供应链总利润
模型2	1	240	480	820	340	960	2.9E4	0.96	4.3E5	2.3E5	4.2E5	1.5E4	6.6E5
	1.79	504	563	944	381	1125	1.3E5	0.86	5.1E5	3.2E5	4.4E5	7.1E4	8.2E5
	2	600	600	1000	400	1200	1.8E5	0.81	5.4E5	3.6E5	4.4E5	1.0E5	9.0E5
	2.5	923	738	1208	469	1477	4.3E5	0.65	6.6E5	5.5E5	4.3E5	2.3E5	1.2E6
模型3	1	224	365	690	325	1462	2.5E4	0.97	5.1E5	3.3E5	4.9E5	1.6E4	8.4E5
	1.79	445	437	762	325	1749	9.9E4	0.89	6.7E5	3.9E5	5.9E5	7.5E4	1.1E6
	2	516	467	792	325	1866	1.3E5	0.85	7.4E5	4.2E5	6.3E5	1.1E5	1.2E6
	2.5	711	560	885	325	2238	2.5E5	0.76	1.0E6	5.0E5	7.6E5	2.4E5	1.5E6

注：其中 Cr 为零售商股权，π_{rs} 为零售商利润。

当供应商参与博弈后，若零售商仍维持策略（m_1^*，e_1^*）不变，供应商会大幅度提高批发价格至 w_2'（见图 4.3），以获取更高的利润（见图 4.4（b），策略（m_1^*，e_1^*，w_2'）下的利润高于策略（m_1^*，e_1^*，w^*）），但会导致零售企业利润下降，尤其是在其成长性较高时，供应商的大幅提价会导致零售企业产生亏损（见图 4.4（a））。因此，供应商的博弈行为会导致零售企业重新将策略制定为（m_2^*，e_2^*），供应商作为跟随者将批发价格制定为 w_2^*（即模型 2）。此时供应商

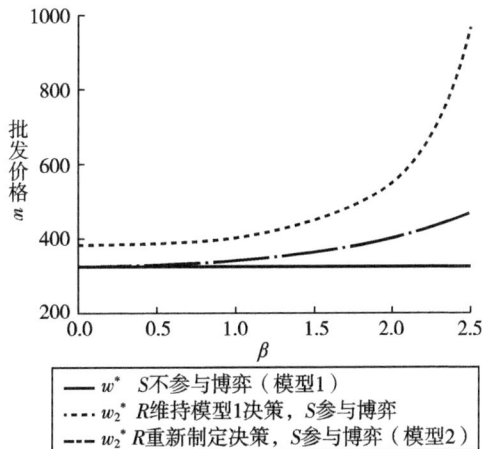

图 4.3 不同策略下供应商的批发价格对比

注：图中 S 表示供应商，R 表示零售商，下同。

的提价幅度相对较小，但也抑制了零售商的努力水平，零售企业和供应商的利润均低于模型 1 的策略 (m_1^*, e_1^*, w^*)，成长性为 2.5 的零售企业利润下降了 68%，供应商的利润下降了 61%，供应链总利润下降了 65%（但仍高于基准模型下的利润，即供应商博弈下零售商采取股权融资进行市场开拓也能促进企业的成长）。供应商的博弈行为导致了供应链节点成员之间相互竞争从而两败俱伤的格局，供需双方应采取相应的合作措施（如收益共享契约、批发价格锁定契约等）来实现市场开拓下的共赢。由于零售商的努力水平下降，其融资额相应降低，零售商的持股比例上升，即供应商的博弈行为抑制了零售商的股权融资。

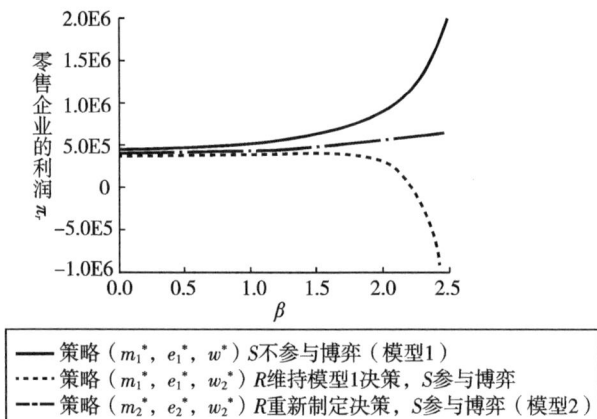

（a）

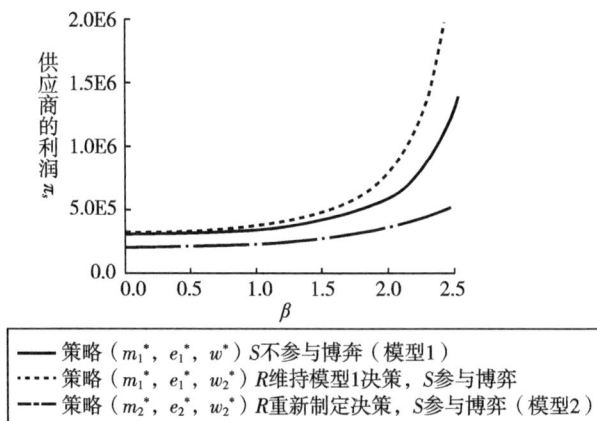

（b）

图 4.4　不同策略下零售企业和供应商的利润对比

当股权投资者属性由战略投资者转变为财务投资者时，由于零售商委托代理问题的存在，零售商会降低其努力水平和产品加价，导致订货量和融资额均降低，抑制了零售商和供应商的快速成长。融资额降低使零售商付出的股权相对较少，本例中成长性为2.5的零售商需付出91%给战略投资者，而仅需给财务投资者24%的股权，但零售商的利润提高了76%。因此，若财务投资者不干预企业运营，且无其他约束机制，委托代理问题必然发生，零售商能获得更高的利润和股权，但会阻碍企业的股权融资和快速成长，有损股权投资者的利益。

4.5　本章小结

股权融资已成为激活企业成长性、助力企业实现跨越式发展的重要融资途径，本章构建了零售商主导型供应链下的股权融资模型，研究股权融资对企业发展的助推作用，以及供应商的博弈行为和股权投资者属性对零售商的融资和运营的影响，具体结论如下：

（1）股权融资能促进企业的快速成长，并带动供应链节点企业的发展。零售商采取股权融资进行市场开拓扩大了市场规模，极大地促进了高成长性零售商的快速发展，供应商享受零售商订货量增加的成长红利，企业利润也大幅提升。零售商的持股比例急剧下滑，需采取合理措施以维持对企业的控制。

（2）供应商的博弈行为抑制了零售商的股权融资，降低了零售商和供应商的利润，导致双方陷入"囚徒困境"。供应商参与博弈会提高批发价格侵蚀零售商的利润空间，迫使零售商减缓其市场开拓和融资需求，导致双方利润均下降。可通过设计合理的契约结构、签订批发价格锁定协议等方式，实现供需双方的合作共赢。

（3）当供应商不参与博弈时，追求利润的零售商更倾向于引入财务投资者而非战略投资者。相较于战略投资者而言，财务投资者由于不干预企业运营，会使追求利润最大化的零售商原股东降低努力水平，抑制了企业的股权融资和快速成长，但能维持企业较高的股权而获得更多的利润。

5 成长型企业股权融资策略的
供应链模型分析

5.1 引言

清科研究中心数据显示，2016 年我国股权投资市场发生投资案例 9124 起，总投资金额高达 7449 亿元，股权融资已成为企业快速发展的重要动力。国内首家"网上超市"1 号店为解决资金瓶颈，于 2009 年付出 80% 的股权引入平安 8000 万元的股权投资，营业额实现了爆发式增长，但创业者失去了控制权。2011 年和 2012 年沃尔玛多次入股 1 号店并对其彻底控股（持股比例为 51%），此时 1 号店创业者于刚和刘俊岭仅持约 10% 的股份。2015 年，沃尔玛因高层更换导致两者经营理念相悖，于刚和刘俊岭选择离职，追求新的发展方向（壹药网）。由此可见，股权融资尽管能帮助成长型企业捕获成长机会实现跨越式发展，却有可能给失去控制权的创业者造成不可挽回的损失。

当成长型企业面临良好的市场机遇时，创业者应如何进行股权融资呢？首先，创业者的融资意愿和估值冲突是股权融资能否成功的先决条件。优序融资理论（Myers 和 Majluf，1984）表明，当企业为新项目进行融资时，应顺序地选择内源融资、债权融资和股权融资。但成长型企业往往内部盈余有限，其薄弱的信用基础使债权融资呈现出融资难、融资金额少、融资成本高的特征。尽管如此，中国的私营中小企业中仍有 72% 的创业者不愿意通过股权融资获取资金（阎竣和吕新业，2010），而上市企业由于现行政策和制度的影响，存在强烈的股权融资偏好（黄少安和张岗，2001）。Capasso 等（2014）研究发现融资意愿导致了 40% 的融资企业选择放弃股权融资，而企业估值冲突则导致另外 40% 的股权投资者选择放弃投资。当存在信息不对称时，被高估的企业将选择股权融资，被低估的企业将选择债权融资（Myers 和 Majluf，1984）；但在多周期情况下，股权融资是被低估企业的最优选择（Viswanath，1993）。其次，股权投资者的属性也会影响创业者股权融资的选择。相对于 VC 而言，PE 对企业的影响较小，作用缓慢但时间较长（Viswanath，1993）；而引入 CVC 能给企业带来技术和信息支持（Benson 和 Ziedonis，2009），因此 CVC 对企业创新能力的提升要大于 VC；处于种子期和起步期的企业可选择政府引导基金以获得资金和信用支持（龚建立等，2007）。最后，控制权对创业者的股权融资行为具有重要影响。股权投资者往往要求高于其股本投资规模的控制权，而给予企业更优的融资条件和风险分担作为补偿（Kirilenko，2001）。一部分创业者倾向于牺牲控制权以换取更多的融资额（安实等，2002），尤其是股权较少或资金严重缺乏的创业者，他们以控制权来激励风险资本家付出更多的努力来提升企业价值（Hellmann，1998）。另一部分创业者则不愿意失去控制权（Bradford 和 Smith，1997），特别是我国的私营中小企业中处于独裁地位的创业者，他们十分重视企业的控制权和决策权，呈现出较低的股权融资意愿（阎竣和吕新业，2010）；家族控制对企业股权融资有显著的"U"型和负向影响，绝大部分中小家族企业为保持企业的独立性和可传承性而排斥股权融资，仅少数家族企业出于企业生存和快速发展的需要才存在股权融资偏好（周立新，2008）。此外，企业的股权融资还受到异质信念（马健等，2013）、信息结构（晏艳阳和周志，2014）和环境信息（Albring 等，2015）等因素的影响。

已有研究主要以企业或股权投资者为对象开展实证分析，在创业者融资意愿、控制权、股权融资的作用和影响因素等方面进行了较好的阐述，但忽略了企业运营和企业融资的内在联系。债务的战略性破产效应和有限责任效应会改变企业的市场竞争决策，市场竞争（Bettignies 和 Duchêne，2015）、资源柔性（Chod 和 Zhou，2014）等因素也会影响企业的资本结构。因此，企业运营和融资决策不可分割。本章基于企业运营视角，研究资金缺乏的成长型零售企业在面临较好市场机遇时的股权融资策略，对比分析供应商参与和不参与博弈时零售商的最优融资决策，发现供应商的博弈行为对零售商股权融资的影响和价值。

5.2　问题描述及假设

考虑一个二级供应链，零售商的市场需求 $D=a-bp$，订货量为 q，产品的销

售价格为 p，供应商的批发价格为 w。融资前零售商的固定资产为 A，其自有资金 η 刚好能满足企业运营，即 $\eta=wq$。当其面临较好市场机遇时，可通过付出努力水平 e 进行市场开拓，但由于自有资金不足而选择股权融资。零售商的股权融资额 $B(e)$ 一部分用于企业运营，余下部分用于固定资产投资。股权融资后零售商以企业总利润最大化为目标进行市场开拓。

模型其他相关变量及参数定义如表 5.1 所示。

表 5.1　参数定义

变量	定义
α	零售企业股权融资的市净率估值水平
β	零售企业的市场成长因子
s	零售商市场开拓的努力成本参数，$s>0$
θ	股权融资额用于企业运营的资金比例

5.3　零售商股权融资模型

假设零售商采取股权融资进行市场开拓后产品销售价格保持不变，新的市场需求为 $D(e)=a-bp^*+\beta e=q^*+\beta e$，产生努力成本 $se^2/2$。零售商的融资额 $B(e)$ 一部分用于市场开拓，其所用资金占比为 θ，剩余部分用于固定资产投资，以满足其市场扩张的固定资产需求，因此有：

$$w^* q(e)+\frac{1}{2}se^2=\eta+\theta B(e)$$

则：

$$B(e)=\frac{1}{\theta}\left[w(q^*+\beta e)-\eta+\frac{1}{2}se^2\right]$$

若投融资双方采用市净率法对企业进行估值，市净率估值为 α，则零售商的持股比例为 $\dfrac{\alpha(A+\eta)}{\alpha(A+\eta)+B(e)}$，股权投资者的持股比例为 $\dfrac{B(e)}{\alpha(A+\eta)+B(e)}$。

零售商在股权融资过程中，必须考虑估值水平、融资额与融资后企业价值创造的相互匹配，根据融资后企业运营所需的资金及其创造的价值来产生更为合理和科学性的预期，以辅助其进行相应的融资决策。本章考虑如下两种策略：

（1）策略 1：零售商在股权融资后供应商不参与博弈，批发价格 w^* 保持不变，但提供满足零售商需求的产品（批发价格外生的解释见 3.4 部分）。

（2）策略 2：零售商在股权融资后，供应商作为领导者制定批发价格并提供满足零售商需求的产品，零售商作为跟随者制定订货量（或最优努力水平）。

本章拟通过对比上述两种策略及基准模型中零售商的最优决策（基准模型的计算结果见 3.3 部分），研究供应商参与博弈下零售商的最优融资策略选择。

5.3.1 策略 1：供应商不参与博弈的股权融资

当供应商不参与零售商股权融资的博弈时，面临给定的批发价格 w^* 和估值水平 α，零售商通过制定努力水平最大化零售企业的总利润，进而确定其所需的融资额及出让股权比例。股权投资者提供零售商所需资金，待其产品售出、资金回笼后按持股比例进行收益分配。供应商不参与博弈时零售商股权融资的系统流程如图 5.1 所示。

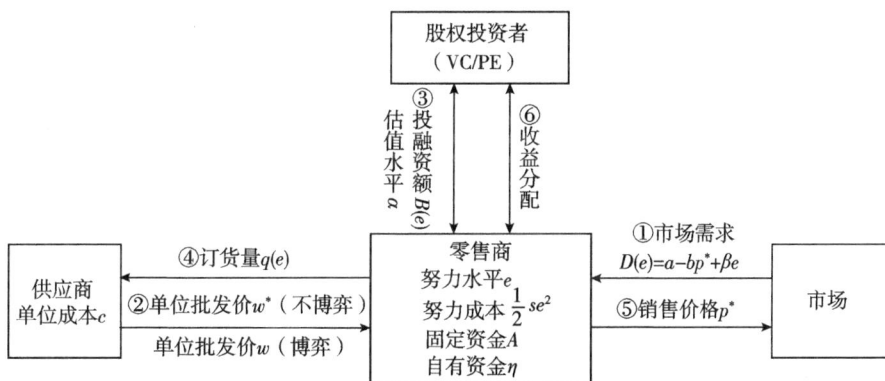

图 5.1 零售商股权融资的系统流程

零售商采取股权融资进行市场开拓后，企业的利润为：

$$\pi(e) = (p^* - w^*)(q^* + \beta e) - \frac{1}{2}se^2$$

当供应商不参与博弈时，零售商通过制定最优努力水平 e^* 最大化企业利润，由于：

$$\frac{\partial \pi(e)}{\partial e} = (p^* - w^*)\beta - se, \quad \frac{\partial^2 \pi(e)}{\partial e^2} = -s < 0$$

令 $\dfrac{\partial \pi(e)}{\partial e} = 0$ 可得定理 5.1。

定理 5.1 若零售商股权融资过程中供应商不参与博弈，则追求企业总利润最大化的零售商的最优努力水平为：

$$e_1^* = \frac{\beta(p^* - w^*)}{s}$$

零售商的订货量为 $q(e_1^*) = q^* + \dfrac{\beta^2(p^* - w^*)}{s}$。

零售商的融资额为 $B(e_1^*) = \dfrac{\beta^2(p^* - w^*)(p^* + w^*)}{2s\theta}$。

企业的总利润为 $\pi(e_1^*) = \dfrac{\beta^2(p^* - w^*)^2}{2s} + (p^* - w^*)q^*$。

供应商的利润为 $\pi_s(e_1^*) = (w^* - c)\left[sq^* + \dfrac{\beta^2}{s}(p^* - w^*)\right]$。

由定理 5.1 可知，市场成长性较好的零售商选择较高的努力水平、订货量和融资额以获得快速成长，进而带动供应商及整个供应链的飞速发展。但零售商的控制权由于融资额的上升而逐渐丧失，与成长性存在不可调和的矛盾。股权投资者得益于企业的快速成长和持股比例的上升，获取了更高的利润。此外，零售商应尽可能降低努力成本参数，避免努力成本过高制约零售商付出更多努力水平，从而阻碍企业的快速发展。

5.3.2 策略 2：供应商参与博弈的股权融资

本节进一步考虑供应商参与博弈下的零售商股权融资问题，即在零售商股权融资过程中，供应商获得零售商股权融资的完全信息，作为领导者制定批发价格最大化其利润，零售商作为跟随者制定努力水平最大化企业的总利润，股权投资者提供零售商所需融资资金，待产品售出资金回笼后按持股比例进行利润分配。供应商参与博弈下的零售商股权融资流程如图 5.1 所示。

零售商采取股权融资进行市场开拓后，零售企业的利润为：

$$\pi(e) = (p^* - w)(q^* + \beta e) - \frac{1}{2}se^2$$

供应商的利润为：

$$\pi_s(w) = (w-c)(q^* + \beta e)$$

令 $\dfrac{\partial \pi(e)}{\partial e} = (p^* - w)\beta - se = 0$，则零售商的最优努力水平关于批发价格的反应函

数为 $e(w) = \dfrac{\beta(p^* - w)}{s}$，此时供应商的利润为 $\pi_s(w) = (w-c)\left[q^* + \dfrac{\beta^2(p^* - w)}{s}\right]$，则：

$$\frac{\partial \pi_s(w)}{\partial w} = q^* + \frac{\beta^2(p^* - 2w + c)}{s}, \quad \frac{\partial^2 \pi_s(w)}{\partial w^2} = -\frac{2\beta^2}{s} < 0$$

令 $\dfrac{\partial \pi_s(w)}{\partial w} = 0$，则供应商的最优批发价格为 $w_2^* = \dfrac{1}{2}\left(\dfrac{sq^*}{\beta^2} + p^* + c\right)$，零售商的最

优努力水平为 $e_2^* = \dfrac{\beta(p^* - c)}{2s} - \dfrac{q^*}{2\beta}$。

定理 5.2 若零售商股权融资过程中供应商作为领导者参与博弈，则追求利润最大化的供应商最优批发价格为：

$$w_2^* = \frac{1}{2}\left(\frac{sq^*}{\beta^2} + p^* + c\right)$$

追求企业总利润最大化的零售商最优努力水平为：

$$e_2^* = \frac{\beta(p^* - c)}{2s} - \frac{q^*}{2\beta}$$

零售商的订货量为 $q(e_2^*) = \dfrac{\beta^2(p^* - c) + sq^*}{2s}$。

零售商的融资额为 $B(e_2^*) = \dfrac{\beta^2(3p^* + c)(p^* - c)}{8s\theta} + \dfrac{q^*(p^* + c - 4w^*)}{4\theta} + \dfrac{3s(q^*)^2}{8\theta\beta^2}$。

企业的总利润为 $\pi(e_2^*) = \dfrac{[\beta^2(p^* - c) - sq^*][\beta^2(p^* - c) + 3sq^*]}{8s\beta^2}$。

供应商的利润为 $\pi_s(w_2^*) = \dfrac{[\beta^2(p^* - c) + sq^*]^2}{4s\beta^2}$。

因此，当供应商参与博弈后，供应商会根据零售商的市场成长性制定不同的策略：当零售商市场成长性较差时，供应商会提高批发价格来维持其利润。特别是当 $\beta < \sqrt{sb/3}$ 时，供应商将批发价格制定为 p^* 而获取供应链的全部利润，此时零售商利润为 0 而不应进行股权融资。对于市场成长性较高的零售商，供应商会制定相对较低但不低于 $(p^* + c)/2$ 的批发价格，激励零售商选择更高的努力水平

和订货量，实现双方合作共赢。

通过对比基准模型、供应链参与和不参与博弈下的股权融资模型的计算结果，可得推论5.1。

推论5.1 当零售商进行股权融资时，作为领导者的供应商总会选择参与博弈，通过制定不同的批发价格策略来提高其利润。零售商的行为选择则与其市场成长性相关：①当其市场成长性 $\beta \leqslant \sqrt{0.7sb}$ 时，零售商不应选择股权融资，否则供应商参与博弈会严重阻碍零售商的发展；②当 $\sqrt{0.7sb} < \beta < \sqrt{sb}$ 时，零售商进行股权融资能使企业获得快速成长，但应尽可能避免供应商参与博弈后提高批发价格榨取零售企业的部分利润；③当 $\beta \geqslant \sqrt{sb}$ 时，供应商制定较低的批发价格，零售商应选择供应链合作以实现参与各方的共同快速发展。

由推论5.1可知，零售商的股权融资和行为选择与供应商无关，而是由市场和零售商共同决定。在市场规模一定的情况下，努力成本参数 s、价格需求敏感系数 b 和市场成长性 β 均能对订货量产生较大的影响：努力成本参数 s 制约零售商选择高的努力水平，故其订货量相应较低；较大的 b 和较小的 β 则会直接导致较低的需求。因此，当零售商具有足够好的市场成长性时，才能克服努力成本和价格过高带来的负面影响，以较高的订货量诱使供应商降低批发价格实现多方共赢（供应链合作）。当零售商因市场成长性较低而导致订货量不足时，供应商预知此信息后会选择较高的批发价格，零售商应采取相应的措施避免供应商参与博弈，否则供应商会侵蚀零售商的部分利润，甚至迫使成长性极低的零售商放弃股权融资以维持自己的正常发展（供应链竞争）。

5.4 数值分析

本节拟通过数值仿真分析：①股权融资对企业发展的推动作用；②供应商博弈对不同市场成长性的零售商股权融资的影响和价值；③零售商在股权融资过程中的最优策略选择；④估值水平和运营资金比例将如何影响股权投资者和零售商的股权和利润分配。

基本参数选取：$a = 2000$，$b = 5$，$c = 50$，$s = 1$，则 $p^* = 312.5$，$w^* = 225$，$q^* = 437.5$，$\eta = w^* q^* = 98437.5$，$A = 10\eta$。

5.4.1 市场成长性的影响

自有资金缺乏的零售商仅能获取较少的利润，难以实现快速发展，尽管它可选择债权融资使其在面临市场机遇时能抓住一部分成长机会，但债权融资并不能满足信用基础薄弱的零售商的发展需求，股权融资必然成为其最终选择。由表5.2可知，当市场成长性 β 为20的零售商选择股权融资时，其订货量、零售企业总利润都得到了数十倍的提升，这是债权融资难以企及的。此外，供应商和整个供应链的利润都得到极大的提高。股权融资在帮助零售商捕获成长机会的同时，也带动了供应链其他节点企业的快速成长。

表5.2 零售商市场成长性的影响

	β	e	w^*	q	融资额	零售商控制权	企业总利润	零售商利润	供应商利润	投资者利润	供应链利润
基准模型	任意	0.0	225	437.5	0	1.000	3.83E4	3.83E4	7.66E4	0	1.15E5
策略1	1.29	113.0	225	583.3	4.35E4	0.980	4.47E4	4.39E4	1.02E5	8.80E2	1.47E5
	1.87	163.6	225	743	9.13E4	0.960	5.17E4	4.96E4	1.30E5	2.09E3	1.82E5
	2.24	195.7	225	875.0	1.31E5	0.943	5.74E4	5.42E4	1.53E5	3.27E3	2.11E5
	5	437.5	225	2625	6.53E5	0.768	1.34E5	1.03E5	4.59E5	3.11E4	5.93E5
	20	1750.0	225	35438	1.05E7	0.172	1.57E6	2.69E5	6.20E6	1.30E6	7.77E6
策略2	1.29	0.0	312.5	437.5	4.25E4	0.981	0.00E0	0.00E0	1.15E5	0.00E0	1.15E5
	1.87	128.4	243.8	677.5	8.33E4	0.963	3.83E4	3.69E4	1.31E5	1.42E3	1.70E5
	2.24	195.7	225.0	875.0	1.31E5	0.943	5.74E4	5.42E4	1.53E5	3.27E3	2.11E5
	5	612.5	190.0	3500	8.38E5	0.721	2.41E5	1.74E5	4.90E5	6.73E4	7.31E5
	20	2614.0	181.8	52719	1.43E7	0.131	3.47E6	4.56E5	6.95E6	3.02E6	1.04E7

注：$\alpha=2$，$\theta=0.9$，$\sqrt{sb/3}=1.29$，$\sqrt{0.7sb}=1.87$，$\sqrt{sb}=2.24$。

零售商的成长性对企业的发展具有重要影响。无论供应商是否参与博弈，成长性较高的零售商为完全发挥企业潜力，会选择更高的努力水平、融资额和订货量，以获得更高的利润而实现快速发展，但零售商的持股比例大幅度降低。当零售商的成长性由1.29增加到20时（策略1），其融资额增加了241倍，企业利润增加了35倍，但持股比例由98%下降到17.2%。因此，追求利润最大化时零售商的控制权和成长性存在天然矛盾，成长性越好的零售商越容易丧失控制权，必要时零售商可降低融资额来维持其对企业的绝对控制。

零售商的市场成长性不仅与控制权息息相关，还极大地影响了零售商的股权融资策略选择。当供应商不参与博弈时，零售商进行股权融资总能获得不低于其融资前的利润而实现快速成长。然而处于主导地位的供应商总有动机去参与博弈，针对不同成长性的零售商制定不同的批发价格策略来获取更高的利润，零售商也相应地呈现出不同的行为选择：①当零售商市场成长性较低时（$\beta \leqslant 1.87$），供应商会大幅度提高批发价格，甚至在零售商成长性极低时（$\beta < 1.29$）将批发价格制定为产品销售价格而获取供应链的全部利润，导致零售企业的利润相对于股权融资前大幅度下降，此时零售商不得不放弃股权融资，否则供应商一旦参与博弈会严重阻碍其正常发展。②当零售商市场成长性稍好时（$1.87 < \beta < 2.24$），零售商选择股权融资可获得快速发展，但相对于供应商不参与博弈而言，供应商参与博弈会小幅度提高批发价格，迫使零售商降低努力水平、订货量和融资额，零售企业、股权投资者和供应链的利润均会大幅度下降，因此零售商应尽可能隐藏其股权融资信息，避免供应商的竞争行为侵蚀其部分利润。③当零售商市场成长性较好时（$\beta \geqslant 2.24$），供应商选择降低批发价格，激励零售商提高努力水平、订货量和融资额来获取更多的利润，需求量的增加和批发价格的降低使零售企业总利润和供应链的利润均大幅度增加，同时股权投资者得益于企业的快速发展及持股比例的上升而获取了更多的利润。因此成长性较好的零售商应与供应商共享其股权融资信息，引导供应商参与合作实现多方共赢，但融资额的上升加快了零售商控制权丧失的速度。零售商股权融资带来的上述影响，可能是现实中融资企业选择隐藏或公开其融资信息的原因之一。

5.4.2 估值水平和运营资金比例的影响

由定理 5.1 和定理 5.2 可知，估值水平和运营资金比例不影响零售商的最优努力水平、订货量以及零售企业和供应商的利润，而对零售商和股权投资者之间的利润以及股权分配产生影响。估值水平增加会使零售商的持股比例和利润上升，从而导致股权投资者利润相应下降（见表 5.3 和表 5.4），故零售商应尽可能地要求较高的估值水平，以提高持股比例并获取更多的利润。提升运营资金比例也能提高零售商的持股比例和利润，因此零售商应尽可能将融资资金用于企业运营，以降低融资额而减缓控制权丧失速度。与此同时，股权投资者的利润率因投资额下降而升高，实现了零售商和股权投资者双方共赢。

表 5.3 策略 1 估值水平的影响

α	融资额	零售商持股比例	零售商利润	股权投资者利润	股权投资者利润率
1	2.613E6	0.293	1.23E5	2.98E5	0.114
2	2.613E6	0.453	1.91E5	2.30E5	0.088
5	2.613E6	0.675	2.84E5	1.37E5	0.053
10	2.613E6	0.806	3.39E5	8.19E4	0.031
20	2.613E6	0.892	3.76E5	4.53E4	0.017

注：$\beta=10$，$\theta=0.9$。

表 5.4 策略 1 运营资金比例的影响

θ	融资额	零售商持股比例	零售商利润	股权投资者利润	股权投资者利润率
0.2	1.18E7	0.156	6.55E4	3.56E5	0.030
0.4	5.88E6	0.269	1.13E5	3.08E5	0.052
0.6	3.92E6	0.356	1.50E5	2.71E5	0.069
0.8	2.94E6	0.424	1.79E5	2.43E4	0.083
1.0	2.35E6	0.479	2.02E5	2.19E4	0.093

注：$\beta=10$，$\alpha=2$。

5.5 本章小结

股权融资已成为成长型企业捕获成长机会、获得跨越式发展的重要途径，本章针对成长型零售企业的股权融资策略开展研究，并引入供应商博弈视角进行分析，具体结论如下：

（1）供应商的博弈行为对零售商的股权融资策略具有重要影响。供应商不参与博弈时零售商总会选择股权融资获得快速成长；供应商参与博弈时零售商呈现出不同的融资策略选择，零售商既可能选择股权融资实现快速发展，也可能放弃股权融资以维持其正常利润。

（2）供应商参与博弈时零售商的市场成长性主导了其股权融资策略选择。成长性极低的零售商不应选择股权融资，否则供应商参与博弈会严重阻碍企业的正常发展；成长性较好的零售商可选择引入股权融资实现快速成长，但若其市场成长性不足以使供应商降低批发价格时，零售商应尽可能隐藏其股权融资信息以避免供应商侵蚀其部分利润；当零售商的市场成长性能够克服其努力成本参数和价格需求敏感系数对订货量产生的负面影响时，零售商可选择股权融资并引入供应链合作实现多方共赢的格局。

（3）供应商的博弈行为放大了零售商市场成长性对股权投资者利润的作用。成长性较低的零售商在供应商参与博弈时选择降低融资额，企业利润和股权投资者持股比例的双重降低严重削弱了股权投资者的利润；成长性较高的零售商在供应商参与博弈时选择提高融资额，此时股权投资者得益于企业的快速发展以及其持股比例的增加而获取更高的收益。

6 成长型企业股权融资的
市场竞争模型分析

6.1 引言

　　企业在发展过程中往往伴随着激烈的市场竞争，从而对其股权融资决策产生影响。滴滴出行和快的打车均成立于 2012 年，为抢占移动出行市场份额，两者先后各进行了 5 轮（含天使轮）股权融资以拓展市场。易观智库的数据显示，2013 年 9 月~2014 年 12 月，移动出行市场 App 累计账户从 2000 万猛增到 1.72亿，滴滴和快的的用户渗透率却从 90.3% 增加到 99.8%。2014 年双方开展耗资约 24 亿元的补贴大战，不仅培育出更大的移动出行市场规模，而且将其他竞争对手（如摇摇招车、百米租车、嘟嘟叫车等）驱逐出市场。激烈的市场竞争和市场开拓直接刺激了滴滴和快的的融资需求，双方在补贴大战前后均引入大额股权投资以进行市场开拓和市场竞争，并借助投资者提供的支付渠道（滴滴采用微信，快的采用支付宝）快速发展成为合并后估值超过 500 亿美元的"独角兽"。曾经的移动出行市场王者摇摇招车，尽管同样拥有股权投资者的支持，但由于忽视了市场开拓和市场竞争的重要性而放弃了腾讯的股权投资，其市场份额在滴滴和快的的补贴大战中被逐步蚕食，不得不退出移动出行市场的舞台。因此，在面临良好市场机会时，企业在市场开拓中应采取合理的股权融资策略，尤其是对于高成长性的企业而言，市场竞争是其股权融资决策过程中不可忽略的重要因素。

　　资本结构理论认为企业的资本结构仅与其在资本市场上的运作相关，企业在产品市场上的运营收益不会影响资本结构的选择，忽视了企业资本结构与市场运营之间的内在联系。实际上，企业的资本结构与市场运营不可分割。一方面，企业的资本结构会影响企业的清算决策（Titman，1984）和工厂关闭决策（Kovenock

和 Phillips，1997），且会通过债务的战略性破产效应（Brander 和 Lewis，1988）和有限责任效应（Brander 和 Lewis，1986）影响企业的竞争策略。Wanzenried（2003）在 Brander 和 Lewis（1986）的基础上考虑了差异化产品的市场竞争，指出发行债券融资的企业会提高销售价格，导致其产量降低，生产战略替代性产品的企业利润上升，生产战略互补性产品的企业利润下降。当进一步考虑产品质量时，选择债权融资的企业会同时提高均衡价格和均衡质量，但生产高质量产品的企业利润会下降，生产低质量产品的企业利润会上升（杨广青等，2006）。此外，负债经营可以提高 Bertrand 企业的市场占有率，但降低了 Cournot 企业的市场占有率（De Jong 等，2008）；金融契约执行效率会影响企业外部融资成本和进入决策，提高此效率会加强市场竞争（李俊青，2017）。另一方面，企业运营会对资本结构产生影响。企业在竞争行业中的地位也会影响其资本结构（Mackay 和 Phillips，2005）。Showalter（1995）研究了需求和成本不确定下的双寡头 Bertrand 竞争，指出在成本不确定时企业不会采取债权融资，但在需求不确定时企业会选择债权融资，该结论得到 Showalter（1999）和 De Jong 等（2007）的实证研究支持。Phillips（1995）指出在竞争对手财务杠杆和进入壁垒较高（或低）的行业中，企业的产品价格与行业平均负债率负（或正）相关。吴育辉等（2017）基于中国上市企业的实证发现产品市场竞争优势有助于降低企业的负债水平。企业的市场占有率也会对企业融资造成影响，De Jong 等（2008）通过实证研究指出市场占有率会影响 Cournot 企业的债权融资，而对 Bertrand 企业的债权融资不会产生影响，但 Mitani（2014）对日本企业的实证研究却表明，较高的市场占有率会限制企业的债权融资。在股权融资方面，唐文秀（2017）和胡志强等（2017）实证研究均发现 IPO 会促进产品市场竞争，IPO 后企业会采取更积极的市场竞争策略来提高市场份额。周冬华和王晶（2017）指出产品市场竞争会影响客户集中度对股权融资成本的提高效应。

已有的研究对企业股权融资的影响因素进行了大量的实证分析，并开始关注企业运营决策与债权融资决策之间的联系，但债权融资难、融资成本高、融资额有限等因素使其难以完全激活企业成长性，限制了企业的快速发展，股权融资不存在资本限额配给，成为企业捕获成长性、实现跨越式发展的重要选择。市场竞争作为企业运营的重要组成部分，势必会对企业的股权融资决策产生影响，然而针对企业市场竞争和股权融资决策的作用机理研究尚处于起步阶段。本章从企业运营的战术层面审视企业股权融资的战略问题，构建了面临良好市场机会的零售企业采取股权融资进行市场开拓的股权融资模型，来研究市场竞争与股权融资之间的相互作用机理。

本章主要聚焦于三个研究问题：①探讨处于不同供应链的零售商在利用股权融资进行市场开拓时，是否应考虑市场竞争因素；②分析在相同供应链背景下，零售商采用股权融资后市场竞争与融资策略的相互作用机制，以及供应商博弈行为如何影响零售商的融资决策；③考虑市场开拓的外部效应，深入探究融资零售商及其竞争对手在市场竞争中的策略选择，以及委托代理行为对市场竞争和股权融资的影响。

6.2　股权融资决策：市场竞争因素的考量

本节从供应链运营的战术层面审视企业股权融资的战略问题，构建了面临良好市场机会的零售商采取股权融资进行市场开拓的供应链股权融资模型，来研究零售商在股权融资决策时是否需要考虑市场竞争，以及市场竞争与股权融资之间的相互作用机理。

6.2.1　问题描述及假设

考虑一个处于 Bertrand 竞争的零售商 1，其固定资产为 A，自有资金为 η。零售商 1 面临良好市场机会时可通过付出努力水平 e 进行市场开拓，新的市场需求 D_1 可细分为基本需求 D_0 和市场开拓带来的需求增长 βe，即 $D_1 = D_0 + \beta e$，产生的努力成本 $se^2/2$。参考 4.3 部分，零售商 1 选择股权融资以满足市场开拓的资金需求，其融资额为 $B(e) = se^2/2$。假设股权投资者为财务投资者而非战略投资者，不参与企业经营决策。模型相关变量及其他参数定义如表 6.1 所示。

表 6.1　参数定义

变量	定义
a	不考虑市场竞争时零售商 1 的初始市场规模
b	不考虑市场竞争时零售商 1 的价格敏感系数
a_i	考虑市场竞争时零售商 i 的初始市场规模（$i=1$, 2，下同）

续表

变量	定义
b_i	考虑市场竞争时零售商 i 的价格敏感系数
γ_i	考虑市场竞争时零售商 i 的产品替代系数，$\gamma_i < b_i$
β	零售商 1 的市场成长性
α	零售商 1 股权融资时的市净率估值
V	零售商 1 股权融资时的企业估值

假设零售商 1 的自有资金能满足市场开拓后的运营需求，处于核心地位的零售商（如京东）甚至在企业运营中采用延迟支付的方式，市场需求增加不会导致其资金短缺而影响企业的正常运行。若股权融资时投融资双方采用市净率法对企业进行估值，市净率为 α，则零售商 1 的估值 $V = \alpha(A+\eta)$，零售商 1 的持股比例为 $Cr = V/[V+B(e)]$，股权投资者的持股比例为 $B(e)/[V+B(e)]$。零售商 1 根据给定的估值水平和市场开拓所需资金进行企业运营和融资决策，以最大化原股东持有股份占有的利润。

6.2.2　不考虑市场竞争的股权融资模型

考虑由供应商 1 和零售商 1 组成的供应链，供应商 1 成本为 c，批发价格为 w。当零售商 1 面临良好市场机会时采取股权融资进行市场开拓，新市场需求 $D_1(p_1, e) = a - bp_1 + \beta e$，并产生市场开拓成本 $se^2/2$，待产品售出后投融资双方按持股比例进行利润分配。假设市场开拓后供应商 1 的批发价格保持不变，零售商 1 在股权融资后仍拥有企业的运营决策权，并以其所持股份占有的利润最大化为目标制定最优销售价格和最优努力水平，具体的系统流程如图 6.1 所示。

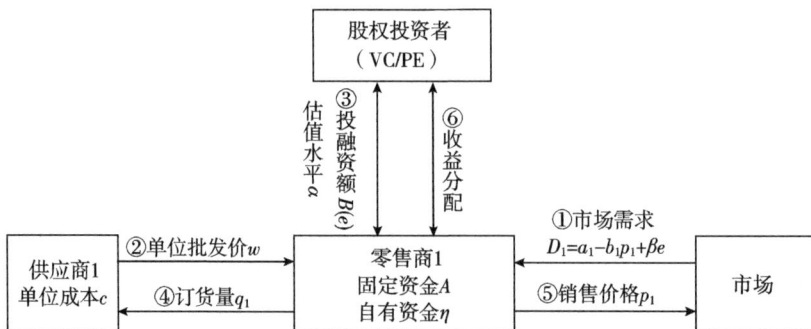

图 6.1　不考虑市场竞争的股权融资流程

市场开拓后，零售企业 1 的总利润为：

$$\pi_1(p_1, e) = (p_1 - w)(a - bp_1 + \beta e) - \frac{1}{2}se^2$$

零售商 1 所占有的利润为：

$$\pi_{r1}(p_1, e) = \frac{V}{V + B(e)}\left[(p_1 - w)(a - bp_1 + \beta e) - \frac{1}{2}se^2\right]$$

故零售商 1 采取股权融资进行市场开拓并追求其利润最大化的问题可描述为：

$$\max \pi_{r1}(p_1, e) = \frac{V}{V + B(e)}\left[(p_1 - w)(a - bp_1 + \beta e) - \frac{1}{2}se^2\right]$$

$$\text{s. t.} \begin{cases} B(e) = \frac{1}{2}se^2 \\ e \geq 0 \end{cases}$$

定理 6.1 当融资企业（零售商 1）采取股权融资进行市场开拓，并追求所持股份占有的利润最大化时，其最优努力水平为：

$$e^* = \frac{-(4sb - 2\beta^2)V - s(a - bw)^2 + \sqrt{[(4sb - 2\beta^2)V + s(a - bw)^2]^2 + 8s\beta^2(a - bw)^2 V}}{2s\beta(a - bw)}$$

最优销售价格为 $p_1^* = \dfrac{a + bw + \beta e^*}{2b}$，最优订货量为 $q_1^* = \dfrac{a - bw + \beta e^*}{2}$。

当 $\beta = 0$ 时 $e^* = 0$，上述结果退化为零售商 1 不采取股权融资时企业运营的最优结果。在不考虑市场竞争的情况下，零售商 1 在面临良好市场机会时总会选择股权融资进行市场开拓（$e^* > 0$），并提高销售价格。市场开拓带来的需求增加（βe^*）覆盖了销售价格提升导致的需求损失（$-b\Delta p_1^* = \beta e^*/2$），零售商 1 的需求上升。销售价格和需求同时上升带来的额外利润足以弥补零售商 1 进行市场开拓产生的努力成本，故零售商 1 的利润增加。

推论 6.1 随着成长性的增加，融资企业会提高销售价格、努力水平和融资额，其原股东占有的利润上升，但持股比例下降。

因此，融资企业的成长性与其原股东的控制权存在天然矛盾。为完全激活企业成长性实现跨越式发展，成长性高的融资企业会加大市场开拓的力度，相应地选择更高的融资额，导致原股东的持股比例降低而逐渐失去对企业的控制。企业原股东可采取投票权委托、一致行动协议、有限合伙持股或双层股权结构等方式，在享受企业快速发展带来高收益的同时维持对企业的实际控制。

推论 6.2 随着估值水平的增加，融资企业会提高销售价格和努力水平，高估值促进了融资企业的股权融资。

由推论6.1和推论6.2可知，高成长性和高估值均会促进融资企业（零售商1）的市场开拓和股权融资。股权投资对企业发展的促进作用并不仅限于表面上提供的资金以及增值服务，还通过提高资本市场对企业的认可（提高估值）来激励其加大市场开拓力度。因此，企业的成长得益于自身成长性和资本市场激励的双重驱动。尽管对于低成长性的企业进行高估可能有损投资者的利益，但给予高成长性企业较高的估值，有利于企业捕获成长机会而尽快实现IPO，助力投资者缩短投资周期并获得高额回报。推论6.1和推论6.2从一定程度上解释了高成长性企业（如京东、滴滴出行等）在市场开拓过程中的大额融资和高估值的现象。

6.2.3　考虑市场竞争的股权融资模型

在上述模型基础上，进一步在零售商1的股权融资过程中考虑零售商之间的市场竞争。假设在产品市场上存在两个寡头零售商1和零售商2，供应商1和供应商2以相同的批发价格分别给两者提供产品。零售商1和零售商2之间开展Bertrand竞争，根据Padmanabhan和Png（1997），两者的需求函数可描述为：

$$D_1(p_1) = a_1 - b_1 p_1 + \gamma_1 p_2, \quad D_2(p_2) = a_2 - b_2 p_2 + \gamma_2 p_1$$

零售商1在面临良好市场机遇时仍采取股权融资进行市场开拓，新的市场需求为：

$$D_1(p_1, e) = a_1 - b_1 p_1 + \gamma_1 p_2 + \beta e$$

市场开拓后零售商1制定最优销售价格和努力水平最大化其持有股份占有的利润，零售商2则制定最优销售价格最大化其利润，该模型的系统与流程如图6.2所示。

由于零售商1的融资额仅考虑市场开拓付出的成本，故市场竞争不会直接影响其融资需求函数，企业的融资额仍为$B(e) = se^2/2$，零售商1的持股比例为$V/[V+B(e)]$。

零售商1采取股权融资进行市场开拓后，其利润为：

$$\pi_{r1}(p_1, e) = \frac{V}{V+B(e)} \left[(p_1-w)(a_1-b_1 p_1+\gamma_1 p_2+\beta e) - \frac{1}{2}se^2 \right]$$

零售商2的利润为：

$$\pi_{r2}(p_2) = (p_2-w)(a_2-b_2 p_2+\gamma_2 p_1)$$

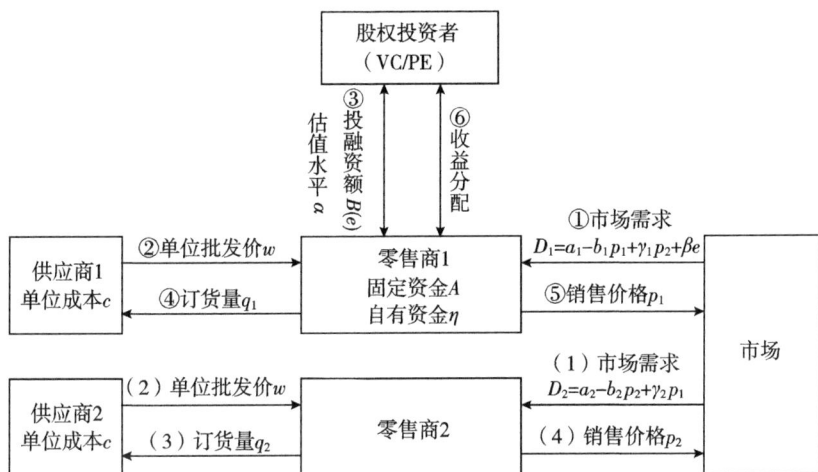

图 6.2 零售商 1 与零售商 2 进行市场竞争的股权融资流程

定理 6.2 当零售商 1 采取股权融资进行市场开拓，并与零售商 2 开展 Bertrand 竞争时，零售商 1 的最优努力水平 e^{**} 为：

$$e^{**} = \frac{-s\beta H(G+2\gamma_1\gamma_2) + \sqrt{T_1}\left(\cos\dfrac{\theta}{3} + \sqrt{3}\sin\dfrac{\theta}{3}\right)}{12sb_1b_2\gamma_1\gamma_2\beta^2}$$

两者的最优销售价格分别为：

$$p_1^{**} = \frac{2b_2(a_1+b_1w+\beta e^{**}) + \gamma_1(a_2+b_2w)}{4b_1b_2 - \gamma_1\gamma_2}$$

$$p_2^{**} = \frac{2b_1(a_2+b_2w) + \gamma_2(a_1+b_1w+\beta e^{**})}{4b_1b_2 - \gamma_1\gamma_2}$$

订货量分别为：

$$q_1^{**} = \frac{b_1\left[2b_2(a_1-b_1w+\beta e^{**}) + \gamma_1(a_2+b_2w+\gamma_2w)\right]}{4b_1b_2 - \gamma_1\gamma_2}$$

$$q_2^{**} = \frac{b_2\left[2b_1(a_2-b_2w) + \gamma_2(a_1+b_1w+\gamma_1w+\beta e^{**})\right]}{4b_1b_2 - \gamma_1\gamma_2}$$

其中 $F=2b_1(a_2+b_2w)+\gamma_2(a_1+b_1w)$，$G=4b_1b_2-\gamma_1\gamma_2$，$H=\gamma_1F+(a_1-b_1w)G$，且

$T_1 = s^2\beta^2H^2(G+2\gamma_1\gamma_2)^2 - 12sb_1b_2\gamma_1\gamma_2\beta^2\left[4b_1VG(sG-2\beta^2b_2)+sH^2\right]$

$T_2 = s\beta H(G+2\gamma_1\gamma_2)\left[4b_1VG(sG-2\beta^2b_2)+sH^2\right] + 72sb_1b_2\gamma_1\gamma_2\beta^3HGV$

$$\theta = \arccos\left\{\left[s\beta HT_1(G+2\gamma_1\gamma_2)-6sb_1b_2\gamma_1\gamma_2\beta^2 T_2\right]/\sqrt{T_1^3}\right\}$$

当 $\beta=0$ 时，由附录中式（D.6）可知 $e^{**}=0$，上述结果退化为未进行市场开拓的双寡头零售商开展 Bertrand 竞争的均衡结果。定理 6.2 表明：当零售商 1 采取股权融资进行市场开拓时，市场规模的扩大会使零售商 1 和零售商 2 均提高销售价格来减缓市场竞争，且 $\Delta p_1^{**}/\Delta p_2^{**}=2b_2/\gamma_2>2$，即零售商 1 价格提高量多于零售商 2。零售商 1 需求的变化取决于其市场开拓和市场竞争的权衡：市场开拓扩大了市场规模（βe^{**}），而市场竞争中零售商 1 大幅提价降低了其中一部分市场需求 $\left(-b_1\Delta p_1^{**}+\gamma_1\Delta p_2^{**}=-\dfrac{2b_1b_2-\gamma_1\gamma_2}{4b_1b-\gamma_1\gamma_2}\beta e^{**}<0\right)$，故零售商 1 的需求仍然增加，并通过调节市场开拓力度和市场竞争强度实现利润最大化。市场竞争的减缓增加了零售商 2 的需求，销售价格和需求的同时上升使其利润提高，零售商 2 通过市场竞争享受了零售商 1 市场开拓的收益，存在"搭便车"现象。

因此，当融资企业（零售商 1）面临良好市场机会采取股权融资进行市场开拓时，会通过提价减缓市场竞争，而不是通过激烈的价格战来抢占市场份额。价格战通常是初创期企业采取的手段，此时零售商往往以迅速扩大市场份额为目标。对于扩张期的零售商，其经营目标通常是获取更多利润并最终实现上市，减缓市场竞争是市场开拓下零售商的唯一均衡。

推论 6.3 融资企业估值水平的增加会减缓企业之间的市场竞争，并促进融资企业的市场开拓和股权融资。

由推论 6.2 和推论 6.3 可知，在采取股权融资进行市场开拓过程中，随着估值水平的增加，融资企业无论是否考虑市场竞争均会选择提高努力水平、销售价格和融资额，市场竞争并不会定性影响融资企业的运营策略和融资策略，但会产生定量影响。

6.2.4 数值分析

实际情况下，零售商 1 拥有市场开拓前的市场需求与销售价格的真实数据，在需求函数的刻画上，是否考虑市场竞争仅对其需求函数的刻画方式以及相关参数产生影响（不考虑市场竞争时需求函数为 $D_1=a-bp_1$，考虑市场竞争时为 $D_1=a_1-b_1p_1+\gamma_1p_2$），而不会影响真实的需求和销售价格。当零售商 1 融资前的初始状态（需求和销售价格）给定时，其销售价格 p_1 和需求 D_1 在不考虑和考虑市场竞争时应分别相等，即：

$$
\begin{cases}
p_1 = \dfrac{a+bw}{2b} = \dfrac{2b_2(a_1+b_1w) + \gamma_1(a_2+b_2w)}{4b_1b_2 - \gamma_1\gamma_2} \\[3mm]
D_1 = q_1 = \dfrac{a-bw}{2} = \dfrac{b_1\left[2b_2(a_1-b_1w) + \gamma_1(a_2+b_2w+\gamma_2w)\right]}{4b_1b_2 - \gamma_1\gamma_2}
\end{cases}
$$

因此有：

$$
a = \frac{b_1\left[2\gamma_1(a_2+b_2w) + \gamma_1\gamma_2w + 4a_1b_2\right]}{4b_1b_2 - \gamma_1\gamma_2}, \quad b = b_1
$$

考虑两个完全相同的零售商，其销售价格的变动对对方的影响也相同。基本参数选取如下：$a_1 = a_2 = 4000$，$b_1 = b_2 = 4$，$\gamma_1 = \gamma_2 = 2$，$c = 100$，$w = 125$，$a = 5500$，$b = 4$，$\eta = 2 \times 10^5$，$s = 1$。股权融资数据的选取参考我国A股市场上零售行业 2015 年的年报数据，市净率 $\alpha = 3$，固定资产 $A = 0.3\eta = 6 \times 10^4$，故企业估值为 $V = \alpha(A+\eta) = 7.8 \times 10^5$。因此，零售商 1 采取股权融资进行市场开拓前的销售价格 $p_1 = 750$，市场需求为 $q_1 = 2500$，零售商 2（竞争者）的销售价格为 $p_2 = 750$。

（1）融资企业（零售商 1）成长性的影响。

表 6.2 给出了零售商 1 的成长性对其运营和融资决策的影响。低成长性（本例中 $\beta < 5.02$，5.02 为零售商 1 考虑市场竞争后提价或降价的成长性阈值）的零售商 1 考虑市场竞争后，会小幅提高销售价格，并降低努力水平和市场开拓成本，企业总利润增加；融资额下降导致的持股比例增加进一步提高了零售商 1 的利润。如 $\beta = 1$ 时，零售商 1 的销售价格、利润和企业总利润分别提高 0.22%、0.61% 和 0.60%，努力水平和融资额分别下降 0.14% 和 0.45%。高成长性（本例中 $\beta > 5.02$）的零售商 1 会大幅降低努力水平、销售价格和融资额，企业总利润降低，但持股比例的上升使其仍能获取更多的利润。如 $\beta = 8$ 时零售商 1 的销售价格、企业总利润、努力水平和融资额分别下降 7.81%、14.71%、16.01% 和 29.53%，但其持股比例和利润分别提高 29.36% 和 10.43%。因此，市场竞争抑制了融资企业的市场开拓和股权融资，阻碍了企业的快速成长，但增加了高成长性企业原股东的持股比例和利润，具有"双增"作用，而对低成长性企业的运营和融资影响较小。

表 6.2　零售商 1 市场成长性对股权融资和市场竞争的影响

市场竞争	β	p_1	p_2	q_1	q_2	e	$B(e)$	Cr	π_{r1}	π_{r2}	π_1	π_{pe}
不考虑	1	776.4		2605.5		211.0	2.23E4	0.972	1.63E6		1.67E6	4.65E4
	3	1009.5		3537.9		691.9	2.39E5	0.765	2.21E6		2.89E6	6.79E5
	5.02	1557.3		5729.4		1286.4	8.27E5	0.485	3.58E6		7.38E6	3.80E6
	6	1948.9		7295.7		1598.6	1.28E6	0.379	4.56E6		1.20E7	7.47E6
	8	3001.8		11507.0		2251.8	2.54E6	0.235	7.19E6		3.06E7	2.34E7
考虑	1	778.1	757.0	2612.4	2528.1	210.7	2.22E4	0.972	1.64E6	1.60E6	1.68E6	4.66E4
	3	1022.3	818.1	3589.2	2772.3	680.8	2.32E5	0.771	2.30E6	1.92E6	2.99E6	6.85E5
	5.02	1557.6	951.9	5730.4	3307.6	1206.0	7.28E5	0.517	3.87E6	2.74E6	7.48E6	3.61E6
	6	1910.2	1040.1	7140.9	3660.2	1450.3	1.05E6	0.426	4.98E6	3.35E6	1.17E7	6.72E6
	8	2767.3	1254.3	10569.0	4517.3	1891.2	1.79E6	0.304	7.94E6	5.10E6	2.61E7	1.82E7

（2）融资企业（零售商 1）估值水平的影响。

由表 6.3 可知，估值水平增加会使零售商 1 提高努力水平、销售价格和融资额，高估值促进了零售商 1 的股权融资。采取 10 倍估值时融资企业能获得 30.3 倍（不考虑市场竞争）或 16.6 倍（考虑市场竞争）于采取 1 倍估值时的总利润，股权投资者和原股东的利润均可得到大幅提高。因此，高成长性企业（如京东、滴滴出行）往往通过高估值和大额融资捕获成长机会，实现投融资双方共赢。

表 6.3　零售商 1 估值水平对股权融资和市场竞争的影响

市场竞争	α	p_1	p_2	q_1	q_2	e	$B(e)$	Cr	π_{r1}	π_{r2}	π_1	π_{pe}
不考虑	1	1524.4		5597.8		774.5	3.00E5	0.464	3.50E6		7.53E6	4.04E6
	3	3001.8		11507.0		2251.8	2.54E6	0.235	7.19E6		3.06E7	2.34E7
	5	4464.9		17360.0		3714.9	6.90E6	0.159	1.09E7		6.84E7	5.76E7
	10	8111.4		31946.0		7361.4	2.71E7	0.088	2.00E7		2.28E8	2.08E8
考虑	1	1520.6	942.7	5582.6	3270.6	722.5	2.61E5	0.499	3.76E6	2.67E6	7.53E6	3.77E6
	3	2767.3	1254.3	10569.0	4517.3	1891.2	1.79E6	0.304	7.94E6	5.10E6	2.61E7	1.82E7
	5	3815.6	1516.4	14762.0	5565.6	2874.0	4.13E6	0.239	1.21E7	7.74E6	5.04E7	3.83E7
	10	5970.5	2055.1	23382.0	7720.5	4894.2	1.20E7	0.178	2.22E7	1.49E7	1.25E8	1.02E8

注：$\beta = 8$。

考虑市场竞争后，零售商 1 会降低努力水平和融资额，股权融资受到市场竞争抑制。估值水平只会对其销售价格的变化产生定量影响，而不会定性影响其运营策略（提价或降价）。零售商 1 在考虑市场竞争后，$\alpha=1$ 时销售价格、融资额和企业总利润分别下降 0.25%、13.00% 和 0，$\alpha=10$ 时三者分别下降 26.39%、55.72% 和 45.18%。因此，市场竞争抑制了融资企业的股权融资，阻止了融资企业的快速发展；低估值时融资企业受市场竞争影响较小，高估值时融资企业受其影响较大。

（3）产品替代系数的影响。

数值分析中固定 $\gamma_1=\gamma_2$，产品替代系数的变化会影响零售商 1 的初始市场规模 a，从而对零售商 1 的决策产生影响（见表 6.4）。考虑市场竞争后，零售商 1 的融资额和企业总利润下降，市场竞争抑制了零售商 1 的股权融资，但其持股比例和利润上升。考虑市场竞争后产品替代系数的影响与估值水平的影响类似：产品替代性较弱时市场竞争影响较小，产品替代性较强时市场竞争的影响不可忽视。

表 6.4　零售商 1 产品替代系数对股权融资和市场竞争的影响

市场竞争	$\gamma_1=\gamma_2$	p_1	p_2	q_1	q_2	e	$B(e)$	Cr	π_{r1}	π_{r2}	π_1	π_{pe}
不考虑	0.5	3530.9		13624.0		2930.9	4.30E6	0.154	6.47E6		4.21E7	3.56E7
	1	3339.4		12858.0		2696.5	3.64E6	0.177	6.66E6		3.77E7	3.10E7
	2	3001.8		11507.0		2251.8	2.54E6	0.235	7.19E6		3.06E7	2.34E7
	3	2736.0		10444.0		1836.0	1.69E6	0.316	8.09E6		2.56E7	1.75E7
考虑	0.5	3476.7	779.8	13407.0	2619.2	2865.5	4.11E6	0.160	6.52E6	1.72E6	4.08E7	3.43E7
	1	3193.7	961.7	12275.0	3346.9	2511.0	3.15E6	0.198	6.85E6	2.80E6	3.45E7	2.77E7
	2	2767.3	1254.3	10569.0	4517.3	1891.2	1.79E6	0.304	7.94E6	5.10E6	2.61E7	1.82E7
	3	2566.6	1525.0	9766.3	5599.9	1432.2	1.03E6	0.432	9.86E6	7.84E6	2.28E7	1.30E7

注：$\beta=8$。

从表 6.2 到表 6.4 可知，采取股权融资进行市场开拓后，零售商 1 和零售商 2 均会选择提高价格以减缓市场竞争，而零售商 2 的销售价格提高幅度（相对于市场开拓之前）始终低于零售商 1 的提价幅度，因此市场开拓后零售商 2 的订货量会得以增加，故其利润也相应增加。零售商 2 通过参与市场竞争分享了零售商

1 采取股权融资进行市场开拓的收益，存在"搭便车"的现象。

6.2.5 小结

产品市场的竞争行为会影响企业在资本市场的融资决策。本节构建了零售商（融资企业）在面临良好的市场机会时，采取股权融资进行市场开拓的股权融资模型，分析在市场开拓过程中市场竞争对股权融资的影响机制。具体结论如下：

（1）融资企业在采取股权融资进行市场开拓时不可忽视市场竞争的作用。市场竞争会影响融资企业的市场需求，使其调整销售价格和努力水平来最大化利润，进而影响其融资决策。高成长性、高估值或产品替代性强的融资企业必须在股权融资过程中考虑市场竞争，以大幅提高原股东持股比例和利润；在融资企业的成长性和估值较低，或产品替代性较弱时，市场竞争的影响可以忽略不计。

（2）市场竞争提高了融资企业原股东的持股比例和利润，具有"双增"作用，但阻碍了高成长性融资企业的发展。考虑市场竞争的融资企业会选择相对较低的努力水平，市场竞争抑制了其股权融资，提高了原股东的持股比例。低成长性的融资企业会选择相对较高的销售价格来获取更多利润；高成长性的融资企业则选择大幅降低努力水平和销售价格，市场竞争阻碍了融资企业的成长，其原股东仅因持股比例提高而获取了更多利润。

（3）采取股权融资进行市场开拓减缓了企业之间的市场竞争。市场开拓后市场规模的扩大使得融资企业及其竞争者均采取提价策略，融资企业的价格提高量要大于其竞争者。竞争者通过参与竞争分享了一部分融资企业市场开拓的收益，存在"搭便车"的现象。

6.3 股权融资与市场竞争：供应商博弈的影响

本节构建了处于市场竞争下双寡头零售商的股权融资模型，研究其中一个零售商面临良好市场机遇、采取股权融资进行市场开拓时，市场竞争对其股权融资决策的影响机制，探讨供应商的博弈行为对市场竞争下零售商股权融资的影响。

6.3.1 基准模型

考虑由一个供应商和双寡头零售商组成的供应链（见图6.3），供应商在供应链中占主导地位,其成本为 c,制定批发价格 w,与两个零售商开展 Stackelberg 博弈,追求企业总利润最大化。零售商 1 和零售商 2 均以统一的批发价格从供应商处订货并销往同一市场,双方开展 Bertrand 竞争,追求各自利润最大化。零售商 1 和零售商 2 的市场需求分别为 $D_1 = a_1 - b_1 p_1 + \gamma_1 p_2$ 和 $D_2 = a_2 - b_2 p_2 + \gamma_2 p_1$。

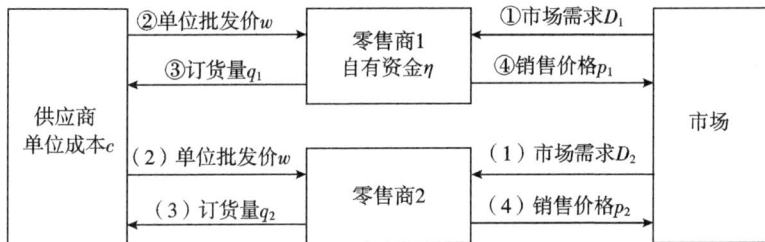

图 6.3　基准模型的系统流程

零售商 1 和零售商 2 的利润分别为:

$$\pi_{r1}(p_1) = (p_1 - w)(a_1 - b_1 p_1 + \gamma_1 p_2)$$

$$\pi_{r2}(p_2) = (p_2 - w)(a_2 - b_2 p_2 + \gamma_2 p_1)$$

供应商的利润为:

$$\pi_s(w) = (w - c)(a_1 - b_1 p_1 + \gamma_1 p_2) + (w - c)(a_2 - b_2 p_2 + \gamma_2 p_1)$$

零售商 1 和零售商 2 进行 Bertrand 竞争,其销售价格关于批发价格 w 的反应函数分别为:

$$p_1(w) = \frac{2b_2(a_1 + b_1 w) + \gamma_1(a_2 + b_2 w)}{4b_1 b_2 - \gamma_1 \gamma_2}$$

$$p_2(w) = \frac{2b_1(a_2 + b_2 w) + \gamma_2(a_1 + b_1 w)}{4b_1 b_2 - \gamma_1 \gamma_2}$$

代入供应商利润函数,易知供应商的最优批发价格为:

$$w^* = \frac{2b_1 b_2(a_1 + b_1 c + a_2 + b_2 c) + b_1 \gamma_1(a_2 - b_2 c - \gamma_2 c) + b_2 \gamma_2(a_1 - b_1 c - \gamma_1 c)}{2(2b_1 b_2 - \gamma_1 \gamma_2)(b_1 + b_2) - 2b_1 b_2(\gamma_1 + \gamma_2)}$$

因此,零售商的最优销售价格分别为:

$$p_1^* = \frac{2b_2 L_1 + \gamma_1 L_2}{G}, \quad p_2^* = \frac{2b_1 L_2 + \gamma_2 L_1}{G}$$

订货量分别为:

$$q_1^* = \frac{b_1(2b_2N_1 + \gamma_1M_2)}{G}, \quad q_2^* = \frac{b_2(2b_1N_2 + \gamma_2M_1)}{G}$$

利润分别为：

$$\pi_{r1}(p_1^*) = \frac{b_1(2b_2N_1 + \gamma_1M_2)^2}{G^2}, \quad \pi_{r2}(p_2^*) = \frac{b_2(2b_1N_2 + \gamma_2M_1)^2}{G^2}$$

零售商 1 的自有资金为：

$$\eta = w^*q_1^* = \frac{w^*b_1(2b_2N_1 + \gamma_1M_2)}{G}$$

其中，$G = 4b_1b_2 - \gamma_1\gamma_2$，$L_i = a_i + b_iw^*$，$N_i = a_i - b_iw^*$，$M_i = a_i + b_iw^* + \gamma_iw^* (i=1, 2)$。

6.3.2 股权融资模型

零售商 1 面临良好市场机遇时可付出努力水平 e 进行市场开拓，新的市场需求为 $D_1(e) = a_1 - b_1p_1 + \gamma_1p_2 + \beta e$，市场开拓中零售商 1 付出的努力成本为 $se^2/2$。由于市场存在较大的潜在发展空间，零售商 1 的市场开拓行为不会对零售商 2 的需求产生直接负面影响，而通过价格竞争的方式间接影响零售商 2 的需求，其需求函数仍为 $D_2 = a_2 - b_2p_2 + \gamma_2p_1$。

零售商 1 由于自有资金不能满足市场开拓的资金需求而选择向 PE 融资，融资额为 $B(e)$。零售商 1 的融资额应根据其努力成本和订货成本来确定，即 $w^*q_1(e) + se^2/2 = \eta + B(e)$，则：

$$B(e) = w^*(a_1 - b_1p_1 + \gamma_1p_2 + \beta e) - \eta + \frac{1}{2}se^2 \tag{6.1}$$

假设股权融资时零售企业估值为 V，则零售商 1 的持股比例为 $Cr = \frac{V}{V+B(e)}$，PE 的持股比例为 $\frac{B(e)}{V+B(e)}$。

零售商 1 的市场开拓扩大了市场规模，根据零售商 1 的市场竞争行为选择和供应商的博弈行为选择，本章考虑如下三个模型：

模型 1：市场规模扩大后供应商不参与博弈，零售商 1 选择维持原来的销售价格，不与零售商 2 开展新一轮市场竞争，仅通过制定最优努力水平来最大化企业总利润。

模型 2：市场规模扩大后供应商不参与博弈，零售商 1 选择开展新的市场竞争，通过制定新的销售价格和努力水平来最大化企业总利润；零售商 2 参与竞争，以利润最大化为目标制定新的销售价格。

模型3：在模型2的基础上，供应商作为领导者参与博弈制定最优批发价格，零售商1和零售商2开展新一轮市场竞争以最大化各自利润。

三个模型的系统流程如图6.4所示，供应商作为领导者制定统一的批发价格 w 最大化其利润，零售商1与PE约定企业估值水平，选择股权融资额 $B(e)$ 进行市场开拓，并与零售商2在同一市场上开展价格竞争最大化各自的企业利润，待产品售出资金回笼后，零售商1再与PE进行收益分配（或将收益投入下一阶段的企业运营）。

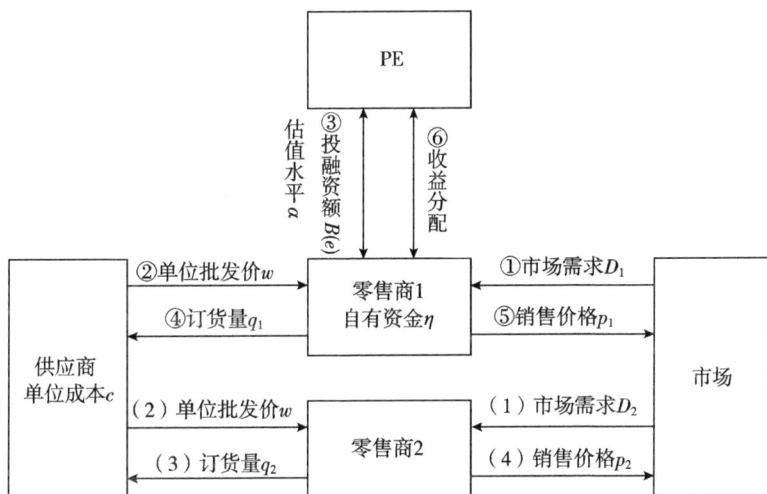

图6.4 模型1、模型2和模型3的系统流程

模型1：零售商不开展新市场竞争。

零售商1进行市场开拓后维持销售价格 p_1^* 不变，通过制定最优努力水平 e^{*1} 最大化企业总利润。

零售商1的利润为：

$$\pi_{r1}(e) = (p_1^* - w^*)(a_1 - b_1 p_1 + \gamma_1 p_2 + \beta e) - \frac{1}{2} s e^2$$

零售商2的利润为：

$$\pi_{r2}(p_2) = (p_2 - w^*)(a_2 - b_2 p_2 + \gamma_2 p_1^*)$$

由于零售商1的销售价格和供应商的批发价格未发生变化，故零售商2的市场需求和销售价格保持不变，即 $p_2^{*1} = p_2^*$。通过简单优化可知零售商1的最优努力水平为：

$$e^{*1} = \frac{\beta(p_1^* - w^*)}{s}$$

定理 6.3 当零售商 1 采取股权融资进行市场开拓后选择不开展新的市场竞争，零售商 1 的销售价格保持不变，其最优努力水平为 $e^{*1} = \beta(p_1^* - w^*)/s$，订货量为 $q_1^{*1} = q_1^* + \beta^2(p_1^* - w^*)/s$，总利润为 $\pi_{r1}^{*1} = \pi_{r1}^* + \beta^2(p_1^* - w^*)^2/2s$。零售商 2 的销售价格、订货量以及利润均与基准模型相同。

因此，在该模型中零售商 1 完全占据了新开拓的市场份额，高成长性的零售商 1 会选择更高的努力水平和订货量，以获取更多的企业利润。由于零售商 1 不开展新的市场竞争，且供应商不参与博弈，故零售商 2 不会受到影响，供应商的利润则由于订货量的增加而上升。

模型 2：零售商开展新的市场竞争。

零售商 1 进行市场开拓后选择与零售商 2 开展新的市场竞争，重新制定销售价格 p_1^{*2} 和努力水平 e^{*2} 最大化企业利润，同时零售商 2 制定其最优的销售价格 p_2^{*2}，供应商仍以不变的批发价格 w^* 提供给两者所需的产品。

开展新市场竞争后，零售商 1 的利润为：

$$\pi_{r1}(p_1,\ e) = (p_1 - w^*)(a_1 - b_1 p_1 + \gamma_1 p_2 + \beta e) - \frac{1}{2}se^2$$

零售商 2 的利润为：

$$\pi_{r2}(p_2) = (p_2 - w^*)(a_2 - b_2 p_2 + \gamma_2 p_1)$$

定理 6.4 当零售商 1 采取股权融资进行市场开拓后选择开展新的市场竞争时，若其市场成长性满足 $\beta \leqslant \sqrt{sG/2b_2}$，则零售商 1 的最优努力水平为：

$$e^{*2} = \frac{\beta(2b_2 N_1 + \gamma_1 M_2)}{sG - 2\beta^2 b_2} \tag{6.2}$$

零售商 1 和零售商 2 的最优销售价格分别为：

$$p_1^{*2} = \frac{s(2b_2 L_1 + \gamma_1 L_2) - 2\beta^2 b_2 w^*}{sG - 2\beta^2 b_2} \tag{6.3}$$

$$p_2^{*2} = \frac{s(2b_1 L_2 + \gamma_2 L_1) - \beta^2 M_2}{sG - 2\beta^2 b_2} \tag{6.4}$$

其中，$G = 4b_1 b_2 - \gamma_1 \gamma_2$，$L_i = a_i + b_i w^*$，$N_i = a_i - b_i w^*$，$M_i = a_i + b_i w^* + \gamma_i w^*$（$i = 1,\ 2$）。

开展新的市场竞争后，零售商的最优努力水平和销售价格均与其市场成长性相关，由式（6.2）~式（6.4）易知，市场成长性的增加意味着付出单位努力水平可获得更多的市场需求，故零售商 1 会选择提高努力水平和销售价格，作为竞争对手的零售商 2 同样会选择提价来予以应对。

推论 6.4　当零售商 1 的市场成长性满足 $\sqrt{s(2b_1b_2-\gamma_1\gamma_2)/2b_2} \le \beta \le \sqrt{sG/2b_2}$ 时，市场竞争促进了零售商 1 的股权融资。随着零售商 1 成长性的增加，市场竞争对股权融资的促进作用增大，零售商 1 原股东的持股比例进一步降低。

零售商 1 选择开展新一轮的价格竞争不会降低其订货量，故订货成本不会下降，而其努力水平的上升提高了努力成本。资金需求的增加促使零售商 1 选择更为激进的融资决策，加快了其控制权的丧失速度。

推论 6.5　市场开拓下零售商 1 的股权融资减缓了企业间的市场竞争，零售商 1 和零售商 2 均会选择提高销售价格来追逐更高的利润。零售商 1 的成长性越高，两者的销售价格提高越多。

股权融资下的市场开拓扩大了市场规模，零售商 1 和零售商 2 均会选择提高销售价格来重新瓜分市场，不是通过传统的价格战来获取更多市场份额。价格战往往是零售企业成长初期采取的手段，以牺牲企业利润换取市场份额，但对于追求利润的扩张期或成熟期零售商而言，市场规模扩大后竞争双方均采取提价策略是唯一的纳什均衡。后续的仿真结果也表明：市场扩张下零售商 1 采取提价策略也能大幅增加其市场份额，价格战不是最优选择。零售商 2 的价格变化相对较小，通过市场竞争分享零售商 1 的市场开拓收益，存在"搭便车"的现象。

模型 3：供应商参与博弈下的股权融资与市场竞争

在模型 2 的基础上，进一步考虑供应商作为领导者参与博弈，通过制定批发价格 w^{*3} 最大化其利润，零售商作为跟随者开展价格竞争以最大化企业利润。

根据式（6.1），零售商 1 的股权融资额为：

$$B(e) = w(a_1-b_1p_1+\gamma_1p_2+\beta e) - \eta + \frac{1}{2}se^2$$

零售商 1 进行市场开拓并开展新一轮市场竞争后，企业的利润为：

$$\pi_{r1}(p_1,\ e) = (p_1-w)(a_1-b_1p_1+\gamma_1p_2+\beta e) - \frac{1}{2}se^2$$

零售商 2 的利润为：

$$\pi_{r2}(p_2) = (p_2-w)(a_2-b_2p_2+\gamma_2p_1)$$

供应商的总利润为：

$$\pi_s(w) = (w-c)(a_1 - b_1 p_1 + \gamma_1 p_2) + (w-c)(a_2 - b_2 p_2 + \gamma_2 p_1)$$

定理 6.5 当零售商 1 采取股权融资后供应商参与博弈，若零售商 1 的成长性满足 $\beta \leqslant \sqrt{sG/2b_2}$，则供应商的最优批发价格为：

$$w^{*3} = \frac{s[b_1\gamma_1(a_2 - b_2 c - \gamma_2 c) + b_2\gamma_2(a_1 - b_1 c - \gamma_1 c) + 2b_1 b_2(a_1 + b_1 c + a_2 + b_2 c)] - \beta^2 b_2(a_2 + b_2 c - \gamma_2 c)}{2s(2b_1 b_2 - \gamma_1 \gamma_2)(b_1 + b_2) - 2sb_1 b_2(\gamma_1 + \gamma_2) - 2\beta^2 b_2(b_2 - \gamma_2)}$$

零售商 1 的最优努力水平为：

$$e^{*3} = \frac{\beta(2b_2 N_1^* + \gamma_1 M_2^*)}{sG - 2\beta^2 b_2}$$

零售商 1 的最优销售价格为：

$$p_1^{*3} = \frac{s(2b_2 L_1^* + \gamma_1 L_2^*) - 2\beta^2 b_2 w^{*3}}{sG - 2\beta^2 b_2}$$

零售商 2 的最优销售价格为：

$$p_2^{*3} = \frac{s(2b_1 L_2^* + \gamma_2 L_1^*) - \beta^2 M_2^*}{sG - 2\beta^2 b_2}$$

其中，$L_i^* = a_i + b_1 w^{*3}$，$N_i^* = a_i - b_i w^{*3}$，$M_i^* = a_i + b_i w^{*3} + \gamma_i w^{*3}$（$i=1$，$2$）。

供应商参与博弈后会根据零售商 1 的市场成长性调整其批发价格。批发价格的变化会影响零售商的融资和定价决策，使零售商呈现出更为复杂的融资和市场竞争行为。对比定理 6.4 和定理 6.5，可得到如下推论：

推论 6.6 供应商的批发价格策略与零售商 1 和零售商 2 的市场信息相关：当 $a_1/(b_1 - \gamma_1) > a_2/(b_2 - \gamma_2)$ 时，供应商参与博弈后提高批发价格；当 $a_1/(b_1 - \gamma_1) < a_2/(b_2 - \gamma_2)$ 时，供应商降低批发价格；当 $a_1/(b_1 - \gamma_1) = a_2/(b_2 - \gamma_2)$ 时，供应商的批发价格保持不变。

推论 6.7 供应商降低批发价格会促进零售商 1 的股权融资，供应商提高批发价格对零售商 1 股权融资的影响取决于零售商 1 的市场成长性。

推论 6.6 和推论 6.7 表明：供应商的批发价格策略仅取决于零售商的市场信息（初始市场规模、价格敏感系数、产品替代系数），而与其成长性无关。特别地，当 $b_1 = b_2$ 且 $\gamma_1 = \gamma_2$ 时，供应商的批发价格策略仅取决于零售商 1 和零售商 2 的初始市场规模的相对大小。初始市场规模较小（$a_1 < a_2$，市场占有率较低）的零售商选择股权融资进行市场开拓时，供应商选择降低批发价格，以激励零售商 1 付出更高的努力水平、提高订货量并选择更高的融资额。对于初始市场规模较大的零售商，供应商参与博弈后其市场开拓会受到抑制，其股权融资决策还受到

市场成长性的影响。

6.3.3　数值分析

考虑出售同质产品、初始市场规模不同的双寡头零售商，基本参数为：$b_1 = b_2 = 10$，$\gamma_1 = \gamma_2 = 2$，$c = 100$，$s = 1$，$\alpha = 1.5$。表6.5和图6.5、表6.6和图6.6分别给出了零售商1的初始市场规模较低（$a_1 = 4000 < a_2 = 8000$）和较高（$a_1 = 8000 > a_2 = 4000$）时不同成长性下各个模型的仿真结果，其中OC_1为零售商1的订货成本，$rate_1$和$rate_2$分别为零售商1和零售商2的市场占有率。

（1）市场竞争对股权融资的影响。

市场竞争会通过直接和间接影响改变零售商的融资决策：零售商在市场竞争中调整定价策略，带来的订货量和订货成本的变化直接影响其融资需求，称之为市场竞争的"直接影响"；市场竞争会影响零售商在市场开拓中的努力水平，努力水平通过影响订货量和订货成本间接地影响企业的融资需求，称之为市场竞争的"间接影响"。市场竞争对零售商1股权融资的最终作用取决于其直接影响和间接影响的相对强弱。

对比模型1和模型2的仿真结果可知：零售商1为获取更多利润总会选择开展新的市场竞争。市场竞争激励零售商1付出更多努力水平进行市场开拓，竞争双方均选择提高销售价格。低成长性零售商1的市场开拓带来的需求增加不能弥补其提价产生的需求损失，市场竞争的直接影响占据主导故订货量下降，零售商1选择降低融资额，提高了原股东的持股比例。高成长性零售商1在市场竞争下大幅提高努力水平，市场开拓带来的需求增加覆盖了市场竞争造成的需求损失，市场竞争的间接影响占据主导地位，故其订货量和订货成本均上升，零售商1选择出让更多的股权以获取更多融资额。因此，市场竞争抑制了低成长性零售商的股权融资，促进了高成长性零售商的股权融资。市场占有率（初始市场规模）只会定量而不会定性影响零售商1的股权融资策略。

（2）股权融资对市场竞争的影响。

在未采取股权融资时，初始市场规模较低的零售商1在市场竞争中处于弱势地位而选择以较低的价格销售较少的商品，故其市场占有率远低于零售商2（表6.5的基准模型）；初始市场规模较大的零售商1则刚好相反（表6.6的基准模型）。当面临较好的市场机遇时，零售商1采取股权融资进行市场开拓，并选择与零售商2开展新一轮的价格竞争（模型2）。股权融资对双寡头零售商定价策略的影响与债权融资的影响（Wanzenried，2003；杨广青等，2006）一致，零售商1和零售商2均选择提高销售价格和订货量，以获取更高的利润。但零售商1的价格、订货量和利润的增量均大于零售商2，而零售商1初始市场规模的变化（见表6.6）不会定性改变股权融资对市场竞争策略的影响。

表6.5 零售商1市场成长性的影响

	β	w	p_1	p_2	q_1	q_2	OC_1	$rate_1$	$rate_2$	π_{r1}	π_{r2}	π_s	e
基准模型	任意	425.0	478.5	660.4	535.4	2353.5	2.28E5	18.5%	81.5%	2.9E4	5.5E5	9.4E5	0.0
模型1	1	425.0	478.5	660.4	588.9	2353.5	2.50E5	20.0%	80.0%	3.2E4	5.5E5	9.6E5	53.5
	2	425.0	478.5	660.4	749.5	2353.5	3.19E5	24.2%	75.8%	4.0E4	5.5E5	1.0E6	107.1
	3.32	425.0	478.5	660.4	1125.4	2353.5	4.78E5	32.3%	67.7%	6.0E4	5.5E5	1.1E6	177.7
	4	425.0	478.5	660.4	1391.6	2353.5	5.92E5	37.2%	62.8%	7.5E4	5.5E5	1.2E6	214.1
模型2	1	425.0	481.4	660.6	563.8	2356.4	2.40E5	19.3%	80.7%	3.2E4	5.6E5	9.5E5	56.4
	2	425.0	492.1	661.7	670.9	2367.1	2.85E5	22.1%	77.9%	4.5E4	5.6E5	9.9E5	134.2
	3.32	425.0	545.8	667.1	1207.6	2420.8	5.13E5	33.3%	66.7%	1.5E5	5.9E5	1.2E6	400.9
	4	425.0	703.9	682.9	2789.5	2578.9	1.19E6	52.0%	48.0%	7.8E5	6.7E5	1.7E6	1115.8
模型3	1	422.1	479.8	659.0	577.4	2369.4	2.44E5	19.6%	80.4%	3.3E4	5.6E5	9.5E5	57.7
	2	412.5	486.6	654.9	740.5	2424.1	3.05E5	23.4%	76.6%	5.5E4	5.9E5	9.9E5	148.1
	3.32	383.2	545.9	646.2	1626.5	2629.8	6.23E5	38.2%	61.8%	2.6E5	6.9E5	1.2E6	540.0
	4	353.6	797.9	656.6	4443.6	3030.1	1.57E6	59.5%	40.5%	2.0E6	9.2E5	1.9E6	1777.4

注：参数选取：$a_1 = 4000$，$a_2 = 8000$。

表6.6 零售商1市场成长性的影响

	β	w	p_1	p_2	q_1	q_2	OC_1	$rate_1$	$rate_2$	π_{r1}	π_{r2}	π_s	e
基准模型	任意	425.0	660.4	478.5	2353.5	535.4	1.00E6	81.5%	18.5%	5.5E5	2.9E4	9.4E5	0.0
模型1	1	425.0	660.4	478.5	2588.9	535.4	1.10E6	82.9%	17.1%	6.1E5	2.9E4	1.0E6	235.4
	2	425.0	660.4	478.5	3294.5	535.4	1.40E6	86.0%	14.0%	7.8E5	2.9E4	1.2E6	470.7
	3.32	425.0	660.4	478.5	4947.7	535.4	2.10E6	90.2%	9.8%	1.2E6	2.9E4	1.8E6	781.4
	4	425.0	660.4	478.5	6119.2	535.4	2.60E6	92.0%	8.0%	1.4E6	2.9E4	2.2E6	941.4
模型2	1	425.0	672.9	479.8	2478.7	547.9	1.05E6	81.9%	18.1%	6.1E5	3.0E4	9.8E5	247.9
	2	425.0	719.9	484.5	2949.4	594.9	1.25E6	83.2%	16.8%	8.7E5	3.5E4	1.2E6	589.9
	3.32	425.0	955.9	508.1	5309.0	830.9	2.26E6	86.5%	13.5%	2.8E6	6.9E4	2.0E6	1762.6
	4	425.0	1651.3	577.6	12263.2	1526.3	5.21E6	88.9%	11.1%	1.5E7	2.3E5	4.5E6	4905.3

续表

	β	w	p_1	p_2	q_1	q_2	OC_1	$rate_1$	$rate_2$	π_{r1}	π_{r2}	π_s	e
模型3	1	427.9	674.4	481.4	2465.1	534.9	1.05E6	82.2%	17.8%	6.1E5	2.9E4	9.8E5	246.5
	2	437.5	725.5	491.3	2879.7	538.0	1.26E6	84.3%	15.7%	8.3E5	2.9E4	1.2E6	575.9
	3.32	466.8	955.8	529.0	4890.1	621.9	2.28E6	88.7%	11.3%	2.4E6	3.9E4	2.0E6	1623.5
	4	496.4	1557.3	603.9	10609.0	1075.2	5.27E6	90.8%	9.2%	1.1E7	1.2E5	4.6E6	4243.6

注：参数选择：$a_1 = 8000$，$a_2 = 4000$。

当零售商1的市场成长性 $\beta = 4$ 时，采取股权融资进行市场开拓使其销售量增加4.2倍，利润增加25.9倍，市场占有率由18.5%上升到52.0%，但企业原股东的持股比例下降到20%，而零售商2的销售量和利润仅小幅增加。由此可见，股权融资能助推企业在市场竞争中处于优势地位，使其迅速占领市场实现跨越式发展，市场开拓下零售商1的提价策略也能大幅提高其市场份额，此时价格战不是最优选择。零售商1的快速成长伴随着其控制权的丧失，企业原股东可采取投票权委托、一致行动协议、有限合伙持股和双层股权结构等方式维持对企业的实际控制。尽管零售商2可以通过市场竞争分享零售商1市场开拓的收益，存在"搭便车"的现象，但其市场份额的快速下降使其逐渐被零售商1超越，零售商2在面临相同的市场机遇时同样应该采取股权融资进行市场开拓，避免其市场优势地位的丧失。

（3）供应商博弈行为的影响。

当初始市场规模（市场占有率）较低的零售商1选择股权融资并开展新一轮价格竞争时，供应商参与博弈会导致零售商的竞争和融资决策发生变化。对比表6.5中模型2和模型3的仿真结果可知：当预知到零售商选择股权融资并进行价格竞争会导致总订货量增加时，供应商会选择降低批发价格，激励零售商1的市场开拓。零售商1会根据其市场成长性来调整其销售价格：低成长性零售商选择小幅降低价格提高竞争力，市场竞争和市场开拓均增加了其订货量；高成长性零售商的市场开拓带来大量需求，故选择提高价格获取更多收益。零售商1订货成本和努力成本的同时上升增加了零售商1的融资需求，供应商参与博弈促进了初始市场规模较低的零售商股权融资（见图6.5，其子图为各指标下模型3与模型2仿真结果的差值）。

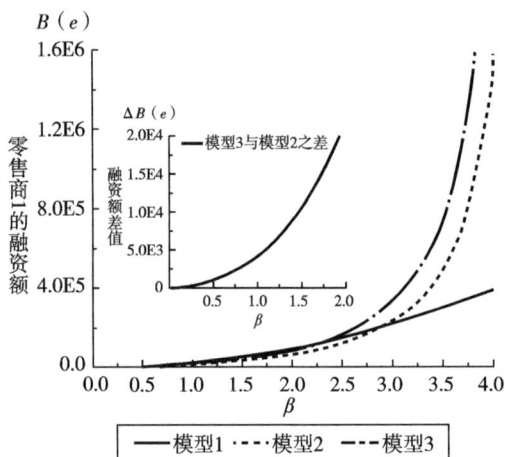

（a）

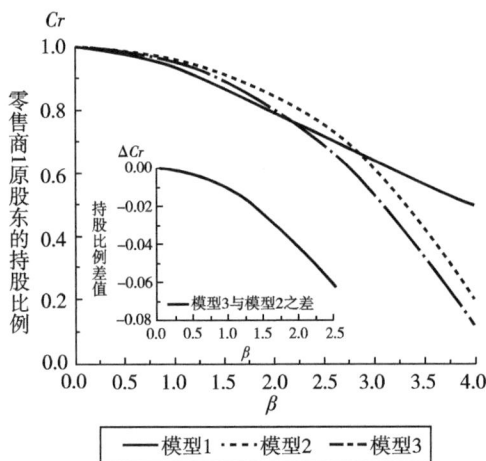

（b）

图 6.5　模型 1~模型 3 的仿真结果比较

　　零售商 1 初始市场规模的扩大（市场占有率提高）导致供应商和零售商会选择完全相反的定价策略和更为复杂的融资策略（见图 6.6，其子图为相应指标下模型 3 与模型 2 仿真结果的差值）：供应商提高批发价格，低成长性的零售商 1 选择提价，并小幅降低努力水平，订货成本的上升促进了股权融资；高成长性的零售商 1 选择降价提高竞争力，并降低努力水平和融资额，供应商的博弈行为抑制了零售商 1 的股权融资。零售商 2 只能提高销售价格来应对供应商和零售商 1 的策略调整，故其利润大幅下降。因此，供应商参与博弈下零售商 1 的融资策略变化取决于不同初始市场规模和企业成长性下的市场开拓与市场竞争的权衡，较高的市场占有率并不一定如限制债权融资（Mitani，2014）般限制企业的股权融资，还取决于融资企业的成长性和供应商的博弈决策。

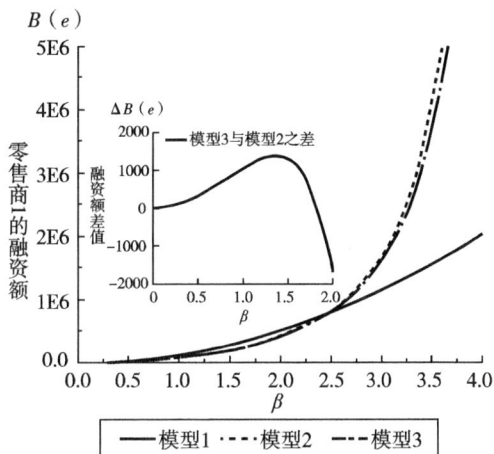

（a）

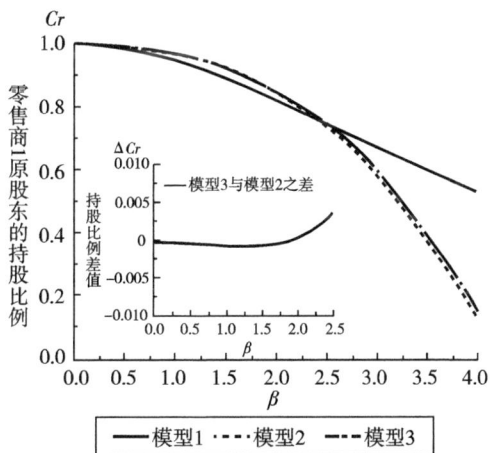

（b）

图 6.6　模型 1~模型 3 的仿真结果比较

6.3.4　小结

本节构建了双寡头零售商开展 Bertrand 竞争的股权融资模型，研究市场竞争对股权融资决策的作用机理，以及供应商博弈行为对竞争企业股权融资的影响机制。研究发现：

（1）零售商的股权融资应考虑不同成长性下市场竞争的直接和间接影响。在低市场成长性时市场竞争的直接影响占主导，考虑市场竞争后零售商应降低股权融资额和出让股权比例。在高成长性下，市场竞争的间接影响起主导作用，市场竞争促进了零售商的股权融资。

（2）供应商参与博弈后，零售商融资策略取决于企业的初始市场规模和成长性。供应商应降低批发价格激励初始市场规模较低的零售商的市场开拓，零售商则应该提高融资额和出让股权，并在低成长性下降价、高成长性下提价进行市场竞争。初始市场规模扩大会导致供应商和零售商选择完全相反的定价策略，此时零售商的融资策略受到其成长性的影响。

（3）市场开拓下零售商的股权融资减缓了市场竞争。市场开拓后市场规模的扩大使零售商选择提价来减缓竞争以获取更多收益，零售商 2 通过市场竞争分享零售商 1 市场开拓的部分收益，存在"搭便车"的现象，但其市场地位逐步被零售商 1 侵蚀，必须采取相应的措施（如同样选择股权融资进行市场开拓）予以应对。

6.4 股权融资与市场竞争：市场外部性与委托代理的影响

本节考虑了企业市场开拓的外部性，认为其市场开拓行为会直接影响竞争者的市场需求，构建了零售商在股权融资支持下进行市场开拓的 Bertrand 竞争模型，探讨融资零售商及其竞争对手的市场竞争策略选择，以及股权融资中的委托代理行为对市场竞争策略、市场开拓决策和股权融资的影响。

6.4.1 模型分析

假设在产品市场上存在两个寡头零售商 1 和零售商 2，供应商作为领导者以相同的批发价格 w 向两者提供产品，零售商 1 和零售商 2 之间开展 Bertrand 竞争。参考 6.3.1 部分基准模型，可知零售商的最优销售价格为：

$$p_1^* = \frac{2b_2(a_1+b_1w)+\gamma_1(a_2+b_2w)}{4b_1b_2-\gamma_1\gamma_2}, \quad p_2^* = \frac{2b_1(a_2+b_2w)+\gamma_2(a_1+b_1w)}{4b_1b_2-\gamma_1\gamma_2}$$

零售商 1 在股权融资后付出努力水平 e 进行市场开拓，新的市场需求 $D_1 = a_1-b_1p_1+\gamma_1p_2+\beta_1e$，产生努力成本 $se^2/2$。零售商 1 的市场开拓行为除了通过市场竞争间接影响零售商 2 的需求外，还可能对其产生直接影响。零售商 2 的新市场需求为 $D_2 = a_2-b_2p_2+\gamma_2p_1+\beta_2e$，其中 β_2 为零售商 2 市场需求变化对零售商 1 的努力水平的敏感系数，称之为市场开拓的外部性。当 $\beta_2 > 0$ 时，表明市场开拓对零售商 2 的市场需求产生正外部性，如零售商 1 拓展新区域的市场，零售商 2 可以直接进入获取部分客户；当 $\beta_2 = 0$ 时，表明市场开拓对零售商 2 的市场需求没有直接影响；当 $\beta_2 < 0$ 时，表明市场开拓直接削弱了零售商 2 的市场需求，产生负外部性，如零售商 1 对零售商 2 的客户进行营销公关等。

当零售商采取股权融资进行市场开拓后，假设供应商批发价格保持不变，竞争双方重新制定销售价格，待产品售出资金回笼后，零售商 1（原股东）与股权投资者进行利润分配，系统流程如图 6.7 所示。

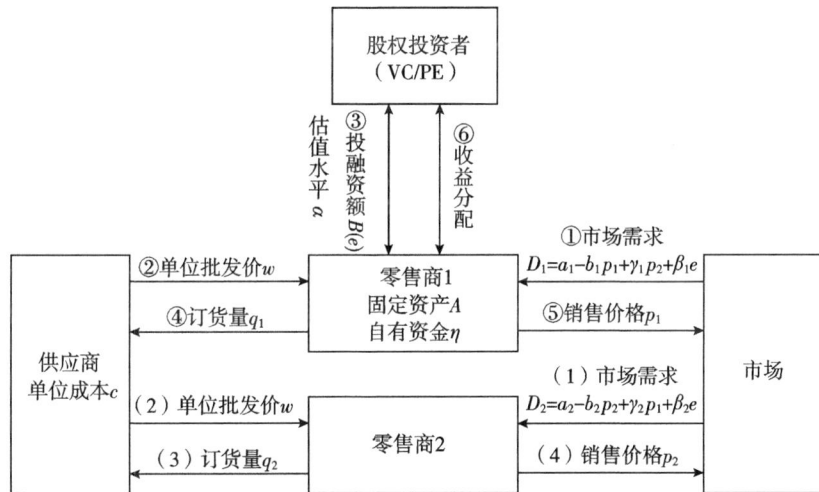

图 6.7　零售商 1 采取股权融资进行市场开拓的系统流程

市场开拓后，零售 1（企业）的总利润为：

$$\pi_{r1}(p_1, e) = (p_1-w)(a_1-b_1p_1+\gamma_1p_2+\beta_1e) - \frac{1}{2}se^2$$

若股权融资时企业的估值为 V，则零售商 1 的持股比例为 $Cr=V/(V+B)$，股权投资者的持股比例为 $B/(V+B)$，零售商 1 占有的利润为：

$$\pi_{r1\_s}(p_1, e)=\frac{V\left[(p_1-w)(a_1-b_1p_1+\gamma_1p_2+\beta_1e)-\frac{1}{2}se^2\right]}{V+B}$$

零售商 2 的利润为：

$$\pi_{r2}(p_2)=(p_2-w)(a_2-b_2p_2+\gamma_2p_1+\beta_2e)$$

股权投资者通常可以分为财务投资者和战略投资者。财务投资者关注投资回报，除了在董事会层面参与企业的重大战略决策，一般不参与企业的日常经营管理，故股权融资后企业原股东仍拥有经营管理权；战略投资者通常会委派专业人士担任董事参与公司治理，为企业提供丰富的管理经验以及市场、渠道、品牌、核心技术等优势资源，致力于长期股权投资合作，与企业原股东共同进行公司治理（2020 年 3 月 20 日证监会发布的《发行监管问答——关于上市公司非公开发行股票引入战略投资者有关事项的监管要求》对上市企业的战略投资者进行了界定和要求，指出战略投资者需委派董事实际参与公司治理）。根据股权投资者是否参与零售商 1 融资后的运营决策，分为如下两个模型进行讨论。

模型 1：企业总利润最大化。

股权投资者让渡企业的经营管理权往往会导致企业原股东为谋取私利而做出损害投资者的决策。因此，在投融资协议中，股权投资者通常会要求董事会席位、重大事项一票否决权，战略投资者甚至可能通过更换 CEO、签订对赌协议等方式来减缓或消除委托代理问题的影响。假设股权融资后投融资双方以企业总利润最大化为目标进行企业的经营决策，并与零售商 2 开展价格竞争，该问题可描述为：

$$\max\pi_{r1}(p_1, e)=(p_1-w)(a_1-b_1p_1+\gamma_1p_2+\beta_1e)-\frac{1}{2}se^2$$

$$\max\pi_{r2}(p_2)=(p_2-w)(a_2-b_2p_2+\gamma_2p_1+\beta_2e)$$

s. t. $e\geq0$

定理 6.6 当零售商 1 采取股权融资进行市场开拓，并与零售商 2 开展 Bertrand 竞争时，若其成长性满足 $\beta_1<\sqrt{2b_1s}$，则追求企业总利润最大化下零售商 1 的最优努力水平为：

$$e^{**}=\frac{\beta_1[2b_2(a_1-b_1w)+\gamma_1(a_2+b_2w+\gamma_2w)]}{s(4b_1b_2-\gamma_1\gamma_2)-\beta_1(\gamma_1\beta_2+2b_2\beta_1)} \tag{6.5}$$

零售商 1 和零售商 2 的最优销售价格分别为：

$$\begin{cases} p_1^{**} = \dfrac{2sb_2L_1 + s\gamma_1L_2 - \beta_1w(\gamma_1\beta_2 + 2b_2\beta_1)}{sG - \beta_1(\gamma_1\beta_2 + 2b_2\beta_1)} \\[3mm] p_2^{**} = \dfrac{2sb_1L_2 + s\gamma_2L_1 + \beta_1\beta_2(a_1 - b_1w) - \beta_1^2(L_2 + \gamma_2w)}{sG - \beta_1(\gamma_1\beta_2 + 2b_2\beta_1)} \end{cases}$$

其中，$L_i = a_i + b_iw$ $(i = 1, 2)$，$G = 4b_1b_2 - \gamma_1\gamma_2$。

当 $\beta_1 = \beta_2 = 0$ 时，$e^{**} = 0$，最优销售价格退化为基准模型的均衡结果。当 $\beta_1 < \sqrt{2b_1s}$ 时，零售商 1 总会付出努力（$e^{**} > 0$）进行市场开拓，但其销售价格、销量和利润的变化取决于其市场成长性和市场开拓的外部性。

推论 6.8 提高零售商 1 的成长性或市场开拓外部性可以提升其市场开拓的努力水平，促进其股权融资；竞争双方的销售价格均上升，市场竞争减缓。

高成长性零售商 1 的市场开拓带来了更大的市场规模，两个零售商均提高销售价格减缓市场竞争以获取更多的利润。当市场开拓呈现正外部性时，市场开拓直接提升了竞争双方的市场需求，故均提高销售价格；当市场开拓呈现负外部性时，市场开拓直接削弱了零售商 2 的市场需求，零售商 2 不得不降价（相对于正外部性时的价格）以提高竞争力，避免市场份额的下降。

推论 6.9 当零售商 1 的市场开拓呈现正外部性或不具有外部性时，竞争双方均提高销售价格减缓市场竞争，其销量上升。

当市场开拓呈现正外部性或不具外部性时，产品的市场规模扩大（$\Delta q = \Delta q_1 + \Delta q_2$），竞争双方为获取更多利润而提高销售价格减缓市场竞争，市场开拓带来的需求增加大于提价带来的需求损失，竞争双方的销量均上升。销售价格和销量的同时上升提高了零售商 2 的利润（即使市场开拓不具有外部性，零售商 2 仍可通过减缓市场竞争同时提高销量和价格，其利润仍上升，存在"搭便车"的行为）。

推论 6.10 若零售商 1 的市场开拓呈现负外部性，竞争双方的价格策略取决于零售商 1 的成长性和外部性：当 $\beta_1 > -2b_1\beta_2/\gamma_2$ 时，竞争双方均提高销售价格减缓市场竞争，销量均上升；当 $-\gamma_1\beta_2/2b_2 < \beta_1 < -2b_1\beta_2/\gamma_2$ 时，零售商 1 选择提高销售价格，销量上升，零售商 2 降低销售价格，销量下降；当 $\beta_1 < -\gamma_1\beta_2/2b_2$ 时，竞争双方均降低销售价格加剧市场竞争，销量均下降。

由推论 6.9 和推论 6.10 可知，市场开拓后竞争双方的价格策略变化如图 6.8 所示。在区域 1，市场开拓的负外部性占据主导作用，迫使零售商 2 大幅降低销售价格以提高竞争力；零售商 1 的成长性对其需求的贡献相对较弱，零售商 1 会适当降低销售价格，市场竞争加剧，销售价格和销量的下降导致双方利润下降。苏宁选择建设苏宁易购 B2C 网上购物平台，抢夺家电线上市场份额，对京东家电市场产生了较大的负外部性，随后双方开展了惨烈的价格战而利润受损。在区域 2，零售商 2 仍需通过降低价格提高竞争力，市场开拓的负外部性使其销量下降，零售商 2 的利润降低；零售商 1 成长性增加带来的市场需求逐渐增加而选择提价，但其利润的变化还取决于增加的产品销售利润能否覆盖市场开拓付出的努力成本。在区域 3 和区域 4，零售商 1 的成长性占主导作用，其对零售商 1 的市场需求贡献较强，零售商 1 为追求利润而大幅提高销售价格，零售商 2 也会适当提高销售价格来获取更多利润，故两者的市场竞争减缓。在多轮股权融资的支持下，ofo、摩拜、哈罗等企业通过价格战等方式培育了广阔的共享单车市场，摩拜和哈罗趁 ofo 陷入押金退还风波时纷纷涨价，2020 年摩拜的价格由 2 元/小时涨至 2.5 元/小时，而哈罗的价格由 2 元/小时涨至 4 元/小时。同样的情况也出现在移动出行市场中，滴滴和快的经历"烧钱大战"后最终走向合并，合并后滴滴同样采取提价策略，其价格相较于出租车不再具有优势。可以看出，价格战通常是行业初创期时企业采取的手段，此时企业在资本的支持下培育市场、抢夺市场份额并打压竞争对手；而当行业处于成熟期时，企业在股权投资者的驱动下会追求更多利润以尽快实现 IPO，故提高销售价格减缓市场竞争是必然选择。

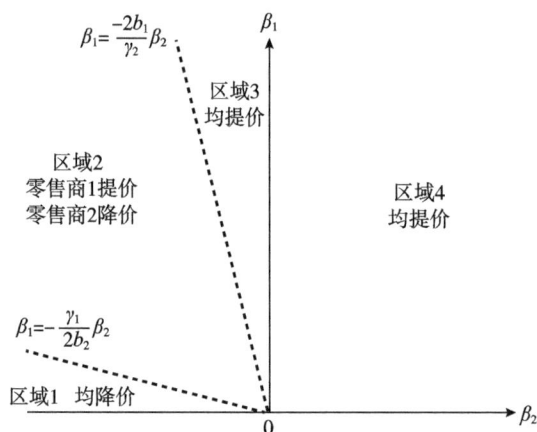

图 6.8　不同成长性和外部性下竞争双方的价格策略变化

推论 6.11　若市场开拓呈现正外部性，则当 $\beta_1 > \dfrac{2b_1 - \gamma_1}{2b_2 - \gamma_2}\beta_2$ 时，零售商 1 的价格调整量高于零售商 2 的价格调整量；若市场开拓呈现负外部性，则当 $\beta_1 > -\dfrac{2b_1 + \gamma_1}{2b_2 + \gamma_2}\beta_2$ 时，零售商 1 的价格调整量高于零售商 2 的价格调整量。

当两个零售商同质时（$a_1 = a_2$，$b_1 = b_2$，$\gamma_1 = \gamma_2$），两者价格调整量的高低仅取决于零售商 1 成长性和市场开拓外部性的相对大小：当 $\beta_1 > \beta_2 > 0$ 时，市场开拓后零售商 1 的市场需求大于零售商 2，其提价幅度更高；当 $-\beta_2 > \beta_1 > 0$ 时，此时市场开拓的负外部性占主导，零售商 2 需求受到较大影响，选择大幅降低销售价格以维持一定程度的竞争力。

推论 6.12　若市场开拓呈现负外部性，则当 $\beta_2 > -\sqrt{s\gamma_2^2 / 2b_1}$ 时，零售商 2 存在"融资企业成长性陷阱"：零售商 2 的利润在零售商 1 呈现中等成长性时被大幅削弱，而在低成长性下降幅度较小，在高成长性时提升。

产生该现象的原因是零售商 1 的成长性增加会提升其努力水平，市场开拓对零售商 2 市场需求的降低大于市场竞争减缓带来的需求增加，零售商 2 不得不降价予以应对，导致其利润下降；当成长性进一步增加时，零售商 1 大幅提升销售价格，市场竞争减缓带来的需求增加占据主导，零售商 2 逐渐减少降价幅度甚至提高销售价格，其利润逐步上升，因此在中等成长性下零售商 2 的利润存在最低值。掉入此陷阱的零售商 2 应采取相应措施，如同样进行市场开拓，或采取营销手段降低零售商 1 市场开拓的负外部性，以避免市场份额和利润的双重损失。实际中竞争双方通常都会采取股权融资以维持生存和持续发展，如京东和苏宁均采取多轮股权融资以实现竞争中的扩张，而在竞争更加激烈的移动出行行业更为普遍（滴滴和快的、摩拜和 ofo 均采取多轮股权融资，并通过加剧市场竞争而将其他参与者逐出市场）。

模型 2：企业原股东利润最大化。

若股权融资后股权投资者作为财务投资者不参与企业运营，企业原股东拥有经营管理权，或者通过双层股权结构等手段拥有企业的控制权（如刘强东仅持有京东 15.4% 的股权，但拥有 79% 的投票权），以其所持股份对应的利润最大化进行决策，此时企业存在委托代理问题，则该问题可描述为：

$$\max \pi_{r1\_s}(p_1,\ e) = \frac{V}{V+B}\left[(p_1 - w)(a_1 - b_1 p_1 + \gamma_1 p_2 + \beta_1 e) - \frac{1}{2}se^2\right]$$

$$\max \pi_{r2}(p_2) = (p_2-w)(a_2-b_2p_2+\gamma_2p_1+\beta_2e)$$

$$\text{s. t.} \begin{cases} B=\dfrac{1}{2}se^2 \\ e\geqslant 0 \end{cases}$$

定理 6.7 当零售商 1 采取股权融资进行市场开拓，并与零售商 2 开展 Bertrand 竞争时，追求持股利润最大化下零售商 1 的最优努力水平为：

$$e^{***}=\frac{1}{6sb_1\gamma_1IJ}\left\{-sH[4b_1\gamma_1\beta_2+\beta_1(G+2\gamma_1\gamma_2)]+\sqrt{T_1}\left(\sqrt{3}\sin\frac{\theta}{3}-\cos\frac{\theta}{3}\right)\right\}$$

两者的最优销售价格分别为：

$$\begin{cases} p_1^{***}=\dfrac{2b_2L_1+\gamma_1L_2+(2b_2\beta_1+\gamma_1\beta_2)e^{***}}{G} \\[3mm] p_2^{***}=\dfrac{2b_1L_2+\gamma_2L_1+(\gamma_2\beta_1+2b_1\beta_2)e^{***}}{G} \end{cases} \tag{6.6}$$

其中，$H=\gamma_1(2b_1L_2+\gamma_2L_1)+(a_1-b_1w)G$，$I=\gamma_2\beta_1+2b_1\beta_2$，$J=2b_2\beta_1+\gamma_1\beta_2$，且，

$$\begin{cases} T_1=s^2H^2[4b_1\gamma_1\beta_2+\beta_1(G+2\gamma_1\gamma_2)]^2-6sb_1\gamma_1IJ[4b_1VG(sG-\beta_1J)+sH^2] \\ T_2=sH[4b_1\gamma_1\beta_2+\beta_1(G+2\gamma_1\gamma_2)][4b_1VG(sG-\beta_1J)+sH^2]+36sb_1\gamma_1IJHGV \\ \theta=\arccos\dfrac{3sb_1\gamma_1IJT_2-sHT_1[4b_1\gamma_1\beta_2+\beta_1(G+2\gamma_1\gamma_2)]}{\sqrt{T_1^3}} \end{cases}$$

当 $\beta_1=\beta_2=0$ 时，式（D.14）简化为 $se^*[(2b_1\gamma_1\beta_2e^*-H)^2+4b_1VG^2]=0$，可知 $e^{***}=0$，则式（6.6）退化到基准模型的均衡结果。对比模型 2 和基准模型可得如下推论。

推论 6.13 股权投资者是否参与企业运营不会定性影响竞争双方的价格竞争策略，但会定量影响双方的价格调整量。

因此，零售商 1 选择提价或降价仅取决于其成长性和市场开拓外部性的相对大小，与投资者是否参与企业运营（委托代理）无关，但企业原股东的委托代理行为会影响其市场开拓的努力水平和市场开拓新增的市场规模，从而影响竞争双方的价格调整量。值得注意的是，竞争双方的价格变化和销量变化正相关（$\Delta q_1'=b_1\Delta p_1'$，$\Delta q_2'=b_2\Delta p_2'$），呈现出"量价齐升"或"量价齐降"的特征。

推论 6.14 零售商 1 的市场开拓呈现正外部性或不具有外部性时，若股权投资者不参与企业运营，则提高企业估值会减缓市场竞争，并促进零售商 1 的市场开拓和股权融资。

零售商 1 在进行股权融资时，应适当地要求提高企业估值，以刺激原股东付出更多努力进行市场开拓，并减缓市场竞争获得更多利润。提高企业估值并非一定对股权投资者不利，零售商 1 可能采取更多融资额而付出更多股权，投资者可享受股权和利润的双重收益，同时企业的快速发展可以缩短其投资周期，以尽快实现股权退出。然而当股权投资者参与运营时，由于投融资双方以企业总利润为目标进行决策，企业估值仅影响投融资双方的股权和利益分配，不会影响企业的竞争和融资额决策，此时股权投资者没有动机提高融资时企业的估值，但应避免估值过低导致零售商 1 放弃股权融资。

6.4.2 数值分析

考虑两个同质零售商，基本参数为：$a_1 = a_2 = 2000$，$b_1 = b_2 = 4$，$\gamma_1 = \gamma_2 = 2$，$c = 300$，$w = 400$，$\eta = 2 \times 10^5$，$s = 5$。若股权融资时采取市净率法进行企业估值，市净率 $\alpha = 3$（大致为 2012 年至今批发和零售业板块的行业历史市净率的中位数），固定资产 $A = 0.3\eta = 6 \times 10^4$（参考零售业板块上市企业流动资产和固定资产比值选择），故企业估值为 $V = \alpha(A + \eta) = 7.8 \times 10^5$。

由图 6.9 可知，随着市场开拓外部性的增加，竞争双方的销售价格、销量和利润上升，零售商 1 选择更高的努力水平和融资额，同时原股东的股权逐渐下降，提高市场开拓外部性可以促进零售商 1 的股权融资。当市场开拓呈现较强的负外部性时（本例中 $\beta_2 < -12$），竞争双方的销售价格和销量均下降，利润降低，市场竞争加剧；零售商 2 的市场需求由于受到市场开拓的较强负面影响，不得不大幅降低销售价格予以应对。此时市场开拓对竞争双方均不利，零售商 1 若无将零售商 2 逐出市场的意图，不会选择市场开拓行为。当市场开拓外部性逐渐减弱时（$-12 < \beta_2 < -0.75$），零售商 1 选择提高销售价格，销量上升，但由于承担了市场开拓的努力成本，其利润在 $\beta < \beta_{cr}$（模型 1 下 $\beta_{cr} = -6.01$，模型 2 下 $\beta_{cr} = -7.1$）时低于市场开拓前的利润，仍无市场开拓的动力；零售商 2 仍受到较强负外部性影响，只能降低销售价格，销量和利润继续被削弱。当市场开拓呈现较弱负外部性或正外部性时（本例中 $\beta_2 > -\gamma_2\beta_1/2b_1 = -0.75$），市场开拓扩大了市场规模，竞争双方均提高销售价格减缓市场竞争，销量和利润逐渐增加。

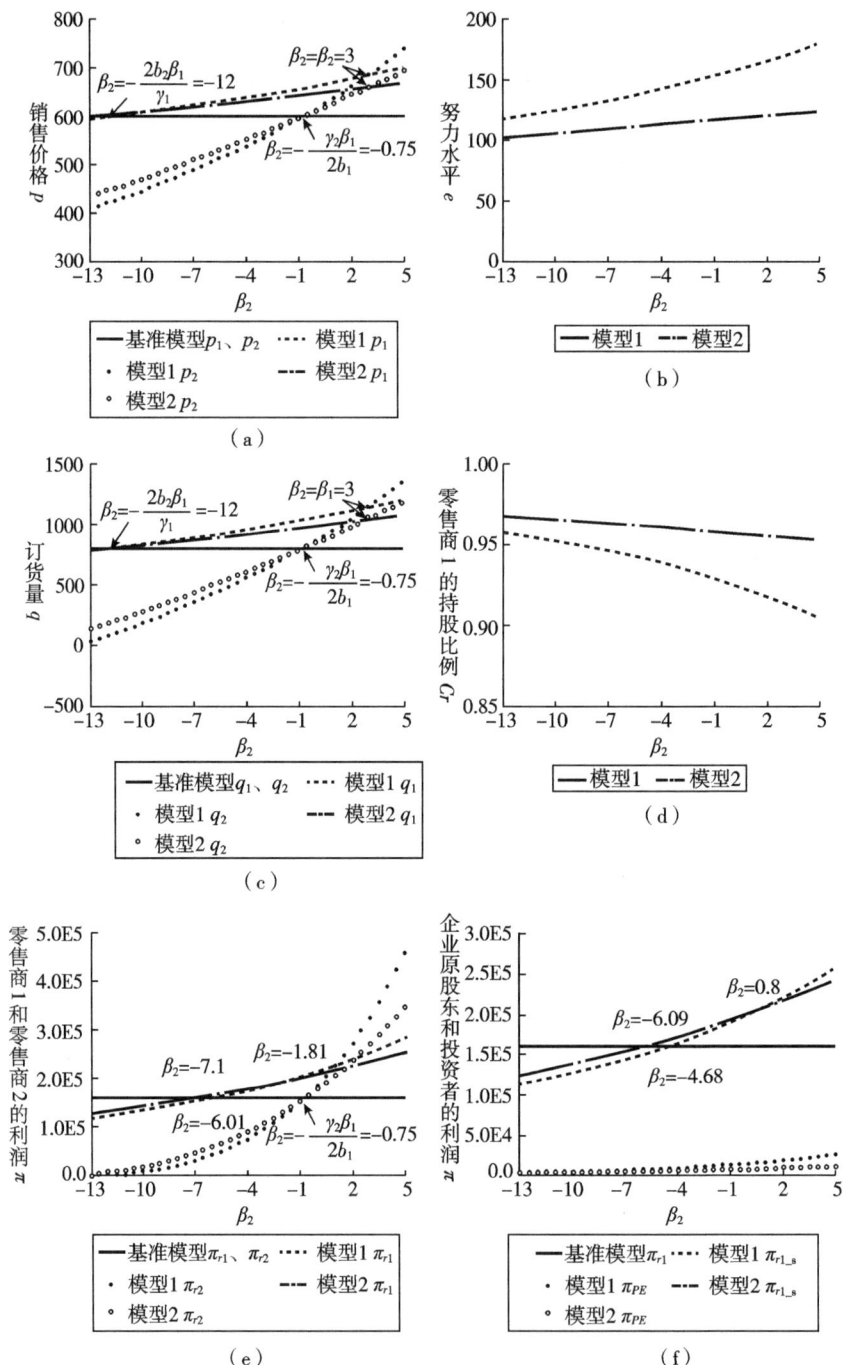

图 6.9 零售商 1 市场开拓外部性的影响

注：$\beta_1 = 3$。

图 6.10 显示了零售商 1 的利润对比分析。零售商 1 的市场开拓决策受到其成长性和外部性的共同影响：当市场开拓呈现正外部性时，零售商 1 一定会进行市场开拓提高其利润；而当市场开拓呈现负外部性时，零售商 1 在成长性较高时可以承受较强的负外部性，而在成长性较低时仅能容忍较弱的负外部性。因此，提高零售商 1 的成长性或市场开拓的外部性均能有助于企业的市场开拓决策。

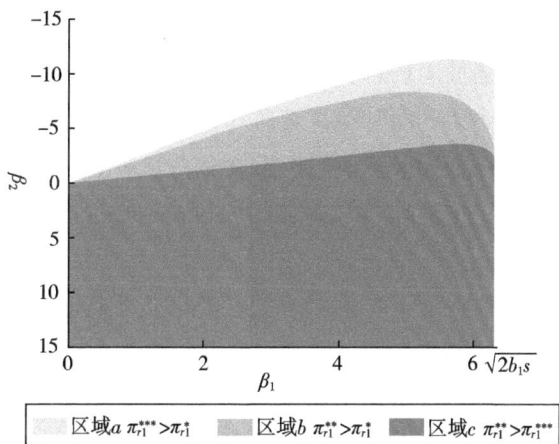

（a）

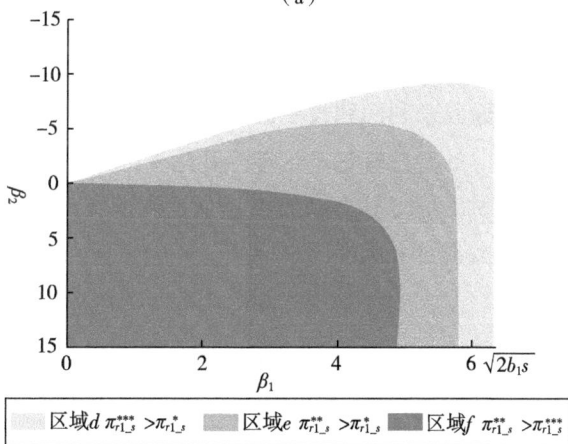

（b）

图 6.10　零售商 1 的利润对比分析

注：子图（a）中区域 a 包含区域 b，区域 b 包含区域 c，子图（b）同理。

结合图 6.9 和图 6.10 可知：当投资者不参与企业运营时，企业原股东的委托代理行为会降低其努力水平，抑制企业的股权融资，并在 $\beta_2 > -12$ 时降低零售商 1 的销售价格（图 6.9（a））和销量（图 6.9（c）），但会提高企业对市场开拓负外部性的容忍能力（图 6.9（e）中 β_{cr} 由 -6.01 降低到 -7.1，图 6.10（a）中由区域 b 扩大到区域 a）。当市场开拓呈现一定的负外部性时（图 6.9（e）中 $-7.1 < \beta_2 < -1.81$，图 6.10（a）中区域 a 减去区域 c），委托代理下努力成本的降低反而有利于企业发展，但会损害投资者的利益；在正外部性或较弱的负外部性下，委托代理会降低企业利润而制约其发展。特别是位于区域 f 时，企业原股东的委托代理对零售商 1 销售价格和销量的影响较大，而对努力成本和持股比例的影响较小，导致企业利润受损，进而降低了企业原股东的利润，此时委托代理行为会导致企业、企业原股东、股权投资者三方共输的格局。因此，当市场开拓呈现出正外部性时，中低成长性企业的原股东应以企业的快速发展为目标，避免委托代理损害投融资双方的利益。

当股权投资者参与企业运营时，由于投融资双方以企业总利润为目标进行决策，故企业估值不会影响其市场开拓和市场竞争策略（定理 6.1 中零售商 1 的最优努力水平和竞争双方的销售价格与估值 V 无关），仅影响投融资双方的股权和利润分配。当股权投资者不参与运营时，企业估值的变化会影响原股东的股权，进而影响其运营决策。由表 6.7 可知，随着估值水平的上升，零售商 1 提高努力水平，其融资额增加而促进了企业的股权融资；同时销售价格也随之上升，市场竞争减缓，企业利润、原股东利润和投资者利润均增加。因此，在股权融资过程中，若股权投资者作为财务型投资者不干涉企业运营时，有必要适当提高其估值水平，激励企业原股东付出更多努力以加快企业发展速度。同时，零售商 2 小幅度提高销售价格，通过减缓的市场竞争享受了零售商 1 估值水平提升带来的益处，其利润也小幅增加。

表 6.7　零售商 1 估值水平的影响

	α	p_1	p_2	q_1	q_2	e	B	Cr	π_{r1}	π_{r2}	π_{r1_s}	π_{PE}
基准模型	任意	600.0	600.0	800.0	800.0	0	0	1.00	1.6E5	1.6E5	1.6E5	0
模型 2	0.50	695.9	608.3	1183.4	833.3	125.0	3.9E4	0.77	3.1E5	1.7E5	2.4E5	7.2E4
	1.00	754.7	613.4	1418.7	853.8	201.7	1.0E5	0.72	4.0E5	1.8E5	2.9E5	1.1E5
	3.00	901.2	626.2	2004.8	904.8	392.9	3.9E5	0.67	6.2E5	2.0E5	4.1E5	2.0E5
	5.00	997.1	634.5	2388.5	938.1	518.0	6.7E5	0.66	7.6E5	2.2E5	5.0E5	2.6E5

注：$\beta_1 = 6$，$\beta_2 = -1$，$\alpha = V/(A+\eta)$。

6.4.3 小结

企业市场开拓的外部性会直接影响竞争者的市场需求，从而改变企业的市场竞争策略和股权融资决策。本节基于股权融资视角构建了双寡头零售商的 Bertrand 竞争模型，分析融资零售商在市场开拓下的竞争策略选择，以及企业原股东委托代理行为对市场开拓、市场竞争和股权融资的影响。具体结论如下：

（1）市场开拓后零售商的价格竞争策略取决于市场开拓企业（融资企业）的成长性和市场开拓的外部性。当市场开拓呈现正外部性或成长性/负外部性比率（绝对值）较大时，竞争双方均提高销售价格减缓市场竞争；当成长性/负外部性比率较小时，竞争双方均降低销售价格加剧市场竞争；成长性/负外部性比率处于两者之间时，市场开拓企业提价而竞争者降价。

（2）企业原股东的委托代理行为不会定性改变企业的价格竞争策略，但会影响企业的市场开拓决策。委托代理能提升企业对市场开拓负外部性的容忍能力，并在一定的负外部性下有利于企业的发展，此时股权投资者不应干预企业运营；但在正外部性下，中低成长性企业的原股东不应采取委托代理行为，以避免投融资双方共输的局面。

（3）提高企业的成长性或市场开拓的外部性会促进企业的股权融资，但会受到委托代理行为的抑制。委托代理下适当提高企业估值水平有助于投融资双方合作共赢，竞争者可通过减缓的市场竞争享受估值上升带来的红利；股权投资者参与企业运营时，估值水平不会影响企业的市场竞争和市场开拓决策，仅会影响投融资双方的利润和股权分配。

7 成长型企业股权融资的估值问题分析

7.1 引言

企业估值是企业股权融资的核心内容，当企业价值评估和价值创造发生严重偏离时，投融资双方的矛盾不可避免。一旦创始人因企业低估而失去控制权，双方在企业发展战略层面的分歧将严重阻碍企业的成长。1 号店为解决资金瓶颈，于 2009 年付出 80%股权引入平安 8000 万元股权投资（企业估值 1 亿元），营业额实现了爆发式增长。此后沃尔玛多次入股 1 号店并对其彻底控股。由于与沃尔玛经营理念相悖，1 号店创始人选择离职追求新的发展方向，失去创始人的 1 号店日落西山，最终被京东收购（估值约 95 亿元）。显然，在引入平安的股权投资时 1 号店是被极其低估的，资金急缺使平安最大程度地压低了 1 号店的估值，迫使创始人失去了企业的控制权而从战略层面限制了企业的发展。尽管平安和沃尔玛在 1 号店的股权投资上均有所斩获，但压低估值的做法使 1 号店失去了与京东分庭抗礼的机会，平安和沃尔玛得不偿失。因此，在企业面临发展机遇但陷入资金困境时，投资者不应借机打压企业估值，而应从长远的角度审视企业成长带来的价值增值，给予合理的估值水平以助推企业快速成长而实现合作共赢。

经过一百多年的理论研究和实践探索，目前已形成四类主要的估值方法。

（1）收益法：理论基础最完善、发展最成熟的估值方法，收益法通过企业未来的现金流、股利、剩余收益或经济增加值等价值指标估计企业价值，根据折现率不同可细分为现金流量折现法（Fisher，1930）、股利折现法（Williams，1938）、剩余收益估价模型（Edwards 和 Bell，1965；Feltham 和 Ohlson，1995）和经济附加值法（Tully，1993）等，其中现金流量折现法被广泛应用于企业的价值评估。然而收益法适用于已经开始盈利并产生稳定现金流的企业，而对现金流较少且不稳定的成长型企业并不适用。

（2）成本法：指按照投资成本进行企业估价的方法，主要包括有形账面价值法和重置成本法。成本法基于有形账面价值、拆散和清算价值对企业进行估值，并未将企业的成长性纳入考虑范畴，故不适用于成长型企业的估值。

（3）期权法：将企业拥有的各项资产的投资选择权视为期权，通过对期权定价估计企业价值。著名的 Black - Scholes 期权定价模型（Black 和 Scholes，1973）已广泛应用于股票、货币和债券等金融衍生品的定价。通过提出实物期权的概念，Myers（1977）将金融期权的定价理论应用于实物投资决策，推动了期权定价在企业价值评估理论的发展。期权法克服了收益法中忽略企业经营灵活性、战略性和竞争性等问题，适用于无形资产占比大、高新技术以及初创期等企业的估值，但期权定价模型所需的参数难以取得，在实际应用中受到一定限制。

（4）市场法：又称为相对估值方法，市场法的估值建立在市场已有类似资产的估值基础之上，通过可比公司、可比交易或可比行业平均的价值指标对企业进行估值。根据价值指标的不同衍生出市盈率法（P/E）、市净率法（P/B）、市销率法（P/S）以及修正的市盈率法（PEG）等多种估值方法。Penman（1996）指出市盈率受到企业当前盈利水平的影响而不能有效预测企业价值，但市净率法则不受此限制而优于市盈率法。但 Liu 等（2002）的实证分析表明，市盈率尤其是远期市盈率能更好地解释股价，其次是市净率和市销率。Liu 等（2007）指出采取市盈率法估价要优于现金流折现法和股利折现法。Schreiner 和 Spremann（2007）通过对欧洲股票市场的研究也指出采取远期市盈率估值要优于历史市盈率，且基于股权价值倍率的估值要优于基于企业价值倍率的估值。此外，市场法还可应用于股票整体市场的估值（刘澎，2009）以及 IPO 定价（Sahoo 和 Rajib，2012）。在非上市企业的估值中，董沛武等（2002）采用市盈率法计算出风险企业的股权价值，并确定投资进入或退出的价格。上述研究均采取单个指标对企业进行估值，Penman（1998）在市盈率法和市净率法的基础上，结合账面价值和净利润（分别给两者各自的权重）对企业进行估值。实证分析表明，基于账面价值和营业收入组合的估值方法更优（Sehgal 和 Pandey，2010）。

在采取市场法对成长型企业进行估值时，要求净利润为正的市盈率法并不适用于产生亏损的企业，而市净率法和市销率法则不受此限制。但市净率和市销率的选择高度依赖估值者的实践经验、预测及判断（Sharma 和 Prashar，2013）。投资者在进行企业估值时，通常选取可比交易或行业中上市企业的价值指标作为参考依据，根据两个企业的差异等因素对标的企业的估值"打折"，再与融资企业进行"讨价还价"博弈，最后确定双方均能接受的估值水平，具有较强的主观性。实际上，财务投资者在进行投资决策时，不仅应基于企业的当前状况来预测企业价值，还应考虑企业发展带来的价值增值，以最大化其投资回报。企业运营是价值创造的载体，是激活企业成长性的原动力，基于价值创造的视角可更科学地预测企业的未来价值，为后续的估值博弈等投资决策提供可靠依据。本章基于市净率法的思想，研究采取股权融资进行市场开拓的成长型零售企业的估值问题，考虑了投资者以 IPO 等股权转让方式的退出行为，从企业价值创造和投融资双方博弈的视角探索企业的最优估值，为市净率估值的科学选取提供理论支撑。

7.2　问题描述及假设

考虑一个二级供应链，零售商的固定资产为 A，自有资金为 η，面临市场需求 $D=a-bp$，其订货量为 q，产品的销售价格为 p；供应商的批发价格为 w，单位成本为 c。融资前零售商的自有资金刚好能满足供应链正常运营。当其面临较好市场机遇时，零售商可通过付出努力水平 e 进行市场开拓，但由于自有资金不足而向股权投资者（VC/PE）进行股权融资，融资额为 $B(e)$。模型其他相关变量及参数定义如表 7.1 所示。

表 7.1　参数定义

变量	定义
α_0	融资前零售企业的市净率估值
α_1	投资者退出时零售企业的市净率估值，简称退出市净率
β	零售企业的市场成长因子
s	零售企业市场开拓的努力成本参数
R	投资者的投资回报

融资前零售商和供应商订立批发价契约，供应商作为领导者制定批发价格、零售商作为跟随者制定销售价格最大化各自的利润，具体的系统流程如图 3.1 所示。根据本书 3.3 部分，供应商的最优批发价 $w^* = \dfrac{a+bc}{2b}$，零售商的最优零售价

$p^* = \dfrac{3a+bc}{4b}$，最优订货量 $q^* = \dfrac{a-bc}{4}$。

7.3 理论模型

零售商采取股权融资进行市场开拓，市场需求为 $D(e) = q^* + \beta e$。其融资额应根据零售商努力成本和运营成本来确定，则融资额为 $B(e) = w^*\beta e + \dfrac{1}{2}se^2$（详细的描述可参考本书3.4部分，此处不再赘述）。若零售商在融资过程中按市净率法进行估值，融资前企业市净率估值为 α_0，则企业价值为 $V_0 = \alpha_0(A+\eta)$，零售商的持股比例为 $Cr = \dfrac{\alpha_0(A+\eta)}{\alpha_0(A+\eta)+B(e)}$，投资者的持股比例为 $\dfrac{B(e)}{\alpha_0(A+\eta)+B(e)}$。

零售商在股权融资过程中往往处于弱势地位，企业的估值由投资者占主导（极少数企业可能受到多个股权投资者的青睐，因而在融资过程中占据主导地位，本章暂不考虑该类少数企业的估值问题）。股权投资者通常以追求投资回报最大化为目的（即作为财务投资者而非战略投资者），不追求对企业的控制权，故零售商在股权融资后仍拥有企业的经营管理权（即便投资者持股比例超过50%，零售商也可通过一致行动协议、投票权委托、采取双重股权结构等方式来维持对企业的绝对控制）。因此，当零售商采取股权融资进行市场开拓时，投资者通过制定最优估值水平最大化其投资回报，零售商随后制定最优努力水平最大化其股权价值。模型的系统流程如图7.1所示。

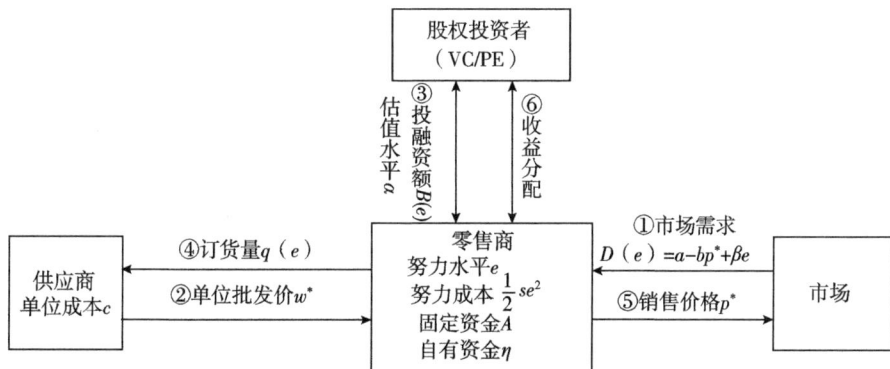

图 7.1 零售商股权融资流程

市场开拓后，企业的净资产为：

$$\pi_c(e) = A + \eta + B(e) + (p^* - w^*)(q^* + \beta e) - \frac{1}{2}se^2 = A + p^*(q^* + \beta e)$$

若投资者退出时企业的市净率估值为 α_1，则此时企业的市值为：

$$V_1 = \alpha_1 \pi_c(e) = \alpha_1 [A + p^*(q^* + \beta e)]$$

零售商的股权价值为：

$$V_r(e) = \frac{\alpha_0(A + \eta)}{\alpha_0(A + \eta) + B(e)} V_1 = \frac{\alpha_0 \alpha_1(A + \eta)}{\alpha_0(A + \eta) + B(e)} [A + p^*(q^* + \beta e)]$$

投资者的股权价值为：

$$V_{pe}(\alpha_0) = \frac{B(e)}{\alpha_0(A + \eta) + B(e)} V_1 = \frac{\alpha_1 B(e)}{\alpha_0(A + \eta) + B(e)} [A + p^*(q^* + \beta e)]$$

投资者的投资回报为：

$$R(\alpha_0) = V_{pe}(\alpha_0) - B(e) = \frac{\alpha_1 B(e)}{\alpha_0(A + \eta) + B(e)} [A + p^*(q^* + \beta e)] - B(e)$$

投融资双方追求各自目标最大化的问题可描述为：

$$\max R(\alpha_0) = \frac{\alpha_1 B(e)}{\alpha_0(A + \eta) + B(e)} [A + p^*(q^* + \beta e)] - B(e)$$

$$\max V_r(e) = \frac{\alpha_0 \alpha_1(A + \eta)}{\alpha_0(A + \eta) + B(e)} [A + p^*(q^* + \beta e)] \tag{7.1}$$

$$\text{s. t.} \begin{cases} B(e) = w^* \beta e + \dfrac{1}{2}se^2 \\ e \geq 0 \end{cases}$$

定理 7.1 当企业在进行股权融资过程中以市净率法进行估值时，则以领导者参与博弈并追求投资回报最大化投资者的最优估值水平为：

$$\alpha_0^* = \frac{1}{p^*(A + \eta)} \left\{ \frac{\left\{ \frac{\beta^2 p^*}{6} [\alpha_1 p^* + \sqrt[3]{\alpha_1 p^*(K+L)} + \sqrt[3]{\alpha_1 p^*(K-L)}] - w^* \beta^2 p^* + sM \right\}^2 - s^2 M^2}{2s\beta^2 p^*} + G \right\}$$

作为跟随者追求所持股权价值最大化的零售商的最优努力水平为：

$$e^* = \frac{\beta}{6s} [\alpha_1 p^* + \sqrt[3]{\alpha_1 p^*(K+L)} + \sqrt[3]{\alpha_1 p^*(K-L)}] - \frac{\beta w^*}{s}$$

其中，$G = w^* A + p^* \eta$，$K = \alpha_1^2 (p^*)^2 + 54(w^*)^2$，$L = 6w^* \sqrt{81(w^*)^2 + 3\alpha_1^2 (p^*)^2}$，

$M=A+p^* q^*$。

因此，当投融资双方采取市净率进行企业估值时，投资者的最优估值水平和零售商的最优努力水平均受到零售商市场成长性、退出市净率、销售价格和批发价格等多个因素的影响。

推论 7.1 随着零售商市场成长性 β、退出市净率 α_1 的增加，或者零售商固定资产 A 的降低，投资者对企业的最优估值水平 α_0^* 增加。

推论 7.1 表明：对于所处行业市净率（当投资者以 IPO 上市退出时，行业市净率可以在很大程度上表征退出市净率）较高的企业、高成长性企业以及轻资产企业，投资者会给予企业较高的市净率估值。这是因为当企业所处行业的市净率较高时，投资者股权价值提升而获得较高的投资回报；成长性较高的企业具有较大发展潜力，通过股权融资可实现快速成长，企业的价值增值提高了投资者的投资回报；轻资产企业的市净率估值理应高于其他条件相同的重资产企业的市净率，否则会降低企业管理者的积极性而不利于企业发展。因此，对这三类企业，投资者会提高市净率估值，以激励企业采取股权融资捕获成长机会实现快速发展，从而缩短投资周期，提高投资回报。

推论 7.2 投资成长性 β 或退出市净率 α_1 较高的企业能获取更多的投资回报，投资者的投资回报率随着退出市净率 α_1 以及零售商利润率的增加而增加，而与零售商的固定资产无关。

由推论 7.2 可知，投资者在进行股权投资时更为看重行业（模型可扩展到其他行业）、企业成长性以及企业的盈利状况。估值较高的行业通常发展前景较好，容易受到投资者青睐而提高了股权市场的流动性，从而降低了投资者的退出难度，提高了其投资回报。2015 年之前零售业的市净率估值处于较低水平（见图7.2），投资者预期到可能的退出困难和较低的投资回报，对零售业的投资处于较低的水平；2015 年之后零售行业市净率大幅提升，其投资案例数显著增加。成长性较好的企业在融资后能实现跨越式发展，而盈利状况较好的企业能持续获取较多的利润，两者均会推动企业内在价值的提升，从而提高了投资者的股权价值而使其获得更高的投资回报（如今日资本投资京东账面投资回报率高达 100 倍）。需要说明的是，创始人团队也是投资者投资时考虑的重要因素，但在本章的模型中无法量化处理，故暂不考虑创始人团队的影响。

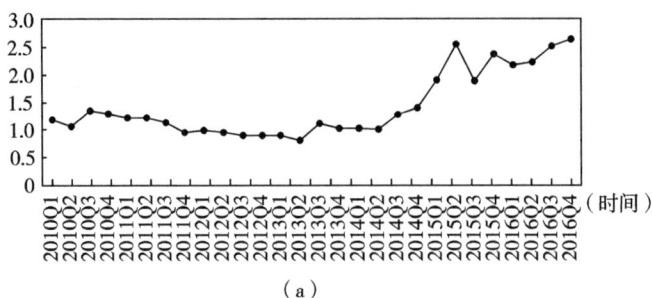

（a）

图 7.2 （a） 2010~2016 年零售业历史市净率

资料来源：Wind。

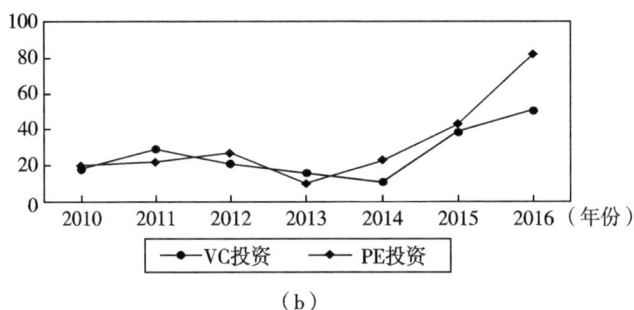

（b）

图 7.2 （b） 2010~2016 年连锁和零售业投资案例数

资料来源：清科研究中心。

推论 7.3 零售商的最优努力水平以及融资额均随着其市场成长性 β 或退出市净率 α_1 的增加而增加，但不受其固定资产的影响。

因此，估值较高的行业中的企业或成长性较高的企业容易受到投资者的青睐而给出较高的估值水平，企业管理者在此激励下会选择更高的融资额，并付出更多努力去促进企业的快速发展，从而实现双方合作共赢的局面。

推论 7.4 当投资者退出市净率 $\alpha_1 < w^*/p^*$ 时，企业不具有投资价值。

由推论 7.4 可知，投资者在投资长期处于破净（市净率低于 1）的企业时需非常谨慎，甚至应尽量避免这类企业的投资，否则其资本会被长期占用，导致其投资收益率大幅降低或产生亏损。零售业在 2012~2014 年长期处于破净状态，若无法预期到其行业估值的回暖，零售业的投资价值较低，故其投资案例数陷入低谷。

7.4 数值分析

本部分拟通过数值仿真分析：①本章的估值模型相对于传统市净率法的优势；②投资者的退出市净率以及企业的成长性对投融资决策以及运营决策的影响；③零售商固定资产的变化产生的影响，企业管理层在融资前增加固定资产以期提高企业估值的方法是否有效？

传统的市净率法通过上市企业的行业估值水平来预测当前企业的估值水平，对于非上市公司，其估值水平为行业估值水平的 40%~70%，对于初创企业，其估值水平还需在此基础上"打折"。参数选取参考我国 A 股市场零售业数据，最近一年其平均市净率为 2.76，假设投资者以 IPO 方式退出，取 $\alpha_1 = 2.76$，采用传统市净率法的估值水平为 $\alpha_0' = \alpha_1/2$，在传统市净率法下，零售商仍以其股权价值最大化进行融资和运营决策（参考附录部分式（E.3））。其他参数选择为 $a = 2000$，$b = 10$，$c = 80$，$s = 5$，$\beta = 5$，则 $p^* = 170$，$w^* = 140$，$q^* = 300$，$\eta = 42000$，$A = 10\eta$。

图 7.3 和图 7.4 给出了估值模型与传统市净率法在不同成长性和退出市净率下的比较。市场成长性表征了企业的发展潜力，高成长性企业在充足的资金驱动下能捕获企业成长机会而获得快速发展；退出市净率表征了市场对企业的认可程度，直接关系到投资者的投资回报以及退出的难易。在高成长性或高退出市净率下，投资者均愿意给企业较高的估值，以进一步刺激零售商出让更多的股权换取更高的融资额，并付出更多的努力进行市场开拓，零售商的股权价值以及投资者的投资回报均大幅上升。对于成长性极好的企业，投资者甚至会给出高于市场估值的估值溢价（而不是如传统般折价估值），通过激活企业发展潜力，获取企业价值快速提高带来的投资回报。当退出市净率较低时（本例的估值模型下 $\alpha_1 < 0.825$），企业不具有投资价值，零售商也不会采取股权融资行为。

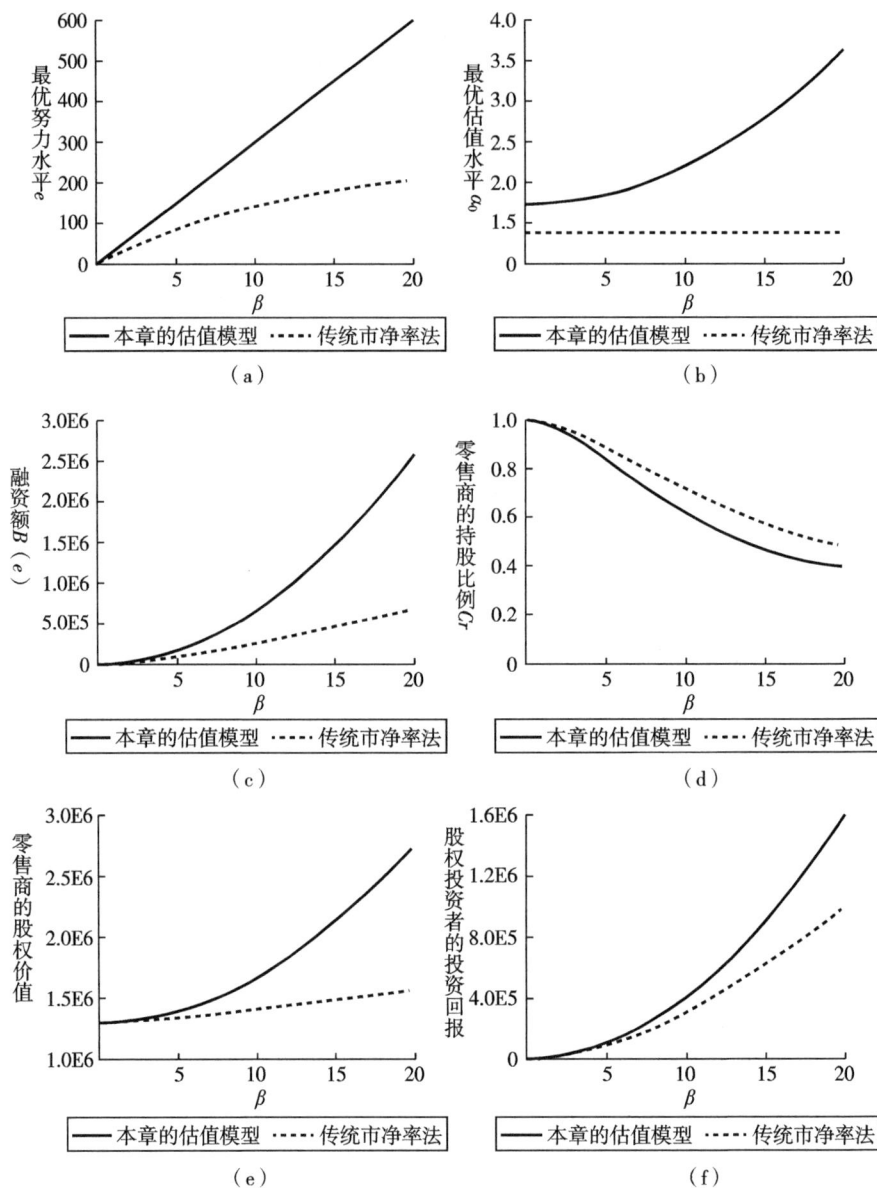

图7.3 本章的估值模型与传统市净率法在不同企业成长性下的比较

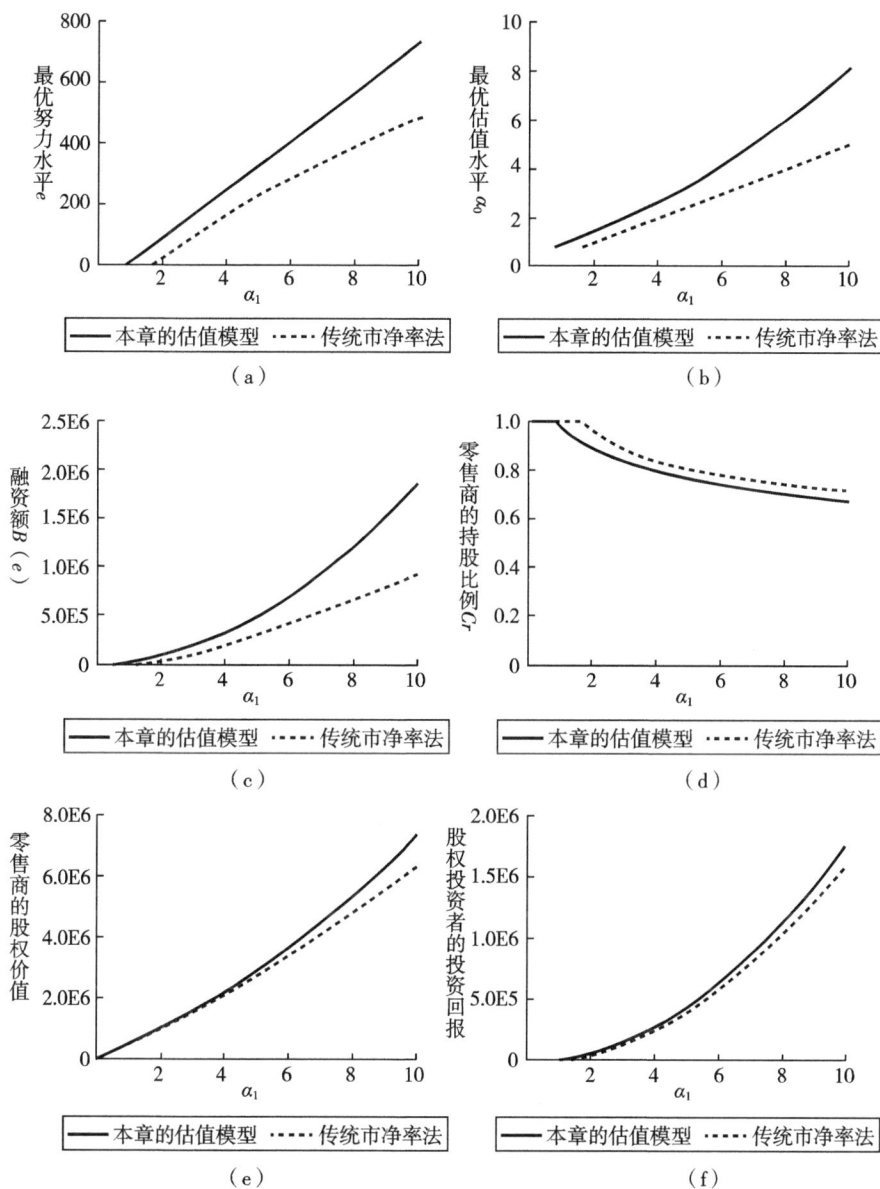

图 7.4 本章的估值模型与传统市净率法在不同退出市净率下的比较

与传统市净率法相比，本章的估值模型给出的估值水平更高，能激励零售商付出更多努力以加快企业的成长，从而提高零售商的股权价值和投资者的投资回报。在零售商成长性或退出市净率较低时，采取何种估值方法并不能显著地影响零售商的股权价值和投资者的投资回报；但当零售商成长性或退出市净率较高时，估值模型显示出其优越性。对高成长性的企业或者处于高估值行业中的企业而言，合理地提高估值水平有助于提高企业管理层的积极性，助力企业实现跨越式发展，从而实现投融资双方共赢。

企业在上市前为获得上市资格和更高估值，通常会主动剥离部分低质量固定资产。但在创业阶段，部分企业家在股权融资时通常采取增加"无用"固定资产的做法，以期获得更高的企业总估值以提高其持股比例，这部分增加的固定资产通常对企业的发展不起作用或作用较小。表 7.2 表明，零售企业固定资产的增加会使得投资者降低对企业的估值水平，而零售商的努力水平、订货量、融资额以及投资者的投资回报和投资回报率均不会发生改变。这种"无用"的固定资产并不能实质上助推企业发展，但在市净率估值下，增加"无用"固定资产的做法确实能提高零售商的持股比例，而对作为财务投资者的投资者不会造成收益方面的影响。然而，在股权融资过程中，投融资双方合则两利、斗则俱伤，这种做法容易引起投融资双方的隔阂，对企业的正常发展可能产生不利的影响。若估值方法发生改变，这种做法对零售商的持股比例不会产生影响，反而会白白浪费其固定资产的价值。

表 7.2　零售商固定资产的影响（本部分的估值模型）

A/η	e	α_0	q	B	Cr	π_{rc}	R
1	149.47	2.55	1047	160488	0.57	347216	99642
3	149.47	2.13	1047	160488	0.69	579056	99642
5	149.47	1.99	1047	160488	0.76	810896	99642
10	149.47	1.86	1047	160488	0.84	1390500	99642
20	149.47	1.78	1047	160488	0.91	2549700	99642

7.5　本章小结

企业估值是股权融资的重要组成部分，直接关系着投资者的投资回报和融资方的控制权等核心利益。基于传统的市场估值方法，构建了成长型零售企业采取股权融资进行市场开拓的估值模型，探讨企业的最优估值及其影响因素，具体结论如下：

（1）估值模型改进了传统的市净率法，赋予了市净率法博弈理论基础。估值模型考虑了追求投资回报最大化的投资者的退出行为，基于企业价值创造和投融资双方博弈的视角进行企业估值，相较于传统市净率法更具理论意义，尤其适用于高成长性或高行业市净率的企业估值。

（2）企业的"最低估值"并非投资者的"最优估值"，高成长性、轻资产、高行业市净率的企业应给予较高的估值水平。投资者在投资中更为看重行业（高市净率）、企业未来发展状况（高成长性），提高这类企业的市净率估值有助于激励企业管理层付出更多努力进行市场开拓，加快企业成长速度而实现合作共赢，而不应一味压低企业估值以谋取一时的利益。

（3）企业管理者在融资前增加固定资产的做法可提高其股权，但不会对企业成长产生积极影响。此做法有可能加深投融资双方的矛盾，对企业的健康快速成长可能产生不利影响，且在其他估值方法下不会增加管理层持股比例，反而会浪费新增固定资产的价值。

8 成长型企业股权融资的
委托代理问题分析

8.1 引言

 股权融资是企业实现跨越式发展的重要途径，但由此产生的委托代理问题可能会严重危害企业的健康成长。2006年起，雷士照明为实现股权结构调整和快速发展，先后引入软银赛富、施耐德电气和德豪润达等机构的股权投资。失去控制权的企业创始人并未失去经营管理权，但其代理行为被投资者认为损害了企业利益，因而多次取消其经营管理权。双方矛盾冲突愈演愈烈而最终对簿公堂，曾经的龙头企业从此日薄西山，投融资双方利益均严重受损。雷士照明中存在的委托代理问题，使本应合则两利的投融资双方两败俱伤。因此，投资者在股权投资后应慎重考虑企业运营管理权的归属，尤其是在企业面临成长风险时，信息的缺失使融资方的道德风险更难以监管。我们统计了中小板和创业板上市企业发布的《招股说明书》中的风险提示，发现中小板和创业板中的企业面临近80类风险，其中超过20%的企业共同拥有的风险有26小类，包括市场开拓、新产品开发、原材料价格波动等。诸多风险的存在不仅会直接影响企业股权融资的战略决策，也会使投资者更难甄别融资方的委托代理行为。因此，研究面临成长风险的企业在采取股权融资后的委托代理问题及其对股权融资的影响显得十分重要。

 委托代理问题对股权融资的直接影响主要体现在以下三个方面：第一，委托代理问题会影响风险资本家和风险企业家的投融资选择。Amit等（1998）通过实证指出风险资本家倾向于投资其具有信息优势的行业，其中监管成本低、信息不对称弱的行业对风险资本家更具有吸引力。高成长性和高风险会增加信息不对称成本，使成长型企业更倾向于选择股权融资而非债权融资（Ueda，2004）。第二，委托代理问题改变了风险资本家的股权投资行为。风险资本家采取分阶段投资来有效控制委托代理问题（Sahlman，1990），分阶段投资建立了投融资双方的重复博弈，约束了风险企业家的机会主义动机，赋予了风险资本家在企业前景黯淡时放弃投资的权利，减少了投资失败带来的损失（徐玖平和陈书建，2004）。Gompers（1995）实证研究表明，风险资本家在进行项目融资再评估时，需权衡代理成本和监督费用的大小，以进行相应的投资决策。Wang 和 Zhou（2004）认为，分阶段投资可降低道德风险，提高前景较好的企业的效率和风险企业家的努力水平。第三，委托代理问题催生了投资合约的各项条款。Bengtsson（2011）指出风险资本家通过制定退出条款和反摊薄条款、要求董事会席位和投票权等方式克服委托代理问题，但实证结果表明要求投票权反而有损风险资本家的利益。经验丰富的风险资本家能更好地参与企业的经营管理，因此更为看重董事会席位而非底层保护条款（Bengtsson 和 Sensoy，2011）。Bernstein 等（2016）认为投资合约形成了风险资本家与风险企业家之间的互动，从而缓解了道德风险和委托代理问题。委托代理对投资合约的具体影响可参考曾勇等（2008）的综述。此外，委托代理问题还会影响股权融资中的控制权分配。安实等（2004）基于博弈理论指出投融资双方的控制权分配源于委托代理关系引起的目标函数不一致，当获取控制权产生的投资收益小于由此降低的代理成本时，风险资本家会放弃控制权。陈庭强等（2014）分析了分阶段投资的信息发现和甄别过程，研究了两阶段股权投资中控制权转移与激励约束的动态机制。

已有的研究探讨了委托代理对投融资选择、股权投资行为、投资合约设计以及控制权分配等方面的影响，但鲜有从成长风险下企业运营和融资相互作用的视角审视委托代理问题对企业股权融资的影响机制。企业的运营决策影响了其融资资金需求和出让的股权，融资决策通过股权分配影响企业家的利润，从而反作用于委托代理下的运营决策，故企业的运营和融资不可分割。当企业面临良好发展机会时，企业家若忽视了成长风险而盲目乐观决策，可能会造成重大损失。因此，企业有必要采取"保守"或"审慎"的鲁棒决策行为（王菲等，2013）来处理成长风险，以"审慎乐观"作为基本决策准则。鲁棒决策可处理成长型企业面临的高风险、严重信息缺失等问题，其得到的解析解具有近似最优性，鲁棒博弈还可能产生更佳的系统性效果（Du 等，2014）。基于供应链的鲁棒风险管理已应用于产品线设计（Bertsimas 和 Mišić，2017）、多周期存货（Ardestani-Jaafari 和 Delage，2016）、供应链突发事件应急管理（于辉和陈剑，2007）和供应链债权融资（Wang 等，2014）等领域。本章采用鲁棒决策方法来处理企业在市场开拓中的成长风险，构建了零售商面临良好市场机遇的股权融资模型，建立了企业运营和股权融资的内在联系，以探讨委托代理问题对企业股权融资和运营决策的影响。

8.2 问题描述及假设

考虑一个成长型零售企业，其固定资产为 A，自有资金为 η，订货量为 q，产品的销售价格为 p；供应商的批发价格为 w，单位成本为 c。当面临良好市场机遇时，零售商可通过付出努力水平 e 进行市场开拓，并产生努力成本 $se^2/2$，其中，s 为努力成本参数，$s>0$。

市场开拓扩大了市场规模，新的市场需求可细分为基本需求 $a-bp$ 和市场开拓努力带来的需求增长，成长性确定下的新市场需求可描述为 $D=a-bp+\beta e$。然而准确的成长性信息通常难以获取，市场开拓增加的需求 ξ 为随机变量，即 $D=a-bp+\xi$。参考 Scarf（1958）和 Andersson 等（2013）的做法，假设零售商仅知道 ξ 的部分信息：均值为 $\mu=\beta e$，方差为 σ^2。零售商付出努力水平越高，或成长性均值 β 越大，市场开拓新增需求的均值越大。

零售商的融资额应根据零售商努力成本和运营成本来确定，则融资额为 $B(e)=\dfrac{1}{2}se^2$。若零售商在融资过程中按市净率法进行估值，融资前企业市净率估值为 α，则企业价值为 $V=\alpha(A+\eta)$，零售商的持股比例为 $Cr=\dfrac{V}{V+B(e)}$，投资者的持股比例为 $\dfrac{B(e)}{V+B(e)}$。

8.3 理论模型

在仅知道成长性的部分信息时，风险厌恶型的决策者以保守利润最大化进行鲁棒决策，即在满足均值为 μ、方差为 σ^2 的所有分布中，寻找使期望利润最小的成长性分布（即最差分布），再通过制定最优努力水平和订货量最大化最差分布下的期望利润，进而确定零售商的融资额和出让的股权。当企业订货量过多时，单位产品的残值为 $v(v \leqslant w)$，系统流程如图 8.1 所示。

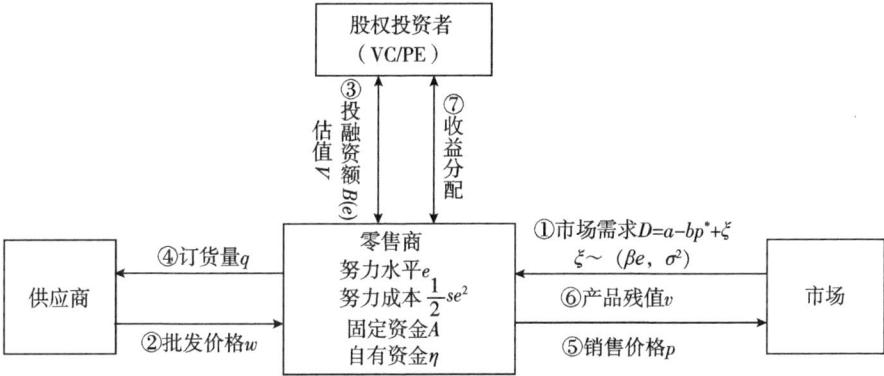

图 8.1　零售商股权融资流程

采取股权融资进行市场开拓后，零售企业的总利润为：

$$\pi(q, e) = p\min(q, D) - wq + v(q-D)^+ - \frac{1}{2}se^2$$

因此，零售商持有股份占有的利润为：

$$\pi_r(q, e) = \frac{V}{V+B(e)}\pi(q, e) = \frac{V}{V+B(e)}\left[p\min(q, D) - wq + v(q-D)^+ - \frac{1}{2}se^2\right]$$

8.3.1　模型 1：零售商保守利润最大化（委托代理问题）

财务投资者以追求高额投资回报为目标，更为关注企业战略层面的发展，忽视了企业战术层面的运营管理，零售商在股权融资后通常拥有企业的经营管理权。在仅知道成长性的部分信息下，零售商通过制定最优努力水平和订货量追求自身的保守利润最大化，其决策会通过努力成本传递到融资额及股权分配，进而对股权融资产生影响。该问题可描述为：

$$\max_{q,e} \min_{\xi \sim (\mu, \sigma^2)} \pi_r(q, e, \xi)$$

$$\pi_r(q, e, \xi) = \begin{cases} Cr\left[(p-v)(a-bp+\xi) - (w-v)q - \frac{1}{2}se^2\right] & \text{if } D < q \\ Cr\left[(p-w)q - \frac{1}{2}se^2\right] & \text{if } D \geqslant q \end{cases} \quad (8.1)$$

引理 8.1 委托代理下的零售商采取鲁棒决策处理成长风险时，成长性的最差分布为如下形式的两点分布：

（1）若 $q \geqslant \dfrac{\mu^2+\sigma^2}{2\mu}+q_0$，则：

$$
\begin{cases}
\xi_1 = q-q_0-\sqrt{(q-q_0-\mu)^2+\sigma^2}\,, & \mathrm{Pr}_1 = \dfrac{\sigma^2}{(\mu-\xi_1)^2+\sigma^2} \\[3mm]
\xi_2 = q-q_0+\sqrt{(q-q_0-\mu)^2+\sigma^2}\,, & \mathrm{Pr}_2 = \dfrac{(\mu-\xi_1)^2}{(\mu-\xi_1)^2+\sigma^2}
\end{cases}
;
$$

（2）若 $q < \dfrac{\mu^2+\sigma^2}{2\mu}+q_0$，则：

$$
\begin{cases}
\xi_1 = 0\,, & \mathrm{Pr}_1 = \dfrac{\sigma^2}{\mu^2+\sigma^2} \\[3mm]
\xi_2 = \mu+\dfrac{\sigma^2}{\mu}\,, & \mathrm{Pr}_2 = \dfrac{\mu^2}{\mu^2+\sigma^2}
\end{cases}
。
$$

最差分布下零售商的期望利润 $\underline{\pi}_r(q, e)$ 为：

$$
\underline{\pi}_r(q,\ e) =
\begin{cases}
Cr\left[\dfrac{p-v}{2}(\mu-f-q+q_0)+(p-w)q-\dfrac{1}{2}se^2\right] & \text{if } q \geqslant \dfrac{\mu^2+\sigma^2}{2\mu}+q_0 \\[4mm]
Cr\left[\dfrac{\mu^2(p-v)(q-q_0)}{\mu^2+\sigma^2}+(p-v)q_0-(w-v)q-\dfrac{1}{2}se^2\right] & \text{if } q < \dfrac{\mu^2+\sigma^2}{2\mu}+q_0
\end{cases}
$$

其中，Pr_1 和 Pr_2 分别是两点分布 ξ_1 和 ξ_2 对应的概率，$q_0 = a-bp$，$\mu = \beta e$，$f = \sqrt{(q-q_0-\mu)^2+\sigma^2}$。

引理 8.1 中的两点分布是鲁棒决策在技术层面表现出的最差分布，即在所有满足均值为 μ、方差为 σ^2 的成长性分布中，引理 8.1 的两点分布是使零售商期望利润最小的成长性分布，零售商在此分布上最大化其期望利润，体现出其对环境适应的一种保守特征。

定理 8.1 委托代理下的零售商采取鲁棒决策处理成长风险时，有：

（1）若成长风险 $\sigma \leqslant \sigma_3 = \dfrac{\beta^2(p-w)V}{2s[V+(p-w)(a-bp)]}\sqrt{\dfrac{p-w}{w-v}}$，最优努力水平和订货量为：

$$\begin{cases} e_1^* = \dfrac{-(g+V)+\sqrt{(g+V)^2+2\beta^2(p-w)^2V/s}}{\beta(p-w)} \\[4mm] q_1^* = a-bp+\dfrac{-(g+V)+\sqrt{(g+V)^2+2\beta^2(p-w)^2V/s}}{(p-w)}+\dfrac{\sigma}{2}\left(\sqrt{\dfrac{p-w}{w-v}}-\sqrt{\dfrac{w-v}{p-w}}\right) \end{cases}$$

其中，$g=(p-w)(a-bp)-\sigma\sqrt{(w-v)(p-w)}$。

（2）若成长风险 $\sigma>\sigma_3$，零售商不会选择股权融资进行市场开拓，其最优努力水平为 $e_1^*=0$，最优订货量为 $q_1^*=a-bp$。

定理 8.1 表明：当面临的成长风险大于 σ_3 时，保守的零售商不会采取股权融资，以避免市场开拓的不确定性可能造成的损失。由于：

$$\frac{\partial e_1^*}{\partial\sigma}=-\frac{1}{\beta}\sqrt{\frac{w-v}{p-w}}\left(\frac{g+V}{\sqrt{(g+V)^2+2\beta^2(p-w)^2V/s}}-1\right)>0 \tag{8.2}$$

因此，当零售商采取股权融资进行市场开拓时，风险的增加会使零售商付出更高的努力水平，以获得更多的需求来降低成长风险的影响。

推论 8.1　委托代理下的零售商在高成长性均值、高估值或低批发价格时愿意承担更大的成长风险。

对 σ_3 进行简单的参数影响分析可知 $\dfrac{\partial\sigma_3}{\partial\beta}>0$，$\dfrac{\partial\sigma_3}{\partial V}>0$，$\dfrac{\partial\sigma_3}{\partial w}<0$。高成长性均值的零售商具有较高的风险承受能力，而提高企业估值以及降低批发价格分别体现出投资者和供应商的风险分担作用，使零售商愿意在更大的风险范围内采取股权融资进行市场开拓。

8.3.2　模型 2：企业保守总利润最大化

企业进行股权融资后，投资者会在投资合约中要求董事会席位，以影响企业战略战术决策。经验丰富的投资者还会在协议中设计一系列条款（如可转债、股份回购、对赌条款），甚至更换企业的 CEO 来降低委托代理问题的影响。假设投资者在股权投资后和零售商共同进行企业运营决策，在仅知道企业成长性的部分信息下，投融资双方共同制定最优努力水平和订货量追求企业保守总利润最大化，则该问题可描述为：

$$\max_{q,e}\ \min_{\xi\sim(\mu,\sigma^2)}\ \pi(q,\ e,\ \xi)$$

$$\pi(q, e, \xi) = \begin{cases} (p-v)(a-bp+\xi)-(w-v)q-\dfrac{1}{2}se^2 & \text{if } D=a-bp+\xi<q \\ (p-w)q-\dfrac{1}{2}se^2 & \text{if } D=a-bp+\xi\geqslant q \end{cases}$$

引理 8.2 投融资双方采取鲁棒决策追求企业保守总利润最大化时，成长性的最差分布为引理 8.1 中的两点分布，最差分布下企业的期望总利润 $\underline{\pi}(q, e)$ 为：

$$\underline{\pi}(q, e) = \begin{cases} \dfrac{p-v}{2}(\mu-f-q+q_0)+(p-w)q-\dfrac{1}{2}se^2 & \text{if } q\geqslant\dfrac{\mu^2+\sigma^2}{2\mu}+q_0 \\ \dfrac{\mu^2(p-v)(q-q_0)}{\mu^2+\sigma^2}+(p-v)q_0-(w-v)q-\dfrac{1}{2}se^2 & \text{if } q<\dfrac{\mu^2+\sigma^2}{2\mu}+q_0 \end{cases}$$

其中，$q_0=a-bp$，$\mu=\beta e$，$f=\sqrt{(q-q_0-\mu)^2+\sigma^2}$。

引理 8.2 的证明可参考引理 8.1 的证明过程，此处不再赘述。

定理 8.2 投融资双方采取鲁棒决策追求企业保守总利润最大化时，有：

（1）若成长风险 $\sigma\leqslant\sigma_5=\dfrac{\beta^2(p-w)}{2s}\sqrt{\dfrac{p-w}{w-v}}$，其最优努力水平和订货量为：

$$\begin{cases} e_2^*=\dfrac{\beta(p-w)}{s} \\ q_2^*=a-bp+\dfrac{\beta^2(p-w)}{s}+\dfrac{\sigma}{2}\left(\sqrt{\dfrac{p-w}{w-v}}-\sqrt{\dfrac{w-v}{p-w}}\right) \end{cases}$$

（2）若成长风险 $\sigma>\sigma_5$，则零售商不会选择股权融资进行市场开拓，其最优努力水平为 $e_2^*=0$，最优订货量为 $q_2^*=a-bp$。

若投融资双方以企业的保守总利润最大化为目标，在面临过大风险（$\sigma>\sigma_5$）下也不会采取股权融资行为，提高企业成长性均值和降低批发价格均能提高企业的风险承受能力，使其愿意在更大的风险下采取股权融资进行市场开拓。由于企业总利润最大化体现了投资者和零售商的集中决策，因此估值水平不会对企业的运营决策产生影响。

推论 8.2 成长风险下投融资双方的委托代理降低了零售商的风险承受能力，降低了零售商的努力水平和订货量，抑制了零售商的股权融资。

因此，在面临成长风险时委托代理的零售商不仅不愿意承担更大的风险，而且还会降低努力成本以减少其融资需求，在企业运营的战术层面和股权融资的战略层面均体现出更为审慎或保守的特征。

8.4　数值分析

本节拟通过数值仿真分析：①成长风险下鲁棒决策的有效性；②委托代理问题对企业股权融资以及运营决策的影响；③估值水平、成长风险和成长性均值对委托代理和股权融资的影响。数值分析中设置循环次数为 $N = 10000$，每次循环中成长性的真实分布均由 100 个具有随机概率的随机数生成，以其均值和方差信息计算相应的鲁棒决策，并通过遍历最优寻找零售商的最优决策，待 N 次循环结束后计算相应的决策期望值。

基本参数选取：$a = 1800$，$b = 12$，$c = 100$，$v = 90$，$s = 1$，$\eta = wq$，$A = 0.3\eta$。当融资前零售商和供应商采用批发价契约并处于均衡状态时，易知 $w = (a + bc)/2b = 125$，$p = (3a + bc)/4b = 137.5$，$q = (a - bc)/4 = 150$。投融资过程中对企业的估值方法通常采取市场法对企业估值，本章采取市场法中的市净率估值法，若企业的市净率估值为 α，则企业的价值为 $V = \alpha(A + \eta)$。参考我国 A 股市场中零售行业数据，市净率估值 $\alpha = 3$。

8.4.1　鲁棒决策有效性检验

图 8.2 和图 8.3 给出了委托代理下的零售商采取鲁棒决策与最优决策的比较，其中鲁棒决策的最差利润是指在最差分布下零售商采取鲁棒决策的期望利润，也即零售商采取鲁棒决策所能获得的最低利润；鲁棒决策的真实利润指零售商采取鲁棒决策在成长性真实分布下所能获得的利润；真实分布的最优利润是指零售商采取最优决策在真实分布下所能获得的最好利润。鲁棒决策的真实利润与真实分布的最优利润越接近，则鲁棒决策效果越好。

当零售商拥有成长性的均值和方差信息时，鲁棒决策的努力水平与遍历最优决策相近，而鲁棒决策的订货量略高于遍历最优决策的订货量，故鲁棒决策下零售商订货过多而降低了部分利润。尽管如此，采取鲁棒决策时零售商在最差情况下也能获得期望最优利润的 87.6%，在实际情况下则能获得期望最优利润的98.4%，显示了鲁棒决策的优越性。

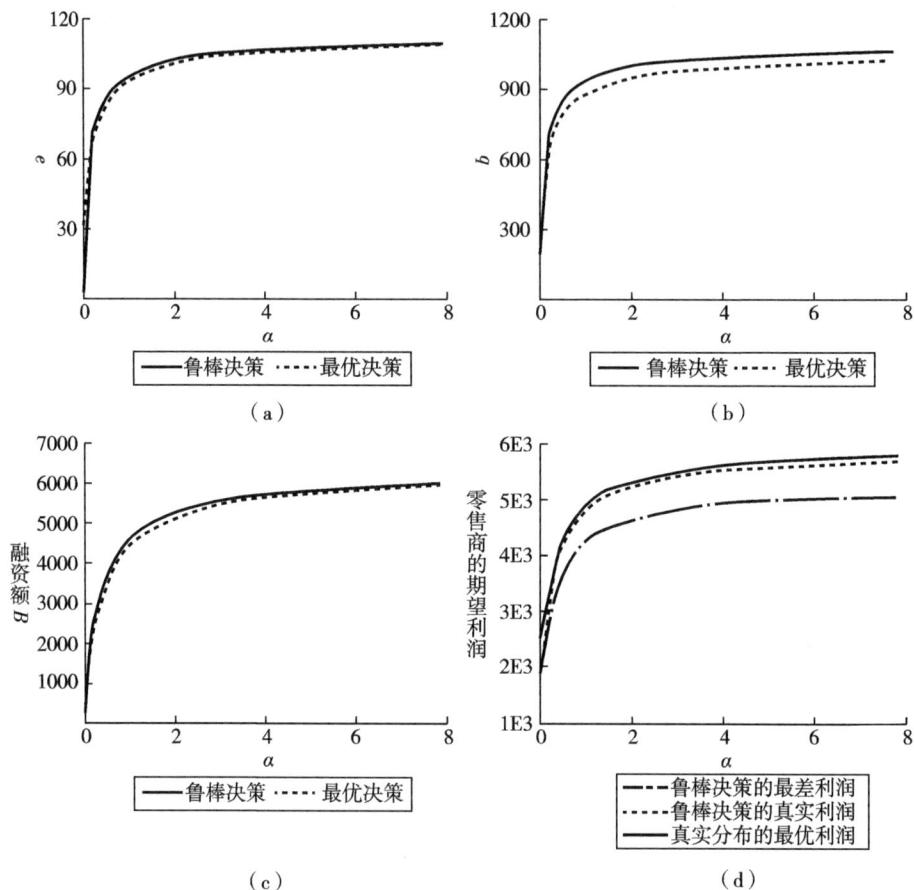

图8.2　鲁棒决策有效性检验

注：$\beta=9$。

图 8.3 给出了成长性均值低估 10%、方差低估 19%，以及成长性均值高估 10%、方差高估 21% 时鲁棒决策和最优决策的比较。当成长性均值和方差被低估时，零售商在最差情况下能获得期望最优利润的 82.2%，在实际情况下能获得期望最优利润的 97.8%。成长性均值和方差被高估时上述两者分别为 77.3% 和 85.3%。因此，零售商不必花费大量的时间和资金成本去搜集信息以获取其成长性的真实分布，在面临成长风险时完全可以采取鲁棒决策来代替。

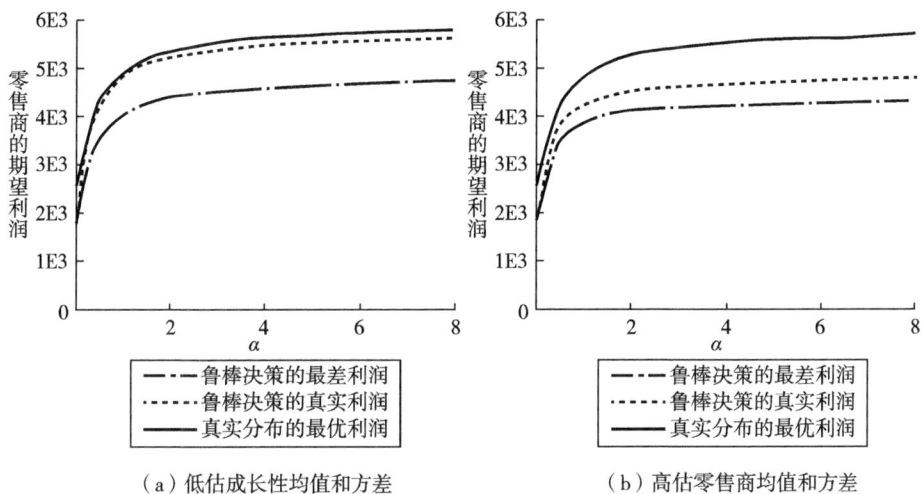

（a）低估成长性均值和方差　　　　（b）高估零售商均值和方差

图 8.3　鲁棒决策有效性检验

8.4.2　估值水平的影响

当投融资双方共同进行运营决策时，估值的变化只会影响双方的股权和利润分配，而不会对企业运营产生影响，故最优努力水平、订货量和融资额均保持不变。当零售商追求自身利益时，估值过高并不能大幅提高零售商的积极性，其努力水平和订货量仅小幅上升，企业的发展不会得到显著促进，投资者因持股比例下降而利益受损。估值过低会使零售商付出较多股权，抑制了零售商的努力水平和企业的发展。因此，零售商在股权融资时应要求高于净资产的企业估值（$\alpha >$ 1），以避免投资者对企业利润和股权的双重榨取；但也不能"漫天要价"，否则会损害投资者的利益而加深双方的矛盾冲突，或迫使投资者放弃投资。

被低估时的委托代理尽管能在一定程度上提高零售商的持股比例，但企业低估使投资者占有较多股权，不能对零售商形成激励，零售商会大幅降低努力水平和订货量，严重阻碍了企业的发展，这与 Amit 等（1998）的实证结论一致；努力成本的减少降低了零售商的融资需求，抑制了其股权融资。高估时企业利益和零售商利益趋于一致，零售商的道德风险和投资者的代理成本降低，委托代理的影响较小。估值对零售商股权融资的影响如图 8.4 所示。

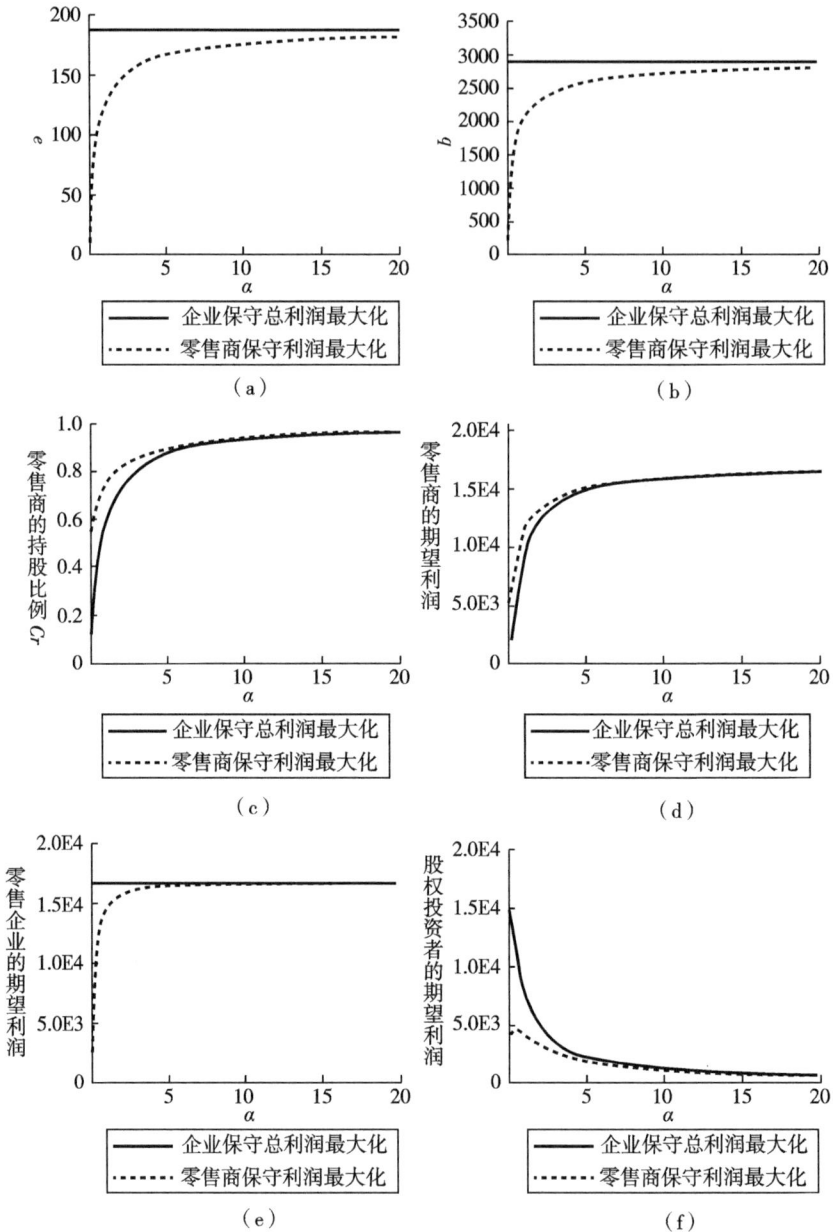

图 8.4 估值对零售商股权融资的影响

注：$\beta = 15$。

此外，投资者在缺乏企业经营控制权时还会采取少数股权折价来应对企业投资价值的降低，仿真结果显示出这一手段的必要性：投资者为获取与不存在委托代理时相同的利润，必须降低委托代理下企业的估值，即采取少数股权折价来弥补委托代理下的利润损失。

8.4.3　成长性均值的影响

图 8.5 给出了成长性均值对零售商股权融资和委托代理的影响。在给定企业估值时，低成长性均值的零售商在面临成长风险时不会采取股权融资，以避免市场开拓产生的不确定性可能带来的亏损。成长性均值进一步增加提升了零售商的风险承受能力，零售商选择采取股权融资并提高其努力水平、订货量和融资额，投融资双方以及供应商的利润均提高，但零售商的持股比例下降。

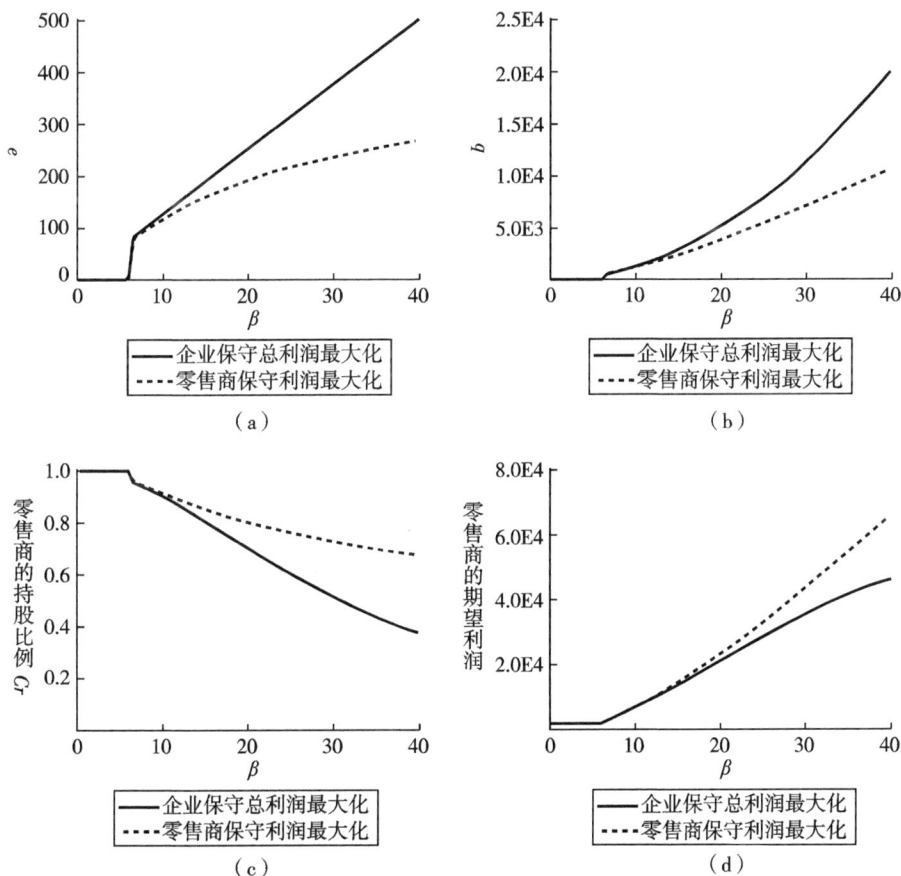

图 8.5　成长性均值对零售商股权融资的影响

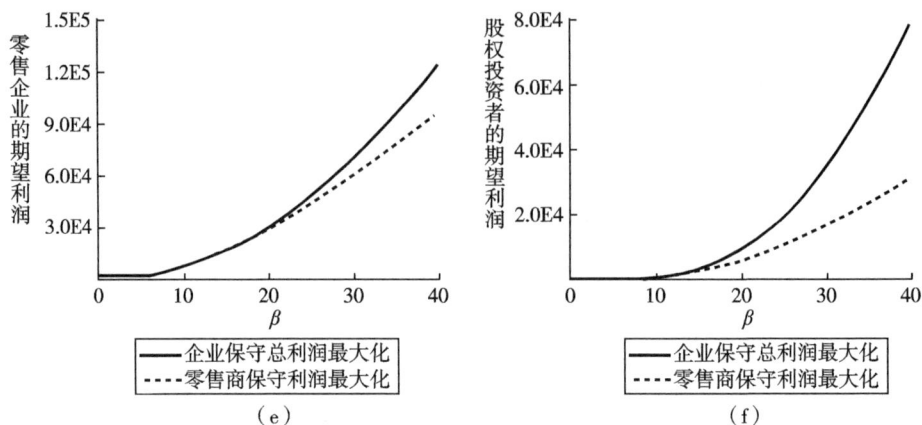

（e）　　　　　　　　　　　　　　　　　（f）

图8.5　成长性均值对零售商股权融资的影响（续）

注：$\alpha=3$。

低成长性均值下委托代理并不会产生太大影响，但成长性均值的提高会显著提高委托代理的作用。委托代理下零售商会选择相对较低的努力水平和订货量，以降低融资额，提高其股权和期望利润，零售企业和供应商的发展均会受到抑制，投资者的利润也会降低。因此，高成长性均值下零售商的委托代理抑制了企业的股权融资，提高了零售商的股权和利润，阻碍了供应链节点企业的成长，损害了投资者的利益；企业成长性均值较低时委托代理的影响较小。

8.4.4　成长风险的影响

投融资双方共同进行运营决策时并不会改变努力水平，但会逐渐降低订货量以应对逐渐增加的风险，企业总利润以及投融资双方利润均下降，体现出保守的特征；当成长风险过大（本例中 $\sigma>840$）时，零售商会放弃市场开拓及股权融资，按原有的方式继续运营。

在委托代理下，零售商会选择降低努力水平和努力成本，抑制了零售商的融资需求。零售商的订货量将大致维持为确定性下的市场需求，而低于不确定性下的市场均值，企业利润有所降低，零售商因股权的增加仍能获取较多的期望利润。成长风险的提高使得零售商更加努力，并给予投资者更多股权以分担风险，投资者的代理成本逐渐降低，委托代理的影响变小。当成长风险进一步增加时（本例中 $\sigma>818$）时，零售商会放弃股权融资，委托代理下的零售商体现出更为保守的特征。成长风险对零售商股权融资的影响如图8.6所示。

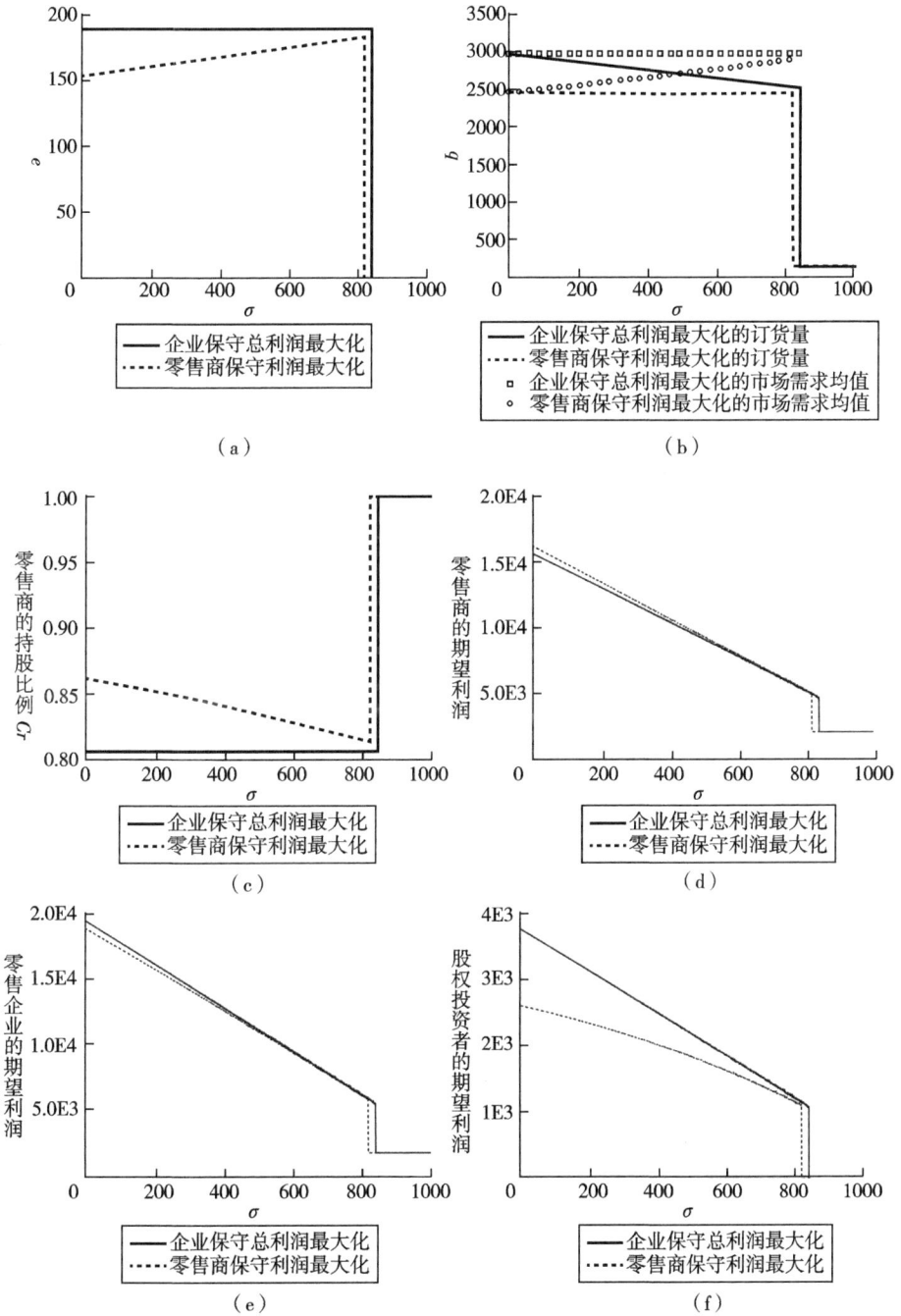

（a）

（b）

（c）

（d）

（e）

（f）

图8.6　成长风险对零售商股权融资的影响

注：$\alpha = 3$，$\beta = 15$。

8.5　本章小结

委托代理问题是加深投融资双方矛盾冲突的重要因素，而由于信息缺失产生的成长风险使得该问题更为复杂。本章引入鲁棒决策方法研究审慎乐观的企业在面临成长风险下的股权融资问题，建立了企业运营和股权融资的内在联系，探讨投融资双方的委托代理关系对企业股权融资以及运营决策的影响。具体结论如下：

（1）投融资双方的委托代理关系抑制了企业的股权融资。在面临成长风险时委托代理下融资方会降低努力水平和订货量，市场开拓成本的减少降低了企业的融资需求，融资方出让的股权更少，体现出更为保守的特征。

（2）投资者不应将低估值、高成长性均值或低成长风险的企业委托给融资方运营。融资方为追求自身利益会大幅降低努力水平和订货量，阻碍了企业的快速发展（尤其是低估值时投资者占有过多股权而不能激励融资方，与 Amit 等（1998）的实证结论一致），企业利润和持股比例的双重下降会严重损害投资者的利益。在高估值、低成长性均值或高成长性风险下，委托代理关系影响较小，投资者监督成本较大时可不予考虑。

（3）成长风险会阻碍企业的股权融资，提高成长性均值、降低批发价格或提高委托代理下的企业估值均可提高企业的风险承受能力。企业在面临较大成长风险时会放弃股权融资以避免市场开拓的不确定性带来的亏损。提高成长性均值能降低成长风险的影响，降低批发价格和提高企业估值分别体现出供应商和投资者风险分担的特征，均会使企业愿意在更大的风险范围内采取股权融资。

9 结论与展望

股权融资是企业极其重要的战略决策，是企业捕获成长机会、实现跨越式发展的重要支撑；企业运营是企业价值创造的实现途径，是激活和保障企业成长性的源泉。将企业运营与股权融资有机结合，实现企业的价值增值和合作共赢，是股权投融资双方的共同诉求。因此，本书以企业运营为基础，围绕融资方式、投资者选择、融资策略、市场竞争、企业估值、委托代理六个方面，探讨资金缺乏的成长型企业采取股权融资进行市场开拓时企业运营对股权融资的影响。

9.1 研究结论

本书的研究内容主要包括：首先，从企业运营视角研究资金缺乏的成长型企业采取债权融资或股权融资进行市场开拓的运营和融资决策，对比分析了成长型企业的最优融资方式，以及采取股权融资时的投资者类型选择。其次，在股权融资模型中引入供应商博弈和市场竞争，探讨了成长型企业的股权融资策略选择以及市场竞争对股权融资的影响机制。最后，研究成长型企业的最优估值问题以及成长风险下股权融资中的委托代理问题，探讨股权投资者的投前估值和投后管理决策。研究的主要结论如下：

（1）供应商的博弈行为、企业成长性和估值水平均会影响成长型企业的最优融资方式选择。在供应商未参与博弈时，被高估的企业以及被低估的高成长企业应选择股权融资，被低估的中低成长性企业应遵循优序融资理论选择债权融资，从市场成长性的角度解释了部分文献中关于企业融资方式的分歧。在供应商参与博弈后，成长型企业的市场成长性主导了其融资方式选择，随着成长性的增加，企业应顺序的选择不融资、债权融资和股权融资；估值水平仅对部分中等成长性企业的融资方式产生影响。

（2）追求利润的零售商更倾向于引入财务投资者而非战略投资者。财务投资者由于不干预企业运营，会使追求利润最大化的零售商原股东降低努力水平，抑制了企业的股权融资和快速成长，但能维持企业较高的股权而获得更多的利润。供应商的博弈行为会迫使零售商减缓其市场开拓和融资需求，抑制了零售商的股权融资，降低了零售商和供应商的利润，导致双方陷入"囚徒困境"。

（3）供应商的博弈行为对成长型企业的股权融资策略具有重要影响，在供应商参与博弈时企业的成长性主导了股权融资策略的选择。对中低成长性的企业，供应商会提高批发价格，侵蚀了企业市场开拓的利润，低成长性的企业应放弃股权融资，中等成长性的企业应选择股权融资并隐藏其融资信息；供应商会降低批发价格以激励高成长性企业的市场开拓行为，高成长性企业应选择股权融资并引入供应链合作实现多方共赢。

（4）市场竞争抑制了成长型企业的股权融资，提高了企业原股东的持股比例和利润，但阻碍了高成长性企业的发展。高成长性、高估值或产品替代性强的企业在采取股权融资进行市场开拓过程中必须重视市场竞争的"双增"作用，而在低成长性、低估值且产品替代性较弱时市场竞争对企业股权融资的影响较小。成长型企业采取股权融资进行市场开拓减缓了市场竞争，竞争者通过提价分享融资企业市场开拓的利益，存在"搭便车"的现象。供应商参与博弈后，企业的融资策略取决于其初始市场规模和成长性。当考虑市场开拓外部性后，价格竞争策略取决于融资企业的成长性和市场开拓的外部性，而企业原股东的委托代理行为不会定性改变企业的价格竞争策略；提高企业的成长性或市场开拓的外部性会促进企业的股权融资，但会受到委托代理行为的抑制。

（5）成长型企业的"最低估值"并非投资者的"最优估值"，发现了缓和投融资双方矛盾冲突的合作共赢空间。赋予了传统市净率法博弈理论基础，改进的估值模型尤其适用于高成长性或高行业市净率的企业估值。投资者应给予高成长性、轻资产、高行业市净率的企业较高的估值水平，以激励企业原股东付出更多努力而实现合作共赢。企业在融资前增加固定资产以试图获取更高估值的做法不会对企业成长产生积极影响，反而可能加深投融资双方的矛盾。

（6）投融资双方的委托代理关系抑制了成长型企业的股权融资和快速发展，在投资低估值、高成长性均值或低成长风险的企业时，投资方让渡经营权会导致其利益受到双重损害。委托代理下的成长型企业体现出更为保守的特征，提高成长性均值、降低批发价格或提高委托代理下的企业估值均可提高企业的风险承受能力，使其愿意在更大的风险范围内采取股权融资。

9.2 研究展望

本书虽然对成长型企业的股权融资问题进行了相关研究，但仍存在一定的局限性和不足之处，后续研究可以针对以下几个方面的问题进行开展：

（1）本书研究的仅是单周期下成长型企业的融资和运营决策。实际上，成长型企业在其发展过程中可能采取多轮股权融资，以适合不同阶段的战略需求。同时，多阶段投资也是股权投资者减缓委托代理问题的重要途径。因此，考虑多阶段股权投资与企业运营结合下的运营和融资决策，可以为投融资双方提供更贴合实际的理论指导。

（2）本书研究的仅是零售商的股权融资行为。供应商也是供应链的重要节点企业，供应商的股权融资也是个值得关注的研究话题。此外，股权投资者更倾向于投资高新技术、互联网等具有"风口"的企业，对该类企业运营和股权融资模型的刻画和研究，将为更多的融资企业提供理论指导和科学支撑。

（3）本书主要以利润最大化作为决策目标开展研究。利润最大化并非贯穿于企业的整个发展过程中，处于成长初期的企业更在乎市场份额，处于成长中后期的企业才会关注企业利润、资产和企业价值。因此，以市场份额最大化研究成长初期企业的股权融资、以企业资产或价值最大化研究成长中后期企业的股权融资，也是非常有意义的研究话题。

参考文献

［1］安实，王健，何琳．风险企业控制权分配的博弈过程分析［J］．系统工程理论与实践，2002，22（12）：81-87．

［2］安实，王健，何琳．风险企业控制权分配模型研究［J］．系统工程学报，2004，19（1）：38-44．

［3］白少布，刘洪．基于供应链保兑仓融资的企业风险收益合约研究［J］．软科学，2009，23（10）：118-122．

［4］曹宗宏，刘文先，周永务．引入自有产品对零售商主导的供应链成员决策的影响［J］．中国管理科学，2014，22（1）：120-129．

［5］查博，郭菊娥，晏文隽．风险投资三方委托代理关系——基于创业企业家过度自信与风投公司监督努力［J］．系统管理学报，2015，24（2）：190-199．

［6］陈工孟，俞欣，寇祥河．风险投资参与对中资企业首次公开发行折价的影响——不同证券市场的比较［J］．经济研究，2011，46（5）：74-85．

［7］陈思，何文龙，张然．风险投资与企业创新：影响和潜在机制［J］．管理世界，2017（1）：158-169．

［8］陈庭强，丁韶华，何建敏，等．风险企业融资中控制权转移与激励机制研究［J］．系统工程理论与实践，2014，34（5）：1145-1152．

［9］陈庭强，肖斌卿，王冀宁，等．风险投资中激励契约设计与学习机制研究［J］．系统工程理论与实践，2017，37（5）：1123-1135．

［10］陈祥锋．资金约束供应链中贸易信用合同的决策与价值［J］．管理科学学报，2013，16（12）：13-20．

［11］党兴华，董建卫，吴红超．风险投资机构的网络位置与成功退出：来自中国风险投资业的经验证据［J］．南开管理评论，2011，14（2）：82-91．

［12］邓杰，于辉．对赌协议该签吗？企业股权融资的运营分析［J］．管理科学学报，2020，23（10）：60-81．

［13］丁川，陈璐．考虑风险企业家有公平偏好的风险投资激励机制——基于显性努力和隐性努力的视角［J］．管理科学学报，2016，19（4）：104-117.

［14］董静，汪立，吴友．地理距离与风险投资策略选择——兼论市场环境与机构特质的调节作用［J］．南开管理评论，2017，20（2）：4-16.

［15］董沛武，李汉铃，潘慧峰．基于市盈率模型的风险投资企业价值评估方法研究［J］．系统工程理论与实践，2002，22（6）：121-125.

［16］龚建立，徐炳炳，王飞绒．政府性创业投资引导基金的运行模式研究［J］．经济纵横，2007（15）：28-30.

［17］韩瑾，党兴华，陈敏灵，等．短期与长期投资家下的创业企业控制权最优配置研究［J］．软科学，2016，30（1）：66-70.

［18］胡支军，彭飞，李志霞．风险项目投资组合决策的贝叶斯评价与选择策略［J］．中国管理科学，2017，25（2）：30-39.

［19］胡志强，祝文达，王一竹．IPO 行业竞争效应——基于产品市场竞争博弈模型的实证研究［J］．预测，2017，36（4）：43-49.

［20］黄福广，彭涛，邵艳，等．地理距离如何影响风险资本对新企业的投资［J］．南开管理评论，2014，17（6）：83-95.

［21］黄少安，张岗．中国上市公司股权融资偏好分析［J］．经济研究，2001，11（1）：77-83.

［22］江伟，姚文韬．《物权法》的实施与供应链金融——来自应收账款质押融资的经验证据［J］．经济研究，2016，51（1）：141-154.

［23］金伟，骆建文．基于双边资金约束供应链的均衡组合融资策略［J］．系统工程理论与实践，2017，37（6）：1441-1451.

［24］兰庆高，王婷睿．预付账款类供应链金融产品比较研究——基于系统动力学方法［J］．技术经济与管理研究，2014（9）：72-77.

［25］李波，梁樑．联合投资中领投者与跟投者的绩效对比——基于中国风险投资辛迪加网络的实证研究［J］．管理世界，2017（1）：178-179.

［26］李俊青，刘帅光，刘鹏飞．金融契约执行效率、企业进入与产品市场竞争［J］．经济研究，2017（3）：138-152.

［27］李泉林，苏瑞莹，刘佳．港口主导下煤炭供应链的下游经销商融资决策研究［J］．中国管理科学，2016，24（4）：121-128.

［28］李毅学，汪寿阳，冯耕中．物流金融中季节性存货质押融资质押率决

策 [J]. 管理科学学报，2011，14（11）：19-32.

[29] 李毅学，汪寿阳，冯耕中. 一个新的学科方向——物流金融的实践发展与理论综述 [J]. 系统工程理论与实践，2010，30（1）：1-13.

[30] 梁昌勇，叶春森. 基于努力和赔偿成本分摊机制的云服务供应链协调 [J]. 中国管理科学，2015，23（5）：82-88.

[31] 林强，贺勇. 资金约束下基于零售商竞争的融资模式对比研究 [J]. 工业工程，2015，18（3）：22-29.

[32] 林强，黎楚莹，雒兴刚，等. 供应链视角下零售商内部股权融资决策研究 [J]. 运筹与管理，2023，32（5）：113-119.

[33] 林强，李苗. 保兑仓融资模式下收益共享契约的参数设计 [J]. 系统科学与数学，2013，33（4）：430-444.

[34] 林强，于冠一，李苗，等. 保理融资下数量折扣契约设计 [J]. 系统工程，2016，34（9）：103-108.

[35] 林强，于冠一，赵光香. 保兑仓模式下供应链期末返利契约参数设计 [J]. 系统科学与数学，2017，37（3）：725-743.

[36] 刘蕾. 存货动态质押融资定价模型构建探讨 [J]. 财会通讯，2021（20）：143-146+162.

[37] 刘澎. A 股、红筹股及美国股票市场定价比较 [J]. 系统工程，2009，27（1）：44-49.

[38] 鲁其辉，姚佳希，周伟华. 基于 EOQ 模型的存货质押融资业务模式选择研究 [J]. 中国管理科学，2016，24（1）：56-66.

[39] 鲁其辉，曾利飞，周伟华. 供应链应收账款融资的决策分析与价值研究 [J]. 管理科学学报，2012，15（5）：10-18.

[40] 马健，刘志新，张力健. 异质信念、融资决策与投资收益 [J]. 管理科学学报，2013，16（1）：59-73.

[41] 马中华，陈祥锋. 筛选不同竞争类型零售商的贸易信用合同设计研究 [J]. 管理科学学报，2014，17（10）：13-23.

[42] 南江霞，李帅，张茂军. 带有订单转保理的供应链金融的收益共享博弈模型 [J]. 控制与决策，2023，38（6）：1745-1752.

[43] 牛攀峰，侯文华. 考虑供应商产品交付水平的供应链融资策略研究 [J]. 中国管理科学，2021，29（10）：70-83.

［44］彭红军．产出不确定的供应链应收账款抵押融资策略［J］．系统管理学报，2016，25（6）：1163-1169.

［45］钱佳，王文利．预付款融资下供应链协调的定价策略［J］．系统工程，2016，34（7）：85-89.

［46］邵同尧．风险投资、创新与创新累积效应——基于系统 GMM 估计的动态面板分析［J］．软科学，2011，25（6）：6-10.

［47］沈维涛，叶小杰，徐伟．风险投资在企业 IPO 中存在择时行为吗——基于我国中小板和创业板的实证研究［J］．南开管理评论，2013，16（2）：133-142.

［48］孙喜梅，赵国坤．考虑供应链信用水平的存货质押率研究［J］．中国管理科学，2015，23（7）：77-84.

［49］唐文秀．IPO 公司产品市场竞争效应——基于中国制造业上市公司的实证研究［J］．管理世界，2017（5）：184-185.

［50］王菲，于辉，孙彩虹．新产品供应链的 VMI 寄售返利契约模型［J］．系统工程理论与实践，2013，33（11）：2804-2810.

［51］王会娟，张然．私募股权投资与被投资企业高管薪酬契约——基于公司治理视角的研究［J］．管理世界，2012（9）：156-167.

［52］王雷．公司创业投资支持企业控制权配置实证研究［J］．管理科学，2016，29（4）：80-93.

［53］王文利，甄烨，张钦红．面向资金约束供应商的供应链内部融资——股权还是债权？［J］．管理科学学报，2020，23（5）：89-101.

［54］王宇，于辉．供应链合作下零售商股权融资策略的模型分析［J］．中国管理科学，2017，25（6）：101-110.

［55］王宇，于辉．竞争视角下企业股权融资问题的模型研究［J］．系统工程理论与实践，2018，38（1）：67-78.

［56］王宗润，马振，周艳菊．核心企业回购担保下的保兑仓融资决策［J］．中国管理科学，2016，24（11）：162-169.

［57］吴斌，徐小新，何建敏．双边道德风险与风险投资企业可转换债券设计［J］．管理科学学报，2012，15（1）：11-21.

［58］吴翠凤，吴世农，刘威．风险投资介入创业企业偏好及其方式研究——基于中国创业板上市公司的经验数据［J］．南开管理评论，2014，17

（5）：151-160.

[59] 吴育辉，黄飘飘，陈维，等．产品市场竞争优势、资本结构与商业信用支持——基于中国上市公司的实证研究 ［J］．管理科学学报，2017，20（5）：51-65.

[60] 徐玖平，陈书建．不对称信息下风险投资的委托代理模型研究 ［J］．系统工程理论与实践，2004，24（1）：19-24.

[61] 许昊，万迪昉，徐晋．风险投资辛迪加成员背景、组织结构与 IPO 抑价——基于中国创业板上市公司的经验研究 ［J］．系统工程理论与实践，2015，35（9）：2177-2185.

[62] 阎竣，吕新业．中小企业主股权融资意愿与控制权偏好研究——基于中国私营中小企业的经验证据 ［J］．商业经济与管理，2010，1（2）：89-96.

[63] 晏艳阳，周志．引入信息成本的信息结构与股权融资成本 ［J］．中国管理科学，2014，22（9）：10-17.

[64] 杨广青，蒋录全，王浣尘，等．Bertrand 竞争下融资策略与产品差异化策略的博弈分析 ［J］．中国管理科学，2006，14（4）：88-94.

[65] 杨睿琳，曾小燕，钟远光，等．订单转保理融资模式下考虑零售商竞争的融资和库存决策研究 ［J］．管理工程学报，2022，36（4）：207-217.

[66] 于超，樊治平．考虑决策者后悔规避的风险投资项目选择方法 ［J］．中国管理科学，2016，24（6）：29-37.

[67] 于辉，陈剑．突发事件下何时启动应急预案 ［J］．系统工程理论与实践，2007，27（8）：27-32.

[68] 于辉，邓杰．零售商股权融资的供应链契约结构分析 ［J］．中国管理科学，2019（3）：41-52.

[69] 于辉，李亚勋．股权融资下供应商运营合作对象选择问题模型 ［J］．系统管理学报，2021，30（1）：119-132.

[70] 于辉，王宇．供应链视角下成长型企业融资方式选择：债权融资 VS 股权融资 ［J］．中国管理科学，2018，26（5）：74-85.

[71] 于辉，甄学平．中小企业仓单质押业务的质押率模型 ［J］．中国管理科学，2010，18（6）：104-112.

[72] 余琰，罗炜，李怡宗，等．国有风险投资的投资行为和投资成效 ［J］．经济研究，2014，49（2）：32-46.

[73] 曾庆生，陈信元，洪亮. 风险投资入股、首次过会概率与 IPO 耗时——来自我国中小板和创业板的经验证据 [J]. 管理科学学报，2016，19 (9)：18-33.

[74] 曾顺秋，骆建文. 基于价格折扣与交易信用组合契约的供应链协调策略 [J]. 管理工程学报，2014，28 (4)：106-111.

[75] 曾顺秋，骆建文. 基于数量折扣的供应链交易信用激励机制 [J]. 系统管理学报，2015，24 (1)：85-90.

[76] 曾勇，郭文新，李典蔚. 风险投资合约及治理机制实证研究综述 [J]. 管理科学学报，2008，11 (1)：110-121.

[77] 占济舟，张福利，赵佳宝. 供应链应收账款融资和商业信用联合决策研究 [J]. 系统工程学报，2014，29 (3)：384-393.

[78] 占济舟，张福利. 供应链中商业信用的期限决策与协调机制 [J]. 系统管理学报，2014，23 (6)：891-899.

[79] 占济舟，周献中，公彦德. 生产资金约束供应链的最优融资和生产决策 [J]. 系统工程学报，2015，30 (2)：190-200.

[80] 张目，黄春燕，李岩. 预付款融资模式下科技型中小企业信用风险评价指标体系研究 [J]. 科技管理研究，2015，35 (4)：32-36.

[81] 张钦红，赵泉午. 需求随机时的存货质押贷款质押率决策研究 [J]. 中国管理科学，2010，18 (5)：21-27.

[82] 张识宇，徐济超，李大建. 基于 Theil 指数的公司风险投资项目灰色评价方法 [J]. 系统工程理论与实践，2011，31 (11)：2052-2059.

[83] 张天舒，陈信元，黄俊. 政治关联、风险资本投资与企业绩效 [J]. 南开管理评论，2015，18 (5)：18-27.

[84] 张小娟，王勇. 零售商仓单质押融资二次订购模式下决策与协调 [J]. 系统工程学报，2015，30 (5)：671-681.

[85] 张学勇，廖理. 风险投资背景与公司 IPO：市场表现与内在机理 [J]. 经济研究，2011，46 (6)：118-132.

[86] 张学勇，张叶青. 风险投资、创新能力与公司 IPO 的市场表现 [J]. 经济研究，2016，51 (10)：112-125.

[87] 张一林，龚强，荣昭. 技术创新、股权融资与金融结构转型 [J]. 管理世界，2016 (11)：65-80.

［88］张义刚，唐小我．供应链融资中的制造商最优策略［J］.系统工程理论与实践，2013，33（6）：1434-1440.

［89］赵昕，李颖，丁黎黎．损失规避型零售商的股权融资决策：供应商 VS 第三方物流投资［J］.工业工程与管理，2022，27（6）：182-191.

［90］郑君君，何鸿勇，张平．基于无标度网络与观点传播动力学的股权拍卖机制设计与仿真研究［J］.系统工程理论与实践，2015，35（8）：2044-2053.

［91］郑君君，蒋伟良，邹祖绪，等．基于演化博弈的风险投资退出歧视价格拍卖竞价系统均衡研究［J］.中国管理科学，2013，21（1）：185-192.

［92］郑君君，张平，饶从军，等．基于 Swarm 的股权拍卖机制设计与仿真研究［J］.系统工程理论与实践，2014，34（4）：883-891.

［93］钟远光，周永务，李柏勋，等．供应链融资模式下零售商的订货与定价研究［J］.管理科学学报，2011，14（6）：57-67.

［94］周冬华，王晶．客户集中度、产品市场竞争与股权融资成本［J］.山西财经大学学报，2017，39（7）：44-58.

［95］周立新．家族控制、企业目标与家族企业股权融资——基于浙江和重庆两地家族企业的实证［J］.软科学，2008，22（4）：126-130.

［96］周伶，山峻，张津．联合投资网络位置对投资绩效的影响——来自风险投资的实证研究［J］.管理评论，2014，26（12）：160-169+181.

［97］Acharya V V, Gottschalg O F, Hahn M, et al. Corporate governance and value creation：Evidence from private equity［J］.The Review of Financial Studies, 2012, 26（2）：368-402.

［98］Aggarwal R, Gopal R, Gupta A, et al. Putting money where the mouths are：The relation between venture financing and electronic word-of-mouth［J］.Information Systems Research, 2012, 23（3）：976-992.

［99］Albring S, Banyi M, Dhaliwal D S, et al. Does the firm information environment influence financing decisions? A test using disclosure regulation［J］.Management Science, 2015, 62（2）：456-478.

［100］Allen F, Qian J, Qian M. Law, finance, and economic growth in China［J］.Journal of Financial Economics, 2005, 77（1）：57-116.

［101］Amit R, Brander J, Zott C. Why do venture capital firms exist? Theory and Canadian evidence［J］.Journal of Business Venturing, 1998, 13（6）：441-

466.

［102］Andersson J, Jörnsten K, Nonås S L, et al. A maximum entropy approach to the newsvendor problem with partial information ［J］. European Journal of Operational Research, 2013, 228 (1): 190-200.

［103］Ardestani-Jaafari A, Delage E. Robust optimization of sums of piecewise linear functions with application to inventory problems ［J］. Operations Research, 2016, 64 (2): 474-494.

［104］Baierl R, Anokhin S, Grichnik D. Coopetition in corporate venture capital: The relationship between network attributes, corporate innovativeness, and financial performance ［J］. International Journal of Technology Management, 2016, 71 (1-2): 58-80.

［105］Bancel F, Mittoo U R. The gap between the theory and practice of corporate valuation: Survey of European experts ［J］. Journal of Applied Corporate Finance, 2014, 26 (4): 106-117.

［106］Barrot J N. Investor horizon and the life cycle of innovative firms: Evidence from venture capital ［J］. Management Science, 2016, Articles in Advance: 1-24.

［107］Batjargal B, Liu M. Entrepreneurs' access to private equity in China: The role of social capital ［J］. Organization Science, 2004, 15 (2): 159-172.

［108］Bengtsson O, Sensoy B A. Investor abilities and financial contracting: Evidence from venture capital ［J］. Journal of Financial Intermediation, 2011, 20 (4): 477-502.

［109］Bengtsson O. Covenants in venture capital contracts ［J］. Management Science, 2011, 57 (11): 1926-1943.

［110］Benson D, Ziedonis R H. Corporate venture capital as a window on new technologies: Implications for the performance of corporate investors when acquiring startups ［J］. Organization Science, 2009, 20 (2): 329-351.

［111］Bernstein S, Giroud X, Townsend R R. The impact of venture capital monitoring ［J］. The Journal of Finance, 2016, 71 (4): 1591-1622.

［112］Bernstein S, Lerner J, Sorensen M, et al. Private equity and industry performance ［J］. Management Science, 2017, 63 (4): 1198-1213.

［113］Bertsimas D, Mišić V V. Robust product line design ［J］. Operations Research, 2017, 65 (1): 19-37.

[114] Bettignies J E D, Chemla G. Corporate venturing, allocation of talent, and competition for star managers [J]. Management Science, 2008, 54 (3): 505-521.

[115] Bettignies J E D. Financing the entrepreneurial venture [J]. Management Science, 2008, 54 (1): 151-166.

[116] Bienz C, Walz U. Venture capital exit rights [J]. Journal of Economics and Management Strategy, 2010, 19 (4): 1071-1116.

[117] Black F, Scholes M. The pricing of options and corporate liabilities [J]. Journal of Political Economy, 1973, 81 (3): 637-654.

[118] Block J H, De Vries G, Schumann J H, et al. Trademarks and venture capital valuation [J]. Journal of Business Venturing, 2014, 29 (4): 525-542.

[119] Bloom N, Sadun R, Van Reenen J. Do private equity owned firms have better management practices? [J]. American Economic Review, 2015, 105 (5): 442-446.

[120] Bock C, Schmidt M. Should I stay, or should I go? How fund dynamics influence venture capital exit decisions [J]. Review of Financial Economics, 2015, 27: 68-82.

[121] Bocken N M P. Sustainable venture capital-catalyst for sustainable start-up success? [J]. Journal of Cleaner Production, 2015, 97: 647-658.

[122] Boeker W, Wiltbank R. New venture evolution and managerial capabilities [J]. Organization Science, 2005, 16 (2): 123-133.

[123] Bolton P, Freixas X. Equity, bonds, and bank debt: Capital structure and financial market equilibrium under asymmetric information [J]. Journal of Political Economy, 2000, 108 (2): 324-351.

[124] Bradford T, Smith R C. Private equity: Sources and uses [J]. Journal of Applied Corporate Finance, 1997, 10 (1): 89-97.

[125] Brander J A, Lewis T R. Bankruptcy costs and the theory of oligopoly [J]. Canadian Journal of Economics/revue Canadienne D'Economique, 1988, 21 (2): 221-243.

[126] Brander J A, Lewis T R. Oligopoly and financial structure: The limited li-

ability effect [J]. American Economic Review, 1986, 76 (5): 956-970.

[127] Bruton G D, Filatotchev I, Chahine S, et al. Governance, ownership structure, and performance of IPO firms: The impact of different types of private equity investors and institutional environments [J]. Strategic Management Journal, 2010, 31 (5): 491-509.

[128] Buzacott J A, Zhang R Q. Inventory management with asset-based financing [J]. Management Science, 2004, 50 (9): 1274-1292.

[129] Cai G, Chen X, Xiao Z. The roles of bank and trade credits: Theoretical analysis and empirical evidence [J]. Production and Operations Management, 2014, 23 (4): 583-598.

[130] Capasso A, Faraci R, Picone P M. Equity-worthiness and equity-willingness: Key factors in private equity deals [J]. Business Horizons, 2014, 57 (5): 637-645.

[131] Cestone G. Venture capital meets contract theory: Risky claims or formal control? [J]. Review of Finance, 2014, 18 (3): 1097-1137.

[132] Chakraborty I, Ewens M. Managing performance signals through delay: Evidence from venture capital [J]. Management Science, 2017, Articles in Advance: 1-26.

[133] Chemmanur T J, Loutskina E, Tian X. Corporate venture capital, value creation, and innovation [J]. The Review of Financial Studies, 2014, 27 (8): 2434-2473.

[134] Chen S C, Teng J T. Inventory and credit decisions for time-varying deteriorating items with up-stream and down-stream trade credit financing by discounted cash flow analysis [J]. European Journal of Operational Research, 2015, 243 (2): 566-575.

[135] Chen X F, Lu Q H, Cai G S. Buyer financing in pull supply chains: Zero-interest early payment or in-house factoring? [J]. Production and Operations Management, 2020, 29 (10): 2307-2325.

[136] Chen X F. A model of trade credit in a capital-constrained distribution channel [J]. International Journal of Production Economics, 2015, 159: 347-357.

[137] Chen X, Cai G. Joint logistics and financial services by a 3PL firm [J].

European Journal of Operational Research, 2011, 214 (3): 579-587.

[138] Chod J, Zhou J. Resource flexibility and capital structure [J]. Management Science, 2014, 60 (3): 708-729.

[139] Choi S C. Price competition in a channel structure with a common retailer [J]. Marketing Science, 1991, 10 (4): 271-296.

[140] Cumming D. Contracts and exits in venture capital finance [J]. Review of Financial Studies, 2008, 21 (5): 1947-1982.

[141] Dada M, Hu Q. Financing newsvendor inventory [J]. Operations Research Letters, 2008, 36 (5): 569-573.

[142] Davis S J, Haltiwanger J C, Jarmin R S, et al. Private equity and employment [R]. Working Paper, National Bureau of Economic Research, 2011.

[143] De Bettignies J E, Duchêne A. Product market competition and the financing of new ventures [J]. Management Science, 2015, 61 (8): 1849-1867.

[144] De Jong A, Nguyen T T, Van Dijk M A. Strategic competition, capital structure, and market share [C]. EFA 2008 Athens Meetings Paper, 2008: 1-30.

[145] De Jong A, Nguyen T T, Van Dijk M A. Strategic debt: Evidence from bertrand and cournot competition [R]. ERIM Report Series Reference No. ERS-2007-057-F&A, 2007.

[146] De Meza D, Webb D C. Too much investment: A problem of asymmetric information [J]. The Quarterly Journal of Economics, 1987, 102 (2): 281-292.

[147] Dong L, Rudi N. Who benefits from transshipment? Exogenous vs. endogenous wholesale prices [J]. Management Science, 2004, 50 (5): 645-657.

[148] Dong L, Zhu K. Two-whole-sale price contracts: Push, pull, and advance-purchase discount contract [J]. Manufacturing and Service Operations Management, 2007, 9 (3): 291-311.

[149] Du D, Chen B, Xu D. Quantifying the efficiency of price-only contracts in push supply chains over demand distributions of known supports [J]. Omega, 2014, 42 (1): 98-108.

[150] Dutta S. Venture capital influence on innovation: A fund-level perspective [J]. Academy of Management Annual Meeting Proceedings, 2015, 2015 (1): 1-39.

[151] Eckhardt J T, Shane S, Delmar F. Multistage selection and the financing

of new ventures [J]. Management Science, 2006, 52 (2): 220-232.

[152] Edwards E O, Bell P W. The theory and measurement of business income [M]. California: University of California, 1965.

[153] Estrada J. The three-factor model: A practitioner's guide [J]. Journal of Applied Corporate Finance, 2011, 23 (2): 77-84.

[154] Fang L, Ivashina V, Lerner J. The disintermediation of financial markets: Direct investing in private equity [J]. Journal of Financial Economics, 2015, 116 (1): 160-178.

[155] Feltham G A, Ohlson J A. Valuation and clean surplus accounting for operating and financial activities [J]. Contemporary Accounting Research, 1995, 11 (2): 689-731.

[156] Feng R. The research on venture capital's effect on earnings management of listed companies of GEM before IPO: Evidence from China [J]. Modern Economy, 2015, 6 (5): 617-625.

[157] Fisher B I. The theory of interest [M]. New York: The Macmillan Company, 1930.

[158] Félix E G S, Pires C P, Gulamhussen M A. The exit decision in the European venture capital market [J]. Quantitative Finance, 2014, 14 (6): 1115-1130.

[159] Gaba V, Bhattacharya S. Aspirations, innovation, and corporate venture capital: A behavioral perspective [J]. Strategic Entrepreneurship Journal, 2012, 6 (2): 178-199.

[160] Galloway T L, Miller D R, Sahaym A, et al. Exploring the innovation strategies of young firms: Corporate venture capital and venture capital impact on alliance innovation strategy [J]. Journal of Business Research, 2017, 71: 55-65.

[161] Gerasymenko V, Clercq D D, Sapienza H J. Changing the business model: Effects of venture capital firms and outside CEOs on portfolio company performance [J]. Strategic Entrepreneurship Journal, 2015, 9 (1): 79-98.

[162] Gimmon E, Levie J. Founder's human capital, external investment, and the survival of new high-technology ventures [J]. Research Policy, 2010, 39 (9): 1214-1226.

[163] Gompers P A. Grandstanding in the venture capital industry [J]. Journal of

Financial Economics, 1996, 42 (1): 133-156.

[164] Gompers P A. Optimal investment, monitoring, and the staging of venture capital [J]. The Journal of Finance, 1995, 50 (5): 1461-1489.

[165] Gompers P, Kaplan S N, Mukharlyamov V. What do private equity firms say they do? [J]. Journal of Financial Economics, 2016, 121 (3): 449-476.

[166] Gould J. Trade talk: Venture capitalist [J]. Nature, 2015, 528 (7581): 297.

[167] Groh A P, Wallmeroth J. Determinants of venture capital investments in emerging markets [J]. Emerging Markets Review, 2016, 29: 104-132.

[168] Guerini M, Quas A. Governmental venture capital in Europe: Screening and certification [J]. Journal of Business Venturing, 2016, 31 (2): 175-195.

[169] Guillen G. Supply chain performance measurement in textile and apple industry [D]. Hong Kong: Hong Kong Polyteehnic University, 2006.

[170] Guo B, Lou Y, Pérez-Castrillo D. Investment, duration, and exit strategies for corporate and independent venture capital-backed start-ups [J]. Journal of Economics and Management Strategy, 2015, 24 (2): 415-455.

[171] Guo L, Wei S Y, Sharma R, et al. Investigating e-business models' value retention for start-ups: The moderating role of venture capital investment intensity [J]. International Journal of Production Economics, 2017, 186: 33-45.

[172] Haeussler C, Harhoff D, Mueller E. How patenting informs VC investors-The case of biotechnology [J]. Research Policy, 2014, 43 (8): 1286-1298.

[173] Harris R S, Jenkinson T, Kaplan S N. Private equity performance: What do we know? [J]. The Journal of Finance, 2014, 69 (5): 1851-1882.

[174] Hegde D, Tumlinson J. Does social proximity enhance business partnerships? Theory and evidence from ethnicity's role in US venture capital [J]. Management Science, 2014, 60 (9): 2355-2380.

[175] Hellmann T, Puri M. The interaction between product market and financing strategy: The role of venture capital [J]. Review of Financial Studies, 2000, 13 (4): 959-984.

[176] Hellmann T, Puri M. Venture capital and the professionalization of start-up firms: Empirical evidence [J]. The Journal of Finance, 2002, 57 (1): 169-

197.

[177] Hellmann T. The allocation of control rights in venture capital contracts [J]. The Rand Journal of Economics, 1998, 29 (1): 57-76.

[178] Hirsch J, Walz U. Why do contracts differ between venture capital types? [J]. Small Business Economics, 2013, 40 (3): 511-525.

[179] Hsu D H. Venture capitalists and cooperative start-up commercialization strategy [J]. Management Science, 2006, 52 (2): 204-219.

[180] Jackson W E, Bates T, Bradford W D. Does venture capitalist activism improve investment performance? [J]. Journal of Business Venturing, 2012, 27 (3): 342-354.

[181] Jacobs M T, Shivdasani A. Do you know your cost of capital? [J]. Harvard Business Review, 2012, 90 (7): 118-124.

[182] Jin W, Wang C F. Modeling and simulation for supply chain finance under uncertain environment [J]. Technological and Economic Development of Economy, 2020, 26 (4): 725-750.

[183] Jin Y, Zhang Q, Li S P. Topological properties and community detection of venture capital network: Evidence from China [J]. Physica A Statistical Mechanics and Its Applications, 2016, 442: 300-311.

[184] Jing B, Chen X F, Cai G G. Equilibrium financing in a distribution channel with capital constraint [J]. Production and Operations Management, 2012, 21 (6): 1090-1101.

[185] Jing B, Seidmann A. Finance sourcing in a supply chain [J]. Decision Support Systems, 2014, 58 (1): 15-20.

[186] Kandel E, Leshchinskii D, Yuklea H. VC funds: Aging brings myopia [J]. Journal of Financial and Quantitative Analysis, 2011, 46 (2): 431-457.

[187] Kaplan S, Stromberg P. Financial contracting theory meets the real world: An empirical analysis of venture capital contracts [J]. Review of Economic Studies, 2001, 70 (2): 281-315.

[188] Katehakis M N, Melamed B, Shi J. Cash-flow based dynamic inventory management [J]. Production and Operations Management, 2016, 25 (9): 1558-1575.

[189] Kellogg S. Start-ups: In search of venture capital [J]. Nature, 2011, 472 (7343): 379-380.

[190] Kirilenko A A. Valuation and control in venture finance [J]. The Journal of Finance, 2001, 56 (2): 565-587.

[191] Klapper L. The role of factoring for financing small and medium enterprises [J]. Journal of Banking and Finance, 2006, 30 (11): 3111-3130.

[192] Kochhar R, Hitt M A. Research notes and communications linking corporate strategy to capital structure: Diversification strategy, type and source of financing [J]. Strategic Management Journal, 1998, 19 (6): 601-610.

[193] Kogut B, Urso P, Walker G. Emergent properties of a new financial market: American venture capital syndication, 1960 – 2005 [J]. Management Science, 2007, 53 (7): 1181-1198.

[194] Kortum S, Lerner J. Assessing the contribution of venture capital to innovation [J]. Rand Journal of Economics, 2000, 31 (4): 674-692.

[195] Kouvelis P, Zhao W. Financing the newsvendor: Supplier vs. bank, and the structure of optimal trade credit contracts [J]. Operations Research, 2012, 60 (3): 566-580.

[196] Kovenock D, Phillips G M. Capital structure and product market behavior: An examination of plant exit and investment decisions [J]. Review of Financial Studies, 1997, 10 (3): 767-803.

[197] Lahr H, Mina A. Venture capital investments and the technological performance of portfolio firms [J]. Research Policy, 2016, 45 (1): 303-318.

[198] Landier A. Start-up financing: From banks to venture capital [D]. Chicago: University of Chicago Graduate School of Business, 2003.

[199] Lerner J, Sorensen M, Strömberg P. Private equity and long-run investment: The case of innovation [J]. The Journal of Finance, 2011, 66 (2): 445-477.

[200] Link A N, Ruhm C J, Siegel D S. Private equity and the innovation strategies of entrepreneurial firms: Empirical evidence from the small business innovation research program [J]. Managerial and Decision Economics, 2014, 35 (2): 103-113.

[201] Liu J, Nissim D, Thomas J. Equity valuation using multiples [J]. Journal of Accounting Research, 2002, 40 (1): 135-172.

[202] Liu J, Nissim D, Thomas J. Is cash flow king in valuations? [J]. Financial Analysts Journal, 2007, 63 (2): 56-68.

[203] Lukas E, Mölls S, Welling A. Venture capital, staged financing and optimal funding policies under uncertainty [J]. European Journal of Operational Research, 2016, 250 (1): 305-313.

[204] Luo J, Zhang Q. Trade credit: A new mechanism to coordinate supply chain [J]. Operations Research Letters, 2012, 40 (5): 378-384.

[205] Ma D. Power source mismatch and the effectiveness of interorganizational relations: The case of venture capital syndication [J]. Academy of Management Journal, 2013, 56 (3): 711-734.

[206] Mackay P, Phillips G M. How does industry affect firm financial structure? [J]. Review of Financial Studies, 2005, 18 (4): 1433-1466.

[207] Marquez R. Private equity fund returns and performance persistence [J]. Review of Finance, 2015, 19 (5): 1783-1823.

[208] Maula M V J, Keil T, Zahra S A. Top management's attention to discontinuous technological change: Corporate venture capital as an alert mechanism [J]. Organization Science, 2013, 24 (3): 926-947.

[209] Mayer C, Schoors K, Yafeh Y. Sources of funds and investment activities of venture capital funds: Evidence from Germany, Israel, Japan and the United Kingdom [J]. Journal of Corporate Finance, 2002, 11 (3): 586-608.

[210] Miller M H. Debt and taxes [J]. The Journal of Finance, 1977, 32 (2): 261-275.

[211] Mitani H. Capital structure and competitive position in product market [J]. International Review of Economics and Finance, 2014, 29 (1): 358-371.

[212] Modigliani F, Miller M H. Corporate income taxes and the cost of capital: A correction [J]. The American Economic Review, 1963, 53 (3): 433-443.

[213] Modigliani F, Miller M H. The cost of capital, corporation finance and the theory of investment [J]. The American Economic Review, 1958, 48 (3): 261-297.

［214］Myers S C，Majluf N S. Corporate financing and investment decisions when firms have information that investors do not have ［J］. Journal of Financial Economics, 1984, 13（2）：187-221.

［215］Myers S C. Determinants of corporate borrowing ［J］. Journal of Financial Economics, 1977, 5（2）：147-175.

［216］Myers S C. The capital structure puzzle ［J］. The Journal of Finance, 1984, 39（3）：574-592.

［217］Özer Ö, Wei W. Strategic commitments for an optimal capacity decision under asymmetric forecast information ［J］. Management Science, 2006, 52（8）：1238-1257.

［218］Padmanabhan V, Png I P L. Manufacturer's return policies and retail competition ［J］. Marketing Science, 1997, 16（1）：81-94.

［219］Paglia J K, Harjoto M A. The effects of private equity and venture capital on sales and employment growth in small and medium-sized businesses ［J］. Journal of Banking and Finance, 2014, 47（1）：177-197.

［220］Penman S H. Combining earnings and book value in equity valuation ［J］. Contemporary Accounting Research, 1998, 15（3）：291-324.

［221］Penman S H. The articulation of price-earnings ratios and market-to-book ratios and the evaluation of growth ［J］. Journal of Accounting Research, 1996, 34（2）：235-259.

［222］Penman S P. Accounting for risk and return in equity valuation ［J］. Journal of Applied Corporate Finance, 2011, 23（2）：50-58.

［223］Petersen M A, Rajan R G. Trade credit: Theories and evidence ［J］. Review of Financial Studies, 1997, 10（3）：661-691.

［224］Petkova A P, Rindova V P, Gupta A K. No news is bad news: Sensegiving activities, media attention, and venture capital funding of new technology organizations ［J］. Organization Science, 2013, 24（3）：865-888.

［225］Petruzzi N C, Dada M. Pricing and the news vendor problem: A review with extensions ［J］. Operations Research, 1999, 47（2）：183-194.

［226］Phillips G M. Increased debt and industry product markets an empirical analysis ［J］. Journal of Financial Economics, 1995, 37（2）：189-238.

[227] Rendleman R J. Informational asymmetries and optimal project financing [D]. Durham: Duke University Graduate School of Business, 1980.

[228] Sahlman W A. The structure and governance of venture-capital organizations [J]. Journal of Financial Economics, 1990, 27 (2): 473-521.

[229] Sahoo S, Rajib P. Determinants of pricing IPOs: An empirical investigation [J]. South Asian Journal of Management, 2012, 19 (4): 665-671.

[230] Samila S, Sorenson O. Noncompete covenants: Incentives to innovate or impediments to growth [J]. Management Science, 2011, 57 (3): 425-438.

[231] Santomero A M, Eckles D L. The determinants of success in the new financial services environment: Now that firms can do everything, what should they do and why should regulators care? [R]. Philadelphia: The Wharton Financial Institutions Center, University of Pennsylvania, 2000.

[232] Scarf H. A min-max solution of an inventory problem [A]//Arrow K, Karlin S, Scarf H (eds.). Studies in the mathematical theory of Inventory and production [M]. California: Stanford University Press, 1958: 201-209.

[233] Schfer D, Werwatz A, Zimmermann V. The determinants of debt and (private -) equity financing in young innovative SMEs: Evidence from Germany [J]. Industry and Innovation, 2004, 11 (3): 225-248.

[234] Schreiner A, Spremann K. Multiples and their valuation accuracy in European equity markets [J]. Journal of Business and Management, 2007 (8): 2-22.

[235] Sehgal S, Pandey A. Equity valuation using price multiples: Evidence from India [J]. Asian Academy of Management Journal of Accounting and Finance, 2010, 6 (1): 89-108.

[236] Shane S, Cable D. Network ties, reputation, and the financing of new ventures [J]. Management Science, 2002, 48 (3): 364-381.

[237] Shane S, Stuart T. Organizational endowments and the performance of university start-ups [J]. Management Science, 2002, 48 (1): 154-170.

[238] Sharma M, Prashar E. A conceptual framework for relative valuation [J]. Journal of Private Equity, 2013, 16 (3): 29-32.

[239] Shi X, Zhang S. An incentive-compatible solution for trade credit term incorporating default risk [J]. European Journal of Operational Research, 2010, 206

（1）：178-196.

［240］Showalter D M. Oligopoly and financial structure: Comment ［J］. American Economic Review, 1995, 85 （3）: 647-653.

［241］Showalter D M. Strategic debt: Evidence in manufacturing ［J］. International Journal of Industrial Organization, 1999, 17 （3）: 319-333.

［242］Stubner S, Wulf T, Hungenberg H. Management support and the performance of entrepreneurial start-ups-An empirical analysis of newly founded companies in Germany ［J］. Schmalenbach Business Review, 2007 （59）: 138-159.

［243］Suchard J A. The impact of venture capital backing on the corporate governance of Australian initial public offerings ［J］. Journal of Banking and Finance, 2009, 33 （4）: 765-774.

［244］Tang Y, Zeng L, Li C, et al. Venture capital and the corporate performance after IPO: Based China GEM market ［A］//Xu et al. （eds. ） Proceedings of the Ninth International Conference on management science and engineering management ［M］. Berlin: Springer Press, 2015: 1023-1033.

［245］Taylor T A. Supply chain coordination under channel rebates with sales effort effects ［J］. Management Science, 2002, 48 （8）: 992-1007.

［246］Titman S. The effect of capital structure on a firm's liquidation decision ［J］. Journal of Financial Economics, 1984, 13 （1）: 137-151.

［247］Tong T W, Li Y. Real options and investment mode: Evidence from corporate venture capital and acquisition ［J］. Organization Science, 2011, 22 （3）: 659-674.

［248］Tully S. The real key to creating wealth ［J］. Fortune, 1993, 128 （6）: 38-44.

［249］Ueda M. Banks versus venture capital: Project evaluation, screening, and expropriation ［J］. The Journal of Finance, 2004, 59 （2）: 601-621.

［250］Vergara M, Bonilla C A, Sepulveda J P. The complementarity effect: Effort and sharing in the entrepreneur and venture capital contract ［J］. European Journal of Operational Research, 2016, 254 （3）: 1017-1025.

［251］Viswanath P V. Strategic considerations, the pecking order hypothesis, and market reactions to equity financing ［J］. Journal of Financial and Quantitative

Analysis, 1993, 28 (2): 213-234.

[252] Wang L, Zhou F, An Y. Determinants of control structure choice between entrepreneurs and investors in venture capital-backed startups [J]. Economic Modelling, 2017, 63: 215-225.

[253] Wang L, Pu J. Research on the investment performance evaluation of corporate venture capital with intuitionistic fuzzy information [J]. Journal of Intelligent & Fuzzy Systems, 2016, 30 (3): 1783-1790.

[254] Wang S, Zhou H. Staged financing in venture capital: Moral hazard and risks [J]. Journal of Corporate Finance, 2004, 10 (1): 131-155.

[255] Wang W C, Teng J T, Lou K R. Seller's optimal credit period and cycle time in a supply chain for deteriorating items with maximum lifetime [J]. European Journal of Operational Research, 2014, 232 (2): 315-321.

[256] Wang Y, Zhou J, Sun H, et al. Robust inventory financing model with partial information [J]. Journal of Applied Mathematics, 2014, 2014 (3): 1-9.

[257] Wang Z, Zhou Y, Tang J, et al. The prediction of venture capital co-investment based on structural balance theory [J]. IEEE Transactions on Knowledge and Data Engineering, 2016, 28 (2): 537-550.

[258] Wanzenried G. Capital structure decisions and output market competition under demand uncertainty [J]. International Journal of Industrial Organization, 2003, 21 (2): 171-200.

[259] Williams J B. The theory of investment value [M] . Cambridge: Harvard University, 1938.

[260] Wilson N, Summers B. Trade credit terms offered by small firms: Survey evidence and empirical analysis [J]. Journal of Business Finance and Accounting, 2002, 29 (3-4): 317-351.

[261] Winton A, Yerramilli V. Entrepreneurial finance: Banks versus venture capital [J]. Journal of Financial Economics, 2008, 88 (1): 51-79.

[262] Wu J, Al-Khateeb F B, Teng J T. Inventory models for deteriorating items with maximum lifetime under downstream partial trade credits to credit-risk customers by discounted cash-flow analysis [J]. International Journal of Production Economics, 2016, 171: 105-115.

［263］ Wu J, Ouyang L Y, Goyal S K. Optimal credit period and lot size for deteriorating items with expiration dates under two-level trade credit financing ［J］. European Journal of Operational Research, 2014, 237（3）：898-908.

［264］ Yan N, Sun B, Zhang H, et al. A partial credit guarantee contract in a capital-constrained supply chain：Financing equilibrium and coordinating strategy ［J］. International Journal of Production Economics, 2015, 173：122-133.

［265］ Yan N, Sun B. Coordinating loan strategies for supply chain financing with limited credit ［J］. OR Spectrum, 2013, 35：1039-1058.

［266］ Yang H, Zhuo W, Shao L. Equilibrium evolution in a two-echelon supply chain with financially constrained retailers：The impact of equity financing ［J］. International Journal of Production Economics, 2017, 185：139-149.

［267］ Zhang Q, Dong M, Luo J, et al. Supply chain coordination with trade credit and quantity discount incorporating default risk ［J］. International Journal of Production Economics, 2014, 153：352-360.

［268］ Zhou H, Sandner P G, Martinelli S L, et al. Patents, trademarks, and their complementarity in venture capital funding ［J］. Technovation, 2016, 47：14-22.

［269］ Zhang Y D, Xiang K L, Ding C, et al. Staged venture capital investment considering unexpected major events ［J］. Discrete Dynamics in Nature and Society, 2017（1）：1-9.

附　录

A　第 3 章证明过程

定理 3.1 的证明

证明： 由式（3.1）的约束条件可知零售商的最优努力水平取值范围为：

$$0 \leqslant e \leqslant e_1 = \frac{-w^* \beta + \sqrt{(w^* \beta)^2 + 2s(\lambda A + \eta - w^* q^*)}}{s}$$

目标函数对 e 的一阶导数为：

$$\frac{\partial \pi_r(e)}{\partial e} = -s(1+r)e + \beta[p^* - (1+r)w^*]$$

令 $\dfrac{\partial \pi_r(e_2)}{\partial e_2} = 0$，则：

$$e_2 = \frac{\beta[p^* - (1+r)w^*]}{s(1+r)}$$

故零售商的利润在 $e \leqslant e_2$ 范围内单调递增，在 $e > e_2$ 范围内单调递减。由于 $0 \leqslant e \leqslant e_1$，有：

（1）当 $0 < e_2 < e_1$，即 $\beta < \beta_{cr} = \sqrt{\dfrac{2s(\lambda A + \eta - w^* q^*)}{[p^*/(1+r)]^2 - (w^*)^2}}$ 时，零售商的最优努力水平为：

$$e_{D1}^* = e_2 = \frac{\beta[p^* - (1+r)w^*]}{s(1+r)}$$

（2）当 $e_1 \leqslant e_2$，即 $\beta \geqslant \beta_{cr}$ 时，零售商的最优努力水平为：

$$e_{D1}^* = e_1 = \frac{-w^*\beta + \sqrt{(w^*\beta)^2 + 2s(\lambda A + \eta - w^* q^*)}}{s}$$

由于 $\eta = w^* q^*$，综上即可得定理 3.1，证毕。

定理 3.2 的证明

证明：令 $T = \alpha(A+\eta)$，$I = T + p^* q^* - \eta > 0$，则：

$$\frac{\partial \pi_r(e)}{\partial e} = \frac{T}{[T+B(e)]^2}\left[-\frac{1}{2}s\beta p^* e^2 - sIe + \beta(p^* - w^*)(T-\eta)\right]$$

令 $H(e) = -\frac{1}{2}s\beta p^* e^2 - sIe + \beta(p^* - w^*)(T-\eta)$，注意到当 $e=0$ 时，有 $H(0) = \beta(p^* - w^*)(T-\eta)$，分两种情况进行讨论：

（1）当 $T-\eta < 0$，即 $\alpha < \eta/(A+\eta)$ 时，$H(0) < 0$，故 $\forall e \geqslant 0$，恒有 $H(e) < 0$。因此零售商的利润 $\pi_r(e)$ 随着其努力水平 e 的增加而降低，其最优努力水平为 $e^* = 0$。

（2）当 $T-\eta \geqslant 0$，即 $\alpha \geqslant \eta/(A+\eta)$ 时，有 $H(0) \geqslant 0$。由于 $H(e)$ 为开口向下的二次函数，对称轴位于 y 轴左侧，其函数图像大致如图 A.1 所示。

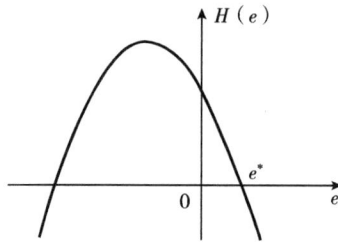

图 A.1　$H(e)$ 的大致函数图像

故 $H(e)$ 在 $e \geqslant 0$ 范围内随着 e 的增加必然由正变负，即零售商的利润随着 e 的增加先增加后减小，故其最优努力水平在 $H(e) = 0$ 处取得。令 $H(e) = 0$，则零售商的最优努力水平为：

$$e^* = \frac{-I + \sqrt{I^2 + 2\beta^2 p^*(p^* - w^*)(T-\eta)/s}}{\beta p^*}$$

定理 3.2 证毕。

定理 3.3 的证明

证明：先求解内层最优化问题，即零售商的利润最大化问题，根据定理 3.1 的结果，零售商的最优努力水平关于批发价格的反应函数为：

$$e(w)=\begin{cases}\dfrac{\beta[p^*-(1+r)w]}{s(1+r)} & \text{if } \beta<\beta_{cr}\\[3mm]\dfrac{-w\beta+\sqrt{(w\beta)^2+2s(\lambda A+\eta-wq)}}{s} & \text{if } \beta\geqslant\beta_{cr}\end{cases}$$

由于 $e(w)$ 为分段函数，分两种情形进行讨论。

情形 1：若 $\beta<\beta_{cr}$，则 $e(w)=\dfrac{\beta[p^*-(1+r)w]}{s(1+r)}$，故 $\dfrac{\partial e(w)}{\partial w}=-\dfrac{\beta}{s}$，且

$$\frac{\partial \pi_s(w)}{\partial w}=q^*+\frac{\beta^2}{s}\left(\frac{1}{1+r}p^*-2w+c\right),\quad \frac{\partial^2 \pi_s(w)}{\partial w^2}=-\frac{2\beta^2}{s}<0$$

令 $\dfrac{\partial \pi_s(w_1)}{\partial w_1}=0$，则 $w_1=\dfrac{1}{2}\left(\dfrac{sq^*}{\beta^2}+c+\dfrac{1}{1+r}p^*\right)$。

情形 2：若 $\beta\geqslant\beta_{cr}$，则零售商最优努力水平关于批发价格的反应函数为：

$$e(w)=\frac{-w\beta+\sqrt{(w\beta)^2+2s(\lambda A+\eta-wq)}}{s}$$

令 $J=\sqrt{(w\beta)^2+2s(\lambda A+\eta-wq)}>w\beta$，则：

$$\frac{\partial \pi_s(w)}{\partial w}=\frac{1}{sJ}(sq^*+\beta J-w\beta^2)(J-\beta w+\beta c)>0$$

即供应商的利润随着批发价格的增加而增加。

由于情形 1 和情形 2 的分段条件 $\beta<\beta_{cr}(w)$ 与批发价格 w 存在关系，故需进一步讨论。

当 $\beta<\beta_{cr}$ 时，有：

$$\beta^2 w^2-2sq^*w+2s(\lambda A+\eta)-\left(\frac{\beta p^*}{1+r}\right)^2>0 \tag{A.1}$$

其判别式为 $\Delta_1=4(sq^*)^2-4\beta^2\left[2s(\lambda A+\eta)-\left(\dfrac{\beta p^*}{1+r}\right)^2\right]$。令 $f(\beta)=\dfrac{\Delta_1}{4}=\left(\dfrac{p^*}{1+r}\right)^2\beta^4-2s(\lambda A+\eta)\beta^2+(sq^*)^2$

$f(\beta)$ 的判别式为 $\Delta_2=4s^2(\lambda A+\eta)^2-4s^2\left(\dfrac{p^*q^*}{1+r}\right)^2$。

（1）若 $\lambda A+\eta>p^*q^*/(1+r)$，则 $\Delta_2>0$。因此，$\Delta_1>0$ 的解为 $\beta>\beta_2$ 或 $\beta<\beta_1$，$\Delta_1\leqslant0$ 的解为 $\beta_1\leqslant\beta\leqslant\beta_2$。其中

$$\beta_1=\frac{\sqrt{s(\lambda A+\eta)-s\sqrt{(\lambda A+\eta)^2-[p^*q^*/(1+r)]^2}}}{p/(1+r)}$$

$$\beta_2=\frac{\sqrt{s(\lambda A+\eta)+s\sqrt{(\lambda A+\eta)^2-[p^*q^*/(1+r)]^2}}}{p/(1+r)}$$

（2）若 $\lambda A+\eta\leqslant p^*q^*/(1+r)$，则 $\Delta_2\leqslant0$，由于 Δ_1 是关于 β^2 开口向上的凸函数，故 $\Delta_1\geqslant0$。

因此，当 $\lambda A+\eta>p^*q^*/(1+r)$ 且 $\beta_1\leqslant\beta\leqslant\beta_2$ 时，式（A.1）恒成立，即 $\beta<\beta_{cr}$，只存在情形 1 的情形，且批发价格取值范围为 $c\leqslant w\leqslant p^*/(1+r)$。在其他情况下，当 $w<w_2$ 或 $w>w_3$ 时 $\beta<\beta_{cr}$，为情形 1 的情形，供应商的利润在 $w<w_1$ 范围内单调递增，在 $w\geqslant w_1$ 的范围内单调递减。当 $w_2\leqslant w\leqslant w_3$ 时 $\beta>\beta_{cr}$，为情形 2 的情形，供应商的利润随着 w 的增加而增加。其中：

$$w_2=\frac{sq^*-\sqrt{(sq^*)^2-\beta^2\{2s(\lambda A+\eta)-[\beta p^*/(1+r)]^2\}}}{\beta^2}$$

$$w_3=\frac{sq^*+\sqrt{(sq^*)^2-\beta^2\{2s(\lambda A+\eta)-[\beta p^*/(1+r)]^2\}}}{\beta^2}$$

综上所述，可以根据 β 与 β_{cr} 的大小，继续分为两种情形进一步讨论。

情形 a： $\lambda A+\eta>p^*q^*/(1+r)$ 且 $\beta_1\leqslant\beta\leqslant\beta_2$。此时 Δ_1 恒大于 0，批发价格的取值范围为 $c\leqslant w\leqslant p^*/(1+r)$。由于供应商的利润在 $w<w_1$ 范围内单调递增，在 $w\geqslant w_1$ 范围内单调递减，且 $w_1>c$，故仅需讨论 w_1 与 $p^*/(1+r)$ 的大小即可确定最优批发价格。

（1）若 $w_1\geqslant p^*/(1+r)$，即 $\beta\leqslant\beta_3=\sqrt{\dfrac{sq^*}{p^*/(1+r)-c}}$，则供应商的最优批发价格为 $w_D^*=p^*/(1+r)$，零售商的最优努力水平为 $e_{D2}^*=0$。

（2）若 $w_1<p^*/(1+r)$，即 $\beta>\beta_3$，则供应商的最优批发价格为 $w_D^*=w_1$，零售商的最优努力水平为 $e_{D2}^*=\dfrac{\beta}{2s}\left(\dfrac{p^*}{1+r}-c-\dfrac{sq^*}{\beta^2}\right)$。

情形 b： $\begin{cases}\lambda A+\eta>p^*q^*/(1+r)\\\beta<\beta_1\ \text{or}\ \beta>\beta_2\end{cases}$ 或 $\lambda A+\eta\leqslant p^*q^*/(1+r)$。当批发价格 $w\subset[c,$

$p^*/(1+r)]\cap\{[c,w_2]\cup(w_3,p^*/(1+r)]\}$ 时，供应商的利润在 $w<w_1$ 单调递增，在 $w\geqslant w_1$ 范围内单调递减。当批发价格 $w_2\leqslant w\leqslant w_3$ 时，供应商的利润关于 w 单调递增。

为方便描述，令 $w_4=p^*/(1+r)$，根据 c、w_1、w_2、w_3、w_4 的相对大小关系，有：

（1）若 $w_2\leqslant w_4\leqslant w_3$，即 $\lambda A+\eta\leqslant p^*q^*/(1+r)$ 时，由于供应商的利润在 $w_2\leqslant w\leqslant w_3$ 范围内单调递增，故最优批发价格必然在 w_4 处取得，即 $w_D^*=w_4$，零售商的最优努力水平为：

$$e_{D2}^*=\frac{-w_D^*\beta+\sqrt{(w_D^*\beta)^2+2s(\lambda A+\eta-w_D^*q)}}{s}$$

（2）若 $w_2>w_4$，即 $\beta<\beta_4=\sqrt{sq^*(1+r)/p^*}$ 且 $\lambda A+\eta>p^*q^*/(1+r)$ 时，情形 b 不存在（超出了批发价格的取值范围 $c\leqslant w\leqslant w_4$）。由于 $w_1>c$，且 $\beta<\beta_4<\beta_3$，因此 $w_1>w_4$，故供应商的利润在 $c\leqslant w^*\leqslant w_4$ 范围内单调递增，因此供应商的最优批发价格为 $w_D^*=w_4$，零售商的最优努力水平为 $e_{D2}^*=0$。

（3）若 $c<w_3\leqslant w_4$，即 $\lambda A+\eta\geqslant p^*q^*/(1+r)$ 且 $\beta_4\leqslant\beta<\beta_6$ 或 $\beta\geqslant\max(\beta_5,\beta_6)$，其中 $\beta_5=\sqrt{\dfrac{2s(\lambda A+\eta-cq)}{[p^*/(1+r)]^2-c^2}}$，$\beta_6=\sqrt{\dfrac{sq^*}{c}}$。注意到当 $\beta>\beta_7=\sqrt{\dfrac{sq^*}{p^*/(1+r)+c}}$ 时，有 $w_1-w_2>w_3-w_1$。由于 $\beta_7<\beta_4$，因此，该类情况下 w_1 不可能位于 w_2 的左侧。在 $w<w_1$ 范围内，$\pi_s(w)$ 均关于 w 单调递增。因此，只需讨论 w_1、w_3 和 w_4 的相对位置关系。

①若 $w_1>w_4$，即 $\beta<\beta_3$，则 π_s 在 $w\in[c,w_4]$ 范围内单调递增，$w_D^*=w_4$，$e_{D2}^*=0$。

②若 $w_3\leqslant w_1\leqslant w_4$，即 $\beta\geqslant\beta_3$ 且 $w_1\geqslant w_3$，则 π_s 在 $w\in[c,w_1]$ 范围内单调递增，在 $w\in[w_1,w_4]$ 范围内单调递减，故 $w_D^*=w_1$，$e_{D2}^*=\dfrac{\beta}{2s}\left(\dfrac{p^*}{1+r}-c-\dfrac{sq^*}{\beta^2}\right)$。

③若 $w_1<w_3\leqslant w_4$，即 $\beta\geqslant\beta_3$ 且 $w_1<w_3$，π_s 在 $w\in[c,w_3]$ 范围内单调递增，在 $w\in[w_3,w_4]$ 范围内单调递减，故 $w_D^*=w_3$，$e_{D2}^*=\dfrac{\beta[p^*-(1+r)w_3]}{s(1+r)}$。

④$w_3\leqslant c$，即 $\beta_6\leqslant\beta\leqslant\beta_5$。此时存在两种情况：

若 $w_1>w_4$，即 $\beta<\beta_3$，则 π_s 在 $w\in[c,w_4]$ 范围内单调递增，$w_D^*=w_4$，

$e_{D2}^* = 0$。

若 $w_1 \leqslant w_4$，即 $\beta \geqslant \beta_3$，则 π_s 在 $w \in [c, w_1]$ 范围内单调递增，在 $w \in [w_1,$

$w_4]$ 范围内单调递减，故 $w_D^* = w_1$，$e_{D2}^* = \dfrac{\beta}{2s}\left(\dfrac{p^*}{1+r} - c - \dfrac{sq^*}{\beta^2}\right)$。

综合上述情况可得定理 3.3，证毕。

定理 3.4 的证明

证明：先求解内层最优化问题，即零售商的自身利润最大化问题，根据定理 3.2 的结果，零售商的最优努力水平关于批发价格的反应函数为：

$$e(w) = \begin{cases} 0 & \text{if } \alpha < \dfrac{\eta}{A+\eta} \\[3mm] \dfrac{-I + \sqrt{I^2 + 2\beta^2 p^*(p^* - w^*)(T-\eta)/s}}{\beta p^*} & \text{if } \alpha \geqslant \dfrac{\eta}{A+\eta} \end{cases}$$

其中 $T = \alpha(A+\eta)$，$I = T + p^* q^* - \eta > 0$。

因此，供应商的利润最大化问题为：

$$\pi_s(w) = (w-c)(q^* + \beta e)$$

$$\text{s. t. } \begin{cases} e = e(w) \\ c \leqslant w \leqslant p^* \end{cases}$$

（1）当 $\alpha < \eta/(A+\eta)$ 时，$e(w) = 0$。供应商的利润为：

$$\pi_s(w) = (w-c)q^*$$

可知 $\pi_s(w)$ 为关于 w 的单调递增函数，故其最优批发价格为 $w_s^* = p^*$。

（2）当 $\alpha \geqslant \eta/(A+\eta)$ 时，零售商的最优努力水平为：

$$e(w) = \dfrac{-I + \sqrt{I^2 + 2\beta^2 p^*(p^* - w^*)(T-\eta)/s}}{\beta p^*}$$

订货量为：

$$q(w) = q^* + \beta e(w) = q^* + \dfrac{-I + \sqrt{I^2 + 2\beta^2 p^*(p^* - w^*)(T-\eta)/s}}{p^*}$$

则其关于批发价格的导数为：

$$\dfrac{\partial q(w)}{\partial w} = \dfrac{-\beta^2(T-\eta)}{s\sqrt{I^2 + 2\beta^2 p^*(p^* - w^*)(T-\eta)/s}} < 0$$

$$\frac{\partial^2 q(w)}{\partial w^2} = -\frac{\beta^4 (T-\eta)^2 p^*}{s^2 (I^2 + 2\beta^2 p^* (p^* - w^*)(T-\eta)/s)^{3/2}} < 0$$

故供应商利润关于批发价格 w 的导数为:

$$\frac{\partial \pi_s(w)}{\partial w} = q(w) + (w-c)\frac{\partial q(w)}{\partial w}$$

$$\frac{\partial^2 \pi_s(w)}{\partial w^2} = 2\frac{\partial q(w)}{\partial w} + (w-c)\frac{\partial^2 q(w)}{\partial w^2} < 0$$

因此,$\dfrac{\partial \pi_s(w)}{\partial w} = 0$ 的解 w_5 为供应商利润的最大值对应的批发价格。w_5 为

$$w_5 = \frac{3D - s(T-\eta)^2 - \sqrt{[3D - s(T-\eta)^2]^2 + 9s(T-\eta)^2[sI^2 + 2\beta^2(p^*)^2(T-\eta)] - 9D^2}}{9\beta^2 p^*(T-\eta)}$$

其中 $D = sI^2 + \beta^2 p^*(T-\eta)(2p^* + c)$。

$\pi_s(w)$ 在 $w \leqslant w_5$ 范围内单调递增,在 $w > w_5$ 范围内单调递减。定理 3.4 证毕。

B 第 4 章证明过程

定理 4.1 的证明

市场开拓后,零售企业的利润为:

$$\pi_{r1}(m, e) = m(a - bm - bw^* + \beta e) - \frac{1}{2}se^2$$

当零售商以企业利润最大化制定产品加价和努力水平时,需满足 $\dfrac{\partial \pi_{r1}(m, e)}{\partial m} = 0$、$\dfrac{\partial \pi_{r1}(m, e)}{\partial e} = 0$ 且 $H(\pi_r)$ 负定。零售企业的利润关于产品加价和努力水平的导数分别为:

$$\begin{cases} \dfrac{\partial \pi_{r1}(m,\ e)}{\partial m}=a-2bm-bw^*+\beta e & \dfrac{\partial^2 \pi_{r1}(m,\ e)}{\partial m^2}=-2b<0 \\[3mm] \dfrac{\partial \pi_{r1}(m,\ e)}{\partial e}=\beta m-se & \dfrac{\partial^2 \pi_{r1}(m,\ e)}{\partial e^2}=-s<0 \\[3mm] \dfrac{\partial^2 \pi_{r1}(m,\ e)}{\partial m \partial e}=\dfrac{\partial^2 \pi_{r1}(m,\ e)}{\partial e \partial m}=\beta \end{cases}$$

则利润函数的海塞矩阵为 $H(\pi_{r1})=\begin{bmatrix} -2b & \beta \\ \beta & -s \end{bmatrix}$，故 $|H(\pi_{r1})|=2bs-\beta^2$，当其负定

（即 $\beta<\sqrt{2bs}$ ）时，零售企业的利润存在最大值，此时 $\dfrac{\partial \pi_{r1}(m,\ e)}{\partial m}=0$ 且

$\dfrac{\partial \pi_{r1}(m,\ e)}{\partial e}=0$，联立求解即可得零售商的最优产品加价和努力水平分别为：

$$m_1^*=\frac{s(a-bw^*)}{2bs-\beta^2} \qquad e_1^*=\frac{\beta(a-bw^*)}{2bs-\beta^2}$$

定理 4.1 证毕。

推论 4.1 的证明

证明： 对比模型 1 和基准模型可知

$$\Delta q_1=q_1^*-q^*=\frac{(a-bc)(bs+\beta^2)}{4(2bs-\beta^2)}>0$$

$$\Delta p_1=\Delta m_1=m_1^*-m^*=\frac{(a-bc)(2\beta^2-bs)}{4b(2bs-\beta^2)}$$

故零售商采取股权融资进行市场开拓后订货量上升，但其产品加价和销售价格的变化受其成长性影响：当 $\beta<\sqrt{bs/2}$ 时，$\Delta p_1=\Delta m_1<0$，故产品加价和销售价格下降；当 $\sqrt{bs/2}<\beta<\sqrt{2bs}$ 时，$\Delta p_1=\Delta m_1>0$，产品加价和销售价格上升。推论 4.1 证毕。

推论 4.2 的证明

证明： 零售企业和供应商的利润变化为：

$$\Delta \pi_{r1}=\pi_{r1}^*-\pi_r^*=\frac{(a-bc)^2(bs+4\beta^2)}{32b(2bs-\beta^2)}>0, \quad \frac{\pi_{r1}^*}{\pi_r^*}=\frac{9bs}{4(2bs-\beta^2)}>\frac{9}{8}$$

$$\Delta\pi_{s1} = \pi_{s1}^* - \pi_s^* = \frac{(a-bc)^2(bs+\beta^2)}{16b(2bs-\beta^2)} > 0, \quad \frac{\pi_{s1}^*}{\pi_s^*} = \frac{3bs}{2bs-\beta^2} > \frac{3}{2}$$

故股权融资后零售企业和供应商的利润均上升，推论4.2证毕。

定理 4.2 的证明

首先求解跟随者供应商的最优化问题，其利润函数关于批发价格的导数为：

$$\frac{\partial\pi_{s2}(w)}{\partial w} = a - 2bw - bm + \beta e + bc, \quad \frac{\partial^2\pi_{s2}(w)}{\partial w^2} = -2b < 0$$

令 $\frac{\partial\pi_{s2}(w)}{\partial w} = 0$，可得批发价格对产品加价和努力水平的反应函数为：

$$w(m, e) = \frac{a - bm + \beta e + bc}{2b} \tag{B.1}$$

此时零售企业的利润函数为：

$$\pi_{r2}(m, e) = \frac{1}{2}m(a - bm + \beta e - bc) - \frac{1}{2}se^2$$

则其关于 m 和 e 的导数为：

$$\begin{cases} \dfrac{\partial\pi_{r2}(m, e)}{\partial m} = \dfrac{1}{2}(a - 2bm + \beta e - bc) & \dfrac{\partial^2\pi_{r2}(m, e)}{\partial m^2} = -b < 0 \\[2mm] \dfrac{\partial\pi_{r2}(m, e)}{\partial e} = \dfrac{1}{2}\beta m - se & \dfrac{\partial^2\pi_{r2}(m, e)}{\partial e^2} = -s < 0 \\[2mm] \dfrac{\partial^2\pi_{r2}(m, e)}{\partial m\partial e} = \dfrac{\partial^2\pi_{r2}(m, e)}{\partial e\partial m} = \dfrac{1}{2}\beta \end{cases}$$

则其海塞矩阵为 $H(\pi_{r2}) = \begin{pmatrix} -b & \beta/2 \\ \beta/2 & -s \end{pmatrix} = bs - \frac{1}{4}\beta^2$，当其负定（即 $\beta < 2\sqrt{bs}$）时，零

售企业的利润存在最大值，此时 $\frac{\partial\pi_{r2}(m, e)}{\partial m} = 0$ 且 $\frac{\partial\pi_{r2}(m, e)}{\partial e} = 0$，联立求解即可

得零售商的最优产品加价和努力水平分别为：

$$m_2^* = \frac{2s(a-bc)}{4bs-\beta^2}, \quad e_2^* = \frac{\beta(a-bc)}{4bs-\beta^2}$$

将其代入式（B.1），即可得供应商的最优批发价格为：

$$w_2^* = \frac{s(a+3bc) - \beta^2 c}{4bs-\beta^2}$$

定理 4.2 证毕。

推论 4.3 的证明

证明： 对比模型 1 和模型 2 可知供应商的批发价格变化为：

$$\Delta w_2 = w_2^* - w^* = \frac{(a-bc)\beta^2}{4b(4bs-\beta^2)} > 0$$

因此，供应商参与博弈后批发价格上升。零售商的产品加价变化为：

$$\Delta m_2 = m_2^* - m_1^* = \frac{s(a-bc)(4bs-5\beta^2)}{4(2bs-\beta^2)(4bs-\beta^2)}$$

当 $\beta < \sqrt{4bs/5}$ 时，$\Delta m_2 > 0$，零售商提高产品加价；当 $\sqrt{4bs/5} < \beta < \sqrt{2bs}$ 时零售商降低产品加价，推论 4.3 证毕。

推论 4.4 的证明

证明： 供应商参与博弈后零售商的努力水平和订货量变化为：

$$\Delta e_2 = e_2^* - e_1^* = -\frac{(a-bc)(4bs+\beta^2)\beta}{4(2bs-\beta^2)(4bs-\beta^2)} < 0$$

$$\Delta q_2 = q_2^* - q_1^* = -\frac{bs(a-bc)}{4(2bs-\beta^2)(4bs-\beta^2)} < 0$$

故零售商的努力水平、订货量和努力成本均降低，其市场开拓受到供应商博弈行为的抑制。零售商订货成本和融资的变化为：

$$w_2^* q_2^* - w^* q_1^* = -\frac{s(a-bc)\left[b(8as+6bcs+7c\beta^2)(2bs-\beta^2)+36b^3cs^2+3a\beta^4\right]}{16(2bs-\beta^2)(4bs-\beta^2)^2} < 0$$

$$\Delta B = B_2^* - B_1^* = w_2^* q_2^* - w^* q_1^* + \frac{1}{2}s(e_2^* + e_1^*)\Delta e_2$$

由于 $\Delta e_2 < 0$，故 $\Delta B < 0$，零售商的股权融资受到抑制，推论 4.4 证毕。

推论 4.5 的证明

证明： 供应商参与博弈后零售商和供应商的利润变化为：

$$\Delta \pi_{r2} = \pi_{r2}^* - \pi_{r1}^* = -\frac{s(a-bc)^2(4bs+7\beta^2)}{32(2bs-\beta^2)(4bs-\beta^2)} < 0$$

$$\Delta \pi_{s2} = \pi_{s2}^* - \pi_{s1}^* = -\frac{s(a-bc)^2\left[(\beta^2+4bs)^2+2\beta^4\right]}{16(2bs-\beta^2)(4bs-\beta^2)^2} < 0$$

故供应商和零售商的利润均降低，导致整个供应链利润下降，供应链效率降低，推论 4.5 证毕。

定理 4.3 的证明

由于零售商的利润函数为分式规划，难以直接判断其海塞矩阵是否负定，参考 Petruzzi 和 Dada（1999）的方法进行求解。

利润函数关于产品加价 m 的导数为：

$$\frac{\partial \pi_{rs}(m,\ e)}{\partial m} = \frac{V}{V+B}(a-2bm-bw^* +\beta e),\quad \frac{\partial^2 \pi_{rs}(m,\ e)}{\partial m^2} = -2b<0$$

令 $\dfrac{\partial \pi_{rs}(m,\ e)}{\partial m}=0$ 可得 $m(e)=\dfrac{a-bw^* +\beta e}{2b}$，则原股东的利润函数为：

$$\pi_{rs}(e) = \frac{V}{4b(V+B)}\left[(a-bw^* +\beta e)^2 -2bse^2\right]$$

其关于努力水平 e 的一阶导数为：

$$\frac{\partial \pi_{rs}(e)}{\partial e} = \frac{-s\beta(a-bw^*)e^2 +\left[(2\beta^2 -4sb)V-(a-bw^*)^2 s\right]e+2(a-bw^*)\beta V}{4b(V+B)^2}$$

令 $H(e)=-s\beta(a-bw^*)e^2 +\left[(2\beta^2 -4sb)V-(a-bw^*)^2 s\right]e+2(a-bw^*)\beta V$，可知 $H(e)$ 为开口向下，截距为正的二次凹函数。在 $e\in[0,\ +\infty)$ 范围内 $H(e)$ 随着 e 的增加由正变负。由于 $4b(V+B)^2>0$，故 $\dfrac{\partial \pi_{rs}(e)}{\partial e}$ 在 $e\in[0,\ +\infty)$ 范围内亦随着 e 的增加由正变负，则 $\pi_{rs}(e)$ 的最大值势必在 $\dfrac{\partial \pi_{rs}(e)}{\partial e}=0$ 处取得，即零售商的最优努力水平为：

$$e_3^* = \frac{(2\beta^2 -4bs)V-sU^2 +\sqrt{\left[(2\beta^2 -4bs)V-sU^2\right]^2 +8s\beta^2 U^2 V}}{2s\beta U}$$

则零售商的最优产品加价为 $m_3^* = \dfrac{a-bw^* +\beta e_3^*}{2b}$，其中 $U=a-bw^*$。

定理 4.3 证毕。

推论 4.7 的证明

证明：对比模型 1（战略投资者）和模型 3（财务投资者）可知，当 $\beta<$

$\sqrt{2bs}$ 时：

$$e_1^* - e_3^* = \frac{2s\beta^2 U^2 + F(2FV + sU^2) - F\sqrt{(2FV + sU^2)^2 + 8s\beta^2 U^2 V}}{2s\beta UF}$$

其中 $F = 2bs - \beta^2 > 0$。由于：

$$[2s\beta^2 U^2 + F(2FV + sU^2)]^2 - [F\sqrt{(2FV + sU^2)^2 + 8s\beta^2 U^2 V}]^2 = 8s^3 b\beta^2 U^4 > 0$$

则 $e_1^* > e_3^*$，$p_1^* - p_3^* = m_1^* - m_3^* = \beta(e_1^* - e_3^*)/2b > 0$，$B_1^* - B_3^* = s[(e_1^*)^2 - (e_3^*)^2]/2 > 0$，因此零售商的股权变化为 $Cr_1 - Cr_3 = V/(V + B_1^*) - V/(V + B_3^*) < 0$，即引入财务投资者后零售商会降低努力水平、产品加价和销售价格，使其在股权融资时会选择减少融资额，故零售商的持股比例更高。由于模型 1 和模型 3 不涉及供应商的博弈行为，且零售企业的利润和原股东的利润函数表达式和决策变量均未发生变化，则模型 3 下零售商的利润一定不会低于模型 1 下的利润（否则模型 3 下零售商的决策会制定为模型 1 下的决策）。因此，引入财务投资者后零售商的持股比例和利润均高于引入战略投资者的情形。推论 4.7 证毕。

C 第 5 章证明过程

推论 5.1 的证明

证明： 零售商不进行股权融资时（基准模型，参考 3.3 节）企业的利润为：

$$\pi_0 = \pi(q^*) = \frac{(a - bc)^2}{16b}$$

供应商不参与博弈时零售企业的利润为：

$$\pi_1 = \pi(e_1^*) = \frac{\beta^2(p^* - w^*)^2}{2s} + (p^* - w^*)q^*$$

供应商参与博弈时零售企业的利润为：

$$\pi_2 = \pi(w_2^*) = \frac{[\beta^2(p^* - c) - sq^*][\beta^2(p^* - c) + 3sq^*]}{8s\beta^2}$$

由于 $p^* = \dfrac{3a + bc}{4b}$，$w^* = \dfrac{a + bc}{2b}$，$q^* = \dfrac{a - bc}{4}$，则：

$$\begin{cases} \Delta\pi_{10} = \pi_1 - \pi_0 = \dfrac{\beta^2(a-bc)^2}{32sb^2} \geq 0 \\[4mm] \Delta\pi_{20} = \pi_2 - \pi_0 = \dfrac{(a-bc)^2(9\beta^4-2sb\beta^2-3s^2b^2)}{128sb^2\beta^2} \\[4mm] \Delta\pi_{21} = \pi_2 - \pi_1 = \dfrac{(a-bc)^2}{64s\beta^2}\left(\dfrac{\beta^2}{b}-s\right)\left(\dfrac{5\beta^2}{b}+3s\right) \\[4mm] \Delta e_{21} = e_2^* - e_1^* = \dfrac{a-bc}{8sb\beta}(\beta^2-sb) \\[4mm] \Delta w_{21} = w_2^* - w^* = \dfrac{a-bc}{8b\beta^2}(sb-\beta^2) \\[4mm] \Delta\pi_{s21} = \pi_s(w_2^*) - \pi_s(w^*) = \dfrac{(a-bc)^2(\beta^2-sb)^2}{64sb^2\beta^2} \geq 0 \end{cases} \qquad (C.1)$$

由式（C.1）可知，若股权融资后供应商不参与博弈，则股权融资能使企业获得快速发展，但供应商总有动机参与博弈以提高其利润。因此，面临成长性不同的零售商，供应商制定不同的批发价格策略，导致零售商呈现出不同的行为选择。

（1）当 $\beta \leq \sqrt{\dfrac{(1+2\sqrt{7})sb}{9}} \approx \sqrt{0.7sb}$ 时，$9\beta^4-2sb\beta^2-3s^2b^2 \leq 0$，即 $\Delta\pi_{20} \leq 0$。因此，在零售商股权融资后若供应商参与博弈，则零售企业的总利润低于融资前的企业利润。零售商在此情况下不会选择股权融资，或选择隐瞒股权融资信息以避免供应商参与博弈。

（2）当 $\sqrt{0.7sb} < \beta < \sqrt{sb}$ 时，有 $\Delta\pi_{20} > 0$，$\Delta\pi_{21} < 0$，$\Delta e_{21} < 0$，$\Delta w_{21} > 0$。故零售商进行股权融资时无论供应商是否参与博弈，零售企业均能获得更好的发展。但供应商参与博弈后会制定较高的批发价格，迫使零售商降低努力水平和订货量，体现出"竞争"的特性。此时零售商不应公开其股权融资行为，否则其利润会被供应商所侵蚀。

（3）当 $\beta \geq \sqrt{sb}$ 时，有 $\Delta\pi_{21} \geq 0$，$\Delta e_{21} \geq 0$，$\Delta w_{21} \leq 0$。供应商参与博弈后会制定较低的批发价格，激励零售商选择较高的努力水平和订货量，零售商和供应商均能获得更高的利润，体现出供应商"合作"的特性，故零售商应在股权融资后引导供应链合作实现多方共赢。

推论5.1证毕。

D 第6章证明过程

定理6.1的证明

证明： 零售商 1 以持有股份占有的利润最大化为目标制定最优销售价格和努力水平，参考 Petruzzi 和 Dada（1999）的方法进行求解。零售商 1 的利润关于 p_1 的导数为：

$$\begin{cases} \dfrac{\partial \pi_{r1}(p_1, e)}{\partial p_1} = \dfrac{V}{V+B(e)}(a-2bp_1+bw+\beta e) \\[3mm] \dfrac{\partial^2 \pi_{r1}(p_1, e)}{\partial p_1^2} = \dfrac{-2bV}{V+B(e)} < 0 \end{cases}$$

令 $\dfrac{\partial \pi_{r1}(p_1, e)}{\partial p_1} = 0$，可得：

$$p_1(e) = \frac{a+bw+\beta e}{2b} \tag{D.1}$$

此时零售商 1 的利润函数为：

$$\pi_{r1}(e) = \frac{V}{V+B(e)}\left[\frac{(a-bw+\beta e)^2}{4b} - \frac{1}{2}se^2\right]$$

则其关于努力水平 e 的导数为：

$$\frac{\partial \pi_{r1}(e)}{\partial e} = \frac{V}{4b[V+B(e)]^2}\left\{\begin{array}{l} -s\beta(a-bw)e^2-[2(2sb-\beta^2)V+ \\ s(a-bw)^2]e+2\beta(a-bw)V \end{array}\right\}$$

令 $H(e) = -s\beta(a-bw)e^2-[2(2sb-\beta^2)V+s(a-bw)^2]e+2\beta(a-bw)V$

可知 $H(e)$ 为关于 e 的开口向下、y 轴截距为正的二次函数，故零售商 1 的最大利润在 $H(e)=0$ 处取得，即：

$$-s\beta(a-bw)e^2-[2(2sb-\beta^2)V+s(a-bw)^2]e+2\beta(a-bw)V=0 \tag{D.2}$$

求解式（D.2）并将结果代入式（D.1），可得定理 6.1，证毕。

推论6.1的证明

证明： 令 $N=a-bw>0$，$R=(4sb-2\beta^2)V+s(a-bw)^2>0$，则零售商 1 的最优努

力水平关于成长性 β 的一阶导数为：

则 $\dfrac{\partial p_1^*}{\partial \beta} = \dfrac{\beta}{2b} \dfrac{\partial e^*}{\partial \beta} > 0$，故销售价格和努力水平均随着成长性的增加而增加。由于：

$$\frac{\partial Cr}{\partial \beta} = -\frac{V}{[V+B(e^*)]^2} \frac{\partial B(e^*)}{\partial \beta} = -\frac{se^*V}{[V+B(e^*)]^2} \frac{\partial e^*}{\partial \beta} < 0$$

$$\frac{\partial \pi_{r1}(p^*, e^*)}{\partial \beta} = \frac{V}{[V+B(e^*)]^2} \left\{ \frac{-s\beta N(e^*)^2 - [Re^* + 2\beta VN]}{4b} \frac{\partial e^*}{\partial \beta} + (p_1^* - w)e^*[V+B(e^*)] \right\}$$

由式（D.2）可知：

$$-s\beta N(e^*)^2 - [2(2sb-\beta^2)V + sN^2]e^* + 2\beta NV = 0$$

故 $\dfrac{\partial \pi_{r1}(p^*, e^*)}{\partial \beta} = \dfrac{V(p_1^* - w)e^*}{V+B(e^*)} > 0$，即零售商 1 的利润随着其市场成长性的增

加而增加，持股比例随着成长性的增加而减少，推论 6.1 证毕。

推论 6.2 的证明

证明： 零售商 1 的努力水平关于估值 V 的一阶导数为：

$$\frac{\partial e^*}{\partial V} = \frac{1}{2s\beta N} \left[-(4sb-2\beta^2) + \frac{R(4sb-2\beta^2) + 8s\beta^2 N^2}{\sqrt{R^2 + 8s\beta^2 N^2 V}} \right]$$

由于：

$$[R(4sb-2\beta^2) + 8s\beta^2 N^2]^2 - (4sb-2\beta^2)^2(R^2 + 8s\beta^2 N^2 V)$$

$$= 8s\beta^2 N^2 [(4sb-2\beta^2)^2 V + 2sN^2(4sb+2\beta^2)] > 0$$

则 $\dfrac{\partial e^*}{\partial V} > 0$，故 $\dfrac{\partial e^*}{\partial \alpha} = \dfrac{1}{A+\eta} \dfrac{\partial e^*}{\partial V} > 0$，$\dfrac{\partial p_1^*}{\partial \alpha} = \dfrac{\beta}{2b} \dfrac{\partial e^*}{\partial \alpha} > 0$，$\dfrac{\partial B(e^*)}{\partial \alpha} = se^* \dfrac{\partial e^*}{\partial \alpha} > 0$。即零售商 1

的销售价格、努力水平和融资额均随着估值水平的增加而增加，推论 6.2 证毕。

定理 6.2 的证明

证明： 零售商 1 和零售商 2 开展 Bertrand 竞争，零售商 1 制定最优努力水平和销售价格最大化其利润，零售商 2 制定最优销售价格最大化其利润，则：

$$\begin{cases} \dfrac{\partial \pi_{r1}(p_1, e)}{\partial p_1} = 0, \quad \dfrac{\partial \pi_{r1}(p_1, e)}{\partial e} = 0, \ \text{且 } H(\pi_{r1}) \text{ 负定} \\ \dfrac{\partial \pi_{r2}(p_2)}{\partial p_2} = 0 \end{cases}$$

对零售商 2，有：

$$\frac{\partial \pi_{r2}(p_2)}{\partial p_2} = a_2 + b_2 w + \gamma_2 p_1 - 2b_2 p_2 = 0$$

则：

$$p_2(p_1) = \frac{a_2 + b_2 w + \gamma_2 p_1}{2b_2} \tag{D.3}$$

对零售商 1，其利润关于销售价格 p_1 的一阶导数和二阶导数为：

$$\begin{cases} \dfrac{\partial \pi_{r1}(p_1, e)}{\partial p_1} = \dfrac{V}{V+B(e)}(a_1 - 2b_1 p_1 + b_1 w + \gamma_1 p_2 + \beta e) \\[3mm] \dfrac{\partial^2 \pi_{r1}(p_1, e)}{\partial p_1^2} = \dfrac{-2b_1 V}{V+B(e)} < 0 \end{cases}$$

令 $\dfrac{\partial \pi_{r1}(p_1, e)}{\partial p_1} = \dfrac{V}{V+B(e)}(a_1 - 2b_1 p_1 + b_1 w + \gamma_1 p_2 + \beta e) = 0$，可得：

$$p_1(e) = \frac{a_1 + b_1 w + \gamma_1 p_2 + \beta e}{2b_1} \tag{D.4}$$

结合式（D.3）和式（D.4）可知：

$$p_2(e) = \frac{2b_1(a_2 + b_2 w) + \gamma_2(a_1 + b_1 w) + \gamma_2 \beta e}{4b_1 b_2 - \gamma_1 \gamma_2} \tag{D.5}$$

此时零售商 1 的利润函数为：

$$\pi_{r1}(e) = \frac{V}{V+B(e)} \left[\frac{(E+\beta e)^2}{4b_1} - \frac{1}{2} se^2 \right]$$

其中 $E = a_1 - b_1 w + \gamma_1 p_2 > 0$。则零售商 1 的利润关于其努力水平 e 的一阶导数为：

$$\frac{\partial \pi_{r1}(e)}{\partial e} = \frac{V}{4b_1 [V+B(e)]^2} \{ -s\beta E e^2 + [(2\beta^2 - 4sb_1)V - sE^2]e + 2\beta EV \}$$

令 $H(e) = -s\beta E e^2 + [(2\beta^2 - 4sb_1)V - sE^2]e + 2\beta EV$，根据定理 6.1 证明思路，该问题的最优解在 $H(e) = 0$ 处取得。

零售商 1 和零售商 2 开展 Bertrand 竞争，双方同时决策，因此有：

$$\begin{cases} -s\beta E e^2 + [(2\beta^2 - 4sb_1)V - sE^2]e + 2\beta EV = 0 \\[3mm] p_2(e) = \dfrac{2b_1(a_2 + b_2 w) + \gamma_2(a_1 + b_1 w) + \gamma_2 \beta e}{4b_1 b_2 - \gamma_1 \gamma_2} \end{cases}$$

则零售商 1 的最优努力水平 e^{**} 满足：

$$4sb_1b_2\gamma_1\gamma_2\beta^2(e^{**})^3+s\beta H(G+2\gamma_1\gamma_2)(e^{**})^2+$$

$$[4b_1VG(sG-2\beta^2b_2)+sH^2]e^{**}-2\beta HGV=0 \qquad (D.6)$$

其中 $F=2b_1(a_2+b_2w)+\gamma_2(a_1+b_1w)$，$G=4b_1b_2-\gamma_1\gamma_2$，$H=\gamma_1F+(a_1-b_1w)G$。根据盛金公式，即可求出零售商 1 的最优努力水平，代入式（D.4）和式（D.5）可得到定理 6.2，证毕。

推论 6.3 的证明

证明：式（D.6）对估值 V 求导并整理可得：

$$\begin{bmatrix} 8sb_1b_2\gamma_1\gamma_2\beta^2(e^{**})^2+ \\ s\beta H(G+2\gamma_1\gamma_2)e^{**}+\dfrac{2\beta HGV}{e^{**}} \end{bmatrix}\frac{\partial e^{**}}{\partial V}=2\beta HG-4b_1G(sG-2\beta^2b_2)e^{**}$$

由于 $8sb_1b_2\gamma_1\gamma_2\beta^2(e^{**})^2+s\beta H(G+2\gamma_1\gamma_2)e^{**}+\dfrac{2\beta HGV}{e^{**}}>0$，且

$$2\beta HG-4b_1G(sG-2\beta^2b_2)e^{**}=\frac{1}{V}\begin{bmatrix} 4sb_1b_2\gamma_1\gamma_2\beta^2(e^{**})^3+ \\ s\beta H(G+2\gamma_1\gamma_2)(e^{**})^2+sH^2e^{**} \end{bmatrix}>0$$

故 $\dfrac{\partial e^{**}}{\partial V}>0$，则 $\dfrac{\partial e^{**}}{\partial\alpha}=\dfrac{1}{A+\eta}\dfrac{\partial e^{**}}{\partial V}>0$，$\dfrac{\partial p_2^{**}}{\partial\alpha}=\dfrac{\gamma_2\beta}{G}\dfrac{\partial e^{**}}{\partial\alpha}>0$，$\dfrac{\partial B(e^{**})}{\partial V}=se^{**}\dfrac{\partial e^{**}}{\partial V}>0$，$\dfrac{\partial p_1^{**}}{\partial\alpha}=\dfrac{1}{2b_1}\left(\gamma_1\dfrac{\partial p_2^{**}}{\partial\alpha}+\beta\dfrac{\partial e^{**}}{\partial\alpha}\right)>0$。即随着零售商 1 估值水平的增加，零售商 1 和零售商 2 均会提高销售价格减缓市场竞争，零售商 1 会付出更多努力水平进行市场开拓，并选择更高的融资额，推论 6.3 证毕。

定理 6.4 的证明

当零售商 1 采取股权融资进行市场开拓时选择开展新一轮的市场竞争，双方进行 Bertrand 博弈，零售商 1 制定最优努力水平 e^{*2} 和销售价格 p_1^{*2}，零售商 2 制定最优销售价格 p_2^{*2}，则：

$$\begin{cases} \dfrac{\partial\pi_{r1}(p_1,\ e)}{\partial p_1}=0,\ \dfrac{\partial\pi_{r1}(p_1,\ e)}{\partial e}=0,\ 且\ H(\pi_{r1})\ 负定 \\ \dfrac{\partial\pi_{r2}(p_2)}{\partial p_2}=0 \end{cases}$$

对零售商 2，有 $\dfrac{\partial \pi_{r2}(p_2)}{\partial p_2}=a_2+b_2w^*+\gamma_2p_1-2b_2p_2=0$，则：

$$p_2(p_1)=\frac{a_2+b_2w^*+\gamma_2p_1}{2b_2}$$

对零售商 1，有：

$$\begin{cases} \dfrac{\partial \pi_{r1}(p_1,\ e)}{\partial p_1}=a_1-2b_1p_1+b_1w^*+\gamma_1p_2+\beta e,\quad \dfrac{\partial \pi_{r1}(p_1,\ e)}{\partial e}=(p_1-w^*)\beta-se, \\[2mm] \dfrac{\partial^2 \pi_{r1}(p_1,\ e)}{\partial p_1^2}=-2b_1,\quad \dfrac{\partial^2 \pi_{r1}(p_1,\ e)}{\partial e^2}=-s,\quad \dfrac{\partial^2 \pi_{r1}(p_1,\ e)}{\partial p_1 \partial e}=\dfrac{\partial^2 \pi_{r1}(p_1,\ e)}{\partial e \partial p_1}=\beta \end{cases}$$

则零售商 1 的利润函数的 Hessian 矩阵为 $H(\pi_{r1})=\begin{pmatrix} -2b_1 & \beta \\ \beta & -s \end{pmatrix}$，故 $|H(\pi_{r1})|=$

$2sb_1-\beta^2$。当 $\beta<\sqrt{2sb_1}$ 时，$H(\pi_{r1})$ 负定，零售商 1 的利润存在有限的极大值，故：

$$\begin{cases} a_1-2b_1p_1+b_1w^*+\gamma_1p_2+\beta e=0 \\[2mm] (p_1-w^*)\beta-se=0 \\[2mm] p_2=\dfrac{a_2+b_2w^*+\gamma_2p_1}{2b_2} \end{cases}$$

因此，当 $\beta \leqslant \sqrt{s(4b_1b_2-\gamma_1\gamma_2)/2b_2}$，则零售商 1 的最优努力水平为：

$$e^{*2}=\frac{\beta[2b_2(a_1-b_1w^*)+\gamma_1(a_2+b_2w^*+\gamma_2w^*)]}{sG-2\beta^2b_2}$$

零售商 1 和 2 的最优销售价格分别为：

$$\begin{cases} p_1^{*2}=\dfrac{s[2b_2(a_1+b_1w^*)+\gamma_1(a_2+b_2w^*)]-2\beta^2b_2w^*}{sG-2\beta^2b_2} \\[3mm] p_2^{*2}=\dfrac{s[2b_1(a_2+b_2w^*)+\gamma_2(a_1+b_1w^*)]-\beta^2(a_2+b_2w^*+\gamma_2w^*)}{sG-2\beta^2b_2} \end{cases}$$

其中 $G=4b_1b_2-\gamma_1\gamma_2$，定理 6.4 证毕。

推论 6.4 的证明

证明：当股权融资下的零售商 1 选择开展新的市场竞争时，对比模型 1（以上标 1 表示）和模型 2（以上标 2 表示）可知，零售商的销售价格和订货量变化为：

$$\Delta p_1^{2-1} = \frac{2\beta^2 b_2 (2b_2 N_1 + \gamma_1 M_2)}{G(sG - 2\beta^2 b_2)} > 0 \tag{D.7}$$

$$\Delta q_1^{2-1} = \frac{\beta^2 (2b_2 N_1 + \gamma_1 M_2)(2\beta^2 b_2 + s\gamma_1\gamma_2 - 2sb_1 b_2)}{sG(sG - 2\beta^2 b_2)} \tag{D.8}$$

零售商 1 的努力水平和融资额变化为：

$$\Delta e^{2-1} = e^{*2} - e^{*1} = \frac{\beta \Delta p_1^{2-1}}{s} > 0$$

$$\Delta B^{2-1} = w^* \Delta q_1^{2-1} + \frac{1}{2} s \Delta e^{2-1} (e^{*1} + e^{*2})$$

因此，在零售商 1 采取股权融资后，若 $\sqrt{s(2b_1 b_2 - \gamma_1\gamma_2)/2b_2} \leqslant \beta \leqslant \sqrt{sG/2b_2}$，则 $\Delta q_1^{2-1} \geqslant 0$，故 $\Delta B^{2-1} > 0$，零售商 1 的融资额上升。

从式（D.7）和式（D.8）可知，随着 β 的增加，Δp_1^{2-1} 和 Δq_1^{2-1} 增加，即 $\frac{\partial \Delta p_1^{2-1}}{\partial \beta} > 0$，$\frac{\partial \Delta q_1^{2-1}}{\partial \beta} > 0$，则 $\frac{\partial \Delta e^{2-1}}{\partial \beta} > 0$。由于 $\frac{\partial e^{*1}}{\partial \beta} > 0$，$\frac{\partial e^{*2}}{\partial \beta} > 0$，$Cr = \frac{V}{V+B}$，易知 $\frac{\partial \Delta B^{2-1}}{\partial \beta} > 0$，$\frac{\partial Cr}{\partial \beta} < 0$，即零售商 1 的成长性越高，市场竞争对其股权融资额的促进作用越大，而其原股东的持股比例越低。推论 6.4 证毕。

推论 6.5 的证明

证明： 当零售商采取股权融资进行市场开拓，并开展新的市场竞争时，对比基准模型（以上标 0 表示）和模型 2 可知，零售商 1 和零售商 2 的销售价格、销售量的变化为：

$$\begin{cases} \Delta p_1^{2-0} = \dfrac{2\beta^2 b_2 (2b_2 N_1 + \gamma_1 M_2)}{G(sG - 2\beta^2 b_2)} > 0 \\[3mm] \Delta p_2^{2-0} = \dfrac{\beta^2 \gamma_2 (2b_2 N_1 + \gamma_1 M_2)}{G(sG - 2\beta^2 b_2)} > 0 \\[3mm] \Delta q_1^{2-0} = \dfrac{2\beta^2 b_1 b_2 (2b_2 N_1 + \gamma_1 M_2)}{G(sG - 2\beta^2 b_2)} > 0 \\[3mm] \Delta q_2^{2-0} = \dfrac{\beta^2 b_2 \gamma_2 (2b_2 N_1 + \gamma_1 M_2)}{G(sG - 2\beta^2 b_2)} > 0 \end{cases}$$

因此，零售商 1 采取股权融资并进行市场开拓后，零售商 1 和 2 的销售价格和销售量均增加。此时零售商 1 和零售商 2 的利润变化为：

$$\Delta\pi_{r1}^{2-0} = \frac{\beta^2(2b_2 N_1 + \gamma_1 M_2)^2}{2G^2(sG - 2\beta^2 b_2)^2}(16sb_1^2 b_2^2 - s\gamma_1^2\gamma_2^2 - 8\beta^2 b_1 b_2^2) > 0$$

$$\Delta\pi_{r2}^{2-0} = \Delta p_2^{2-0} q_2^* + (p_2^{*2} - w^*)\Delta q_2^{2-0} > 0$$

即零售商 1 和零售商 2 的利润均增加。由于批发价格不变，总订货量增加，供应商的利润上升。

随着零售商 1 成长性的增加，易知 Δp_1^{2-0} 和 Δp_2^{2-0} 均增加，且 $\Delta p_1^{2-0}/\Delta p_2^{2-0} = 2b_2/\gamma_2 > 2$，故高成长性会导致两者（尤其是零售商 1）的销售价格提高得更多。推论 6.5 证毕。

定理 6.5 的证明

当零售商 1 选择股权融资和新一轮市场竞争时，供应商作为领导者制定批发价格 w^{*3} 最大化其总利润，零售商 1 和零售商 2 作为跟随者开展 Bertrand 博弈。根据定理 6.4 可知：

$$\begin{cases} e(w) = \dfrac{\beta[2b_2(a_1 - b_1 w) + \gamma_1(a_2 + b_2 w + \gamma_2 w)]}{sG - 2\beta^2 b_2} \\[3mm] p_1(w) = \dfrac{s[2b_2(a_1 + b_1 w) + \gamma_1(a_2 + b_2 w)] - 2\beta^2 b_2 w}{sG - 2\beta^2 b_2} \\[3mm] p_2(w) = \dfrac{s[2b_1(a_2 + b_2 w) + \gamma_2(a_1 + b_1 w)] - \beta^2(a_2 + b_2 w + \gamma_2 w)}{sG - 2\beta^2 b_2} \end{cases}$$

则零售商 1 和 2 的总订货量为：

$$q_s(w) = \frac{sb_1[2b_2(a_1 - b_1 w) + \gamma_1(a_2 + b_2 w + \gamma_2 w)] + sb_2[2b_1(a_2 - b_2 w) + \gamma_2(a_1 + b_1 w + \gamma_1 w)]}{sG - 2\beta^2 b_2} -$$

$$\frac{\beta^2 b_2(a_2 - b_2 w + \gamma_2 w)}{sG - 2\beta^2 b_2}$$

供应商总利润关于 w 的导数为：

$$\frac{\partial\pi_s(w)}{\partial(w)} = \frac{2\beta^2 b_2(b_2 - \gamma_2) - 2s(2b_1 b_2 - \gamma_1\gamma_2)(b_1 + b_2) + 2sb_1 b_2(\gamma_1 + \gamma_2)}{sG - 2\beta^2 b_2}w -$$

$$\frac{s[b_1\gamma_1(a_2 - b_2 c - \gamma_2 c) + b_2\gamma_2(a_1 - b_1 c - \gamma_1 c) + 2b_1 b_2(a_1 + b_1 c + a_2 + b_2 c)]}{sG - 2\beta^2 b_2} -$$

$$\frac{\beta^2 b_2(a_2+b_2c-\gamma_2c)}{sG-2\beta^2 b_2}$$

$$\frac{\partial^2\pi_s(w)}{\partial w^2}=-\frac{2[sb_2(b_1+\gamma_2)(b_1-\gamma_1)+sb_1(b_1b_2-\gamma_1\gamma_2)+b_2(b_2-\gamma_2)(2sb_1-\beta^2)]}{sG-2\beta^2 b_2}$$

由于 $b_1>\gamma_1$、$b_2>\gamma_2$ 且 $\beta^2<2sb_1$，故 $\dfrac{\partial^2\pi_s(w)}{\partial w^2}<0$。令 $\dfrac{\partial\pi_s(w)}{\partial w}=0$，则供应商的最

优批发价格为：

$$w^{*3}=\frac{s[b_1\gamma_1(a_2-b_2c-\gamma_2c)+b_2\gamma_2(a_1-b_1c-\gamma_1c)+2b_1b_2(a_1+b_1c+a_2+b_2c)]-\beta^2 b_2(a_2+b_2c-\gamma_2c)}{2s(2b_1b_2-\gamma_1\gamma_2)(b_1+b_2)-2sb_1b_2(\gamma_1+\gamma_2)-2\beta^2 b_2(b_2-\gamma_2)}$$

则零售商 1 的最优努力水平 e^{*3}、最优销售价格 p_1^{*3} 和零售商 2 的最优销售价格

p_2^{*3} 为：

$$\begin{cases}e^{*3}=\dfrac{\beta[2b_2(a_1-b_1w^{*3})+\gamma_1(a_2+b_2w^{*3}+\gamma_2w^{*3})]}{sG-2\beta^2 b_2}\\[3mm]p_1^{*3}=\dfrac{s[2b_2(a_1+b_1w^{*3})+\gamma_1(a_2+b_2w^{*3})]-2\beta^2 b_2w^{*3}}{sG-2\beta^2 b_2}\\[3mm]p_2^{*3}=\dfrac{s[2b_1(a_2+b_2w^{*3})+\gamma_2(a_1+b_1w^{*3})]-\beta^2(a_2+b_2w^{*3}+\gamma_2w^{*3})}{sG-2\beta^2 b_2}\end{cases}$$

其中 $G=4b_1b_2-\gamma_1\gamma_2$，定理 6.5 证毕。

推论 6.6 的证明

证明：当零售商 1 选择开展新一轮市场竞争时，供应商作为主导者参与博
弈，则其最优批发价格的变化为：

$$\Delta w=w^{*3}-w^*=\frac{\beta^2 b_2^2(2b_1+\gamma_2)[a_1(b_2-\gamma_2)-a_2(b_1-\gamma_1)]}{2[s(2b_1b_2-\gamma_1\gamma_2)(b_1+b_2)-sb_1b_2(\gamma_1+\gamma_2)-\beta^2 b_2(b_2-\gamma_2)]}\times$$

$$\frac{1}{(2b_1b_2-\gamma_1\gamma_2)(b_1+b_2)-b_1b_2(\gamma_1+\gamma_2)}$$

由于 $b_1>\gamma_1$、$b_2>\gamma_2$ 且 $\beta\leqslant\sqrt{sG/2b_2}$，则：

$$s(2b_1b_2-\gamma_1\gamma_2)(b_1+b_2)-sb_1b_2(\gamma_1+\gamma_2)-\beta^2 b_2(b_2-\gamma_2)>\left(b_1+\frac{\gamma_2}{2}\right)(2b_1b_2-\gamma_1\gamma_2-b_2\gamma_1)>0$$

$$(2b_1b_2-\gamma_1\gamma_2)(b_1+b_2)-b_1b_2(\gamma_1+\gamma_2)>b_1b_2(b_1+b_2)-b_1b_2(\gamma_1+\gamma_2)>0$$

因此供应商参与博弈后是否提高批发价格取决于 $a_1(b_2-\gamma_2)-a_2(b_1-\gamma_1)$ 的正

负性。当 $a_1/(b_1-\gamma_1)>a_2/(b_2-\gamma_2)$ 时，供应商参与博弈后提高批发价格，反之则降低批发价格。推论 6.6 证毕。

推论 6.7 的证明

证明： 当追求利润最大化的供应商参与博弈后，其利润相对于模型 2 不会降低，即：

$$\Delta\pi_s^{3-2}=(w^{*3}q_1^{*3}-w^*q_1^{*2})-c\Delta q_1^{3-2}\geqslant 0$$

零售商 1 的订货量、努力水平和融资额的变化为：

$$\Delta q_1^{3-2}=\frac{-sb_1\Delta w(2b_1b_2-\gamma_1b_2-\gamma_1\gamma_2)}{sG-2\beta^2b_2}$$

$$\Delta e^{3-2}=\frac{-\beta\Delta w(2b_1b_2-\gamma_1b_2-\gamma_1\gamma_2)}{sG-2\beta^2b_2}$$

$$\Delta B^{3-2}=(w^{*3}q_1^{*3}-w^*q_1^{*2})+\frac{s\Delta e^{3-2}(e^{*3}+e^{*2})}{2}$$

因此，零售商 1 的订货量和努力水平的变化与供应商批发价格的变化负相关。当供应商降低批发价格（$\Delta w<0$）时，有 $\Delta q_1^{3-2}>0$，$\Delta e^{3-2}>0$，则 $(w^{*3}q_1^{*3}-w^*q_1^{*2})\geqslant c\Delta q_1^{3-2}>0$，故 $\Delta B^{3-2}>0$，零售商 1 的融资额上升；当供应商提高批发价格时，$\Delta e^{3-2}<0$（努力成本下降），但 $w^{*3}q_1^{*3}-w^*q_1^{*2}$ 的正负性（订货成本的变化）还取决于零售商 1 的成长性，故零售商 1 融资额的变化还与其成长性相关。推论 6.7 证毕。

定理 6.6 的证明

零售商 1 和零售商 2 进行 Bertrand 博弈，零售商 1 制定最优努力水平和销售价格最大化企业总利润，零售商 2 制定最优销售价格最大化其利润，则需满足：

$$\begin{cases}\dfrac{\partial\pi_{r1}(p_1,\ e)}{\partial p_1}=0,\ \dfrac{\partial\pi_{r1}(p_1,\ e)}{\partial e}=0,\ 且\ H(\pi_{r1})负定\\[3mm]\dfrac{\partial\pi_{r2}(p_2)}{\partial p_2}=0,\ \dfrac{\partial^2\pi_{r2}(p_2)}{\partial p_2^2}<0\end{cases} \tag{D.9}$$

求导可知 $\dfrac{\partial^2\pi_{r1}(p_1,\ e)}{\partial p_1^2}=-2b_1<0$，$\dfrac{\partial^2\pi_{r1}(p_1,\ e)}{\partial e^2}=-s<0$，且 $H(\pi_{r1})=\begin{bmatrix}-s & \beta_1\\ \beta_1 & -2b_1\end{bmatrix}$。

因此，当 $|H(\pi_{r1})|=2sb_1-\beta_1^2>0$，即 $\beta_1<\sqrt{2b_1s}$ 时，$H(\pi_{r1})$ 负定，企业总利润具

有最大值，由式（D.9）可知：

$$\begin{cases} a_1 - 2b_1 p_1 + b_1 w + \gamma_1 p_2 + \beta_1 e = 0 \\ (p_1 - w)\beta_1 - se = 0 \end{cases} \tag{D.10}$$

对零售商 2，有：

$$\begin{cases} \dfrac{\partial \pi_{r2}(p_2)}{\partial p_2} = a_2 + b_2 w + \gamma_2 p_1 + \beta_2 e - 2b_2 p_2 = 0 \\ \dfrac{\partial^2 \pi_{r2}(p_2)}{\partial p_2^2} = -2b_2 < 0 \end{cases} \tag{D.11}$$

求解式（D.10）和式（D.11）即可得定理 6.6，证毕。

推论 6.8 的证明

证明： 由式（6.5）易知 $\dfrac{\partial e^{**}}{\partial \beta_1} > 0$ 且 $\dfrac{\partial e^{**}}{\partial \beta_2} > 0$，则 $\dfrac{\partial B}{\partial \beta_1} = se^{**}\dfrac{\partial e^{**}}{\partial \beta_1} > 0$，$\dfrac{\partial B}{\partial \beta_2} = se^{**}\dfrac{\partial e^{**}}{\partial \beta_2} > 0$，即随着其成长性或市场开拓外部性的增加，零售商 1 选择更高的努力水平和融资额，但其持股比例 Cr 下降。

由式（D.10）和式（D.11）可知：

$$\begin{cases} p_1^{**} = \dfrac{se^{**}}{\beta_1} + w = \dfrac{s[2b_2(a_1 - b_1 w) + \gamma_1(L_2 + \gamma_2 w)]}{sG - \beta_1(\gamma_1\beta_2 + 2b_2\beta_1)} + w \\ p_2^{**} = \dfrac{1}{2b_2}(a_2 + b_2 w + \gamma_2 p_1^{**} + \beta_2 e^{**}) \end{cases}$$

则 $\dfrac{\partial p_1^{**}}{\partial \beta_1} > 0$，$\dfrac{\partial p_2^{**}}{\partial \beta} > 0$，且：

$$\frac{\partial p_2^{**}}{\partial \beta_1} = \frac{1}{2b_2}\left(\gamma_2\frac{\partial p_1^{**}}{\partial \beta_1} + \beta_2\frac{\partial e^{**}}{\partial \beta_1}\right) > 0$$

$$\frac{\partial p_2^{**}}{\partial \beta_2} = \frac{1}{2b_2}\left(\gamma_2\frac{\partial p_1^{**}}{\partial \beta_2} + e^{**} + \beta_2\frac{\partial e^{**}}{\partial \beta_2}\right) > 0$$

因此，随着零售商 1 成长性或市场开拓外部性的增加，竞争双方均提高销售价格，市场竞争减缓，推论 6.8 证毕。

推论 6.9 的证明

证明： 竞争双方的销售价格相对基准模型的变化为：

$$\Delta p_1 = \frac{\beta_1 \left[2b_2(a_1 - b_1 w) + \gamma_1(L_2 + \gamma_2 w) \right] (2b_2\beta_1 + \gamma_1\beta_2)}{G \left[sG - \beta_1(\gamma_1\beta_2 + 2b_2\beta_1) \right]}$$

$$\Delta p_2 = \frac{\beta_1 \left[2b_2(a_1 - b_1 w) + \gamma_1(L_2 + \gamma_2 w) \right] (\gamma_2\beta_1 + 2b_1\beta_2)}{G \left[sG - \beta_1(\gamma_1\beta_2 + 2b_2\beta_1) \right]}$$

销售量相对基准模型的变化为：

$$\Delta q_1 = \frac{b_1\beta_1 \left[2b_2(a_1 - b_1 w) + \gamma_1(L_2 + \gamma_2 w) \right] (2b_2\beta_1 + \gamma_1\beta_2)}{G \left[sG - \beta_1(\gamma_1\beta_2 + 2b_2\beta_1) \right]}$$

$$\Delta q_2 = \frac{b_2\beta_1 \left[2b_2(a_1 - b_1 w) + \gamma_1(L_2 + \gamma_2 w) \right] (\gamma_2\beta_1 + 2b_1\beta_2)}{G \left[sG - \beta_1(\gamma_1\beta_2 + 2b_2\beta_1) \right]}$$

当 $\beta_2 \geqslant 0$ 时，$\Delta p_1 > 0$，$\Delta p_2 > 0$，$\Delta q_1 > 0$，$\Delta q_2 > 0$，故零售商采取股权融资进行市场开拓后，竞争双方销量和销售价格均提升，市场竞争减缓，推论6.9证毕。

推论 6.10 的证明

证明：当零售商1的市场开拓呈现负外部性（$\beta_2 < 0$）时，可知：

①若 $\beta_1 > -2b_1\beta_2/\gamma_2$，则 $\Delta p_1 > 0$，$\Delta p_2 > 0$，$\Delta q_1 > 0$，$\Delta q_2 > 0$；

②若 $-\gamma_1\beta_2/2b_2 < \beta_1 < -2b_1\beta_2/\gamma_2$，则 $\Delta p_1 > 0$，$\Delta p_2 < 0$，$\Delta q_1 > 0$，$\Delta q_2 < 0$；

③若 $\beta_1 < -\gamma_1\beta_2/2b_2$，则 $\Delta p_1 < 0$，$\Delta p_2 < 0$，$\Delta q_1 < 0$，$\Delta q_2 < 0$。

推论6.10证毕。

推论 6.11 的证明

证明：由于 $\dfrac{|\Delta p_1|}{|\Delta p_2|} = \dfrac{|2b_2\beta_1 + \gamma_1\beta_2|}{|\gamma_2\beta_1 + 2b_1\beta_2|}$。令：

$$F = (2b_2\beta_1 + \gamma_1\beta_2)^2 - (\gamma_2\beta_1 + 2b_1\beta_2)^2$$
$$= \left[(2b_2 - \gamma_2)\beta_1 - (2b_1 - \gamma_1)\beta_2 \right] \left[(2b_2 + \gamma_2)\beta_1 + (2b_1 + \gamma_1)\beta_2 \right]$$

因此，若 $\beta_2 > 0$，则当 $\beta_1 > \dfrac{2b_1 - \gamma_1}{2b_2 - \gamma_2}\beta_2$ 时，$F > 0$，即 $|\Delta p_1| > |\Delta p_2|$；若 $\beta_2 < 0$，则当 $\beta_1 > -\dfrac{2b_1 + \gamma_1}{2b_2 + \gamma_2}\beta_2$ 时，$F > 0$，即 $|\Delta p_1| > |\Delta p_2|$，推论6.11证毕。

推论 6.12 的证明

证明：由于 $\dfrac{\partial \Delta p_2}{\partial \beta_1} = \dfrac{\beta_1(\beta_2\beta_1^2 + 2s\gamma_2\beta_1 + 2sb_1\beta_2)}{\left[sG - \beta_1(\gamma_1\beta_2 + 2b_2\beta_1) \right]^2}$

令 $f(\beta_1)=\beta_2\beta_1^2+2s\gamma_2\beta_1+2sb_1\beta_2$，当 $\beta_2<0$ 时，可知 $f(\beta_1)$ 开口向下，对称轴为 $\beta_1=-s\gamma_2/\beta_2>0$，$y$ 轴上截距为负。

当 $\beta_2>-\sqrt{s\gamma_2^2/2b_1}$ 时，$f(-2b_1\beta_2/\gamma_2)=2b_1\beta_2(2b_1\beta_2^2-s\gamma_2^2)/\gamma_2^2>0$。因此，随着 β_1 的增加，$f(\beta_1)$ 在 $[0,-2b_1\beta_2/\gamma_2]$ 范围内由负变正，即 Δp_2 随着 β_1 的增加先减少后增加。由于此时零售商 2 选择降低价格（$\Delta p_2<0$），则零售商 2 的降价幅度先增加后减少；而 $\partial\Delta q_2/\partial\beta_1=b_2\partial\Delta p_2/\partial\beta_1$，零售商 2 的利润也呈现出先降后升的趋势。当 $\beta_1>-2b_1\beta_2/\gamma_2$ 时，零售商 2 量价齐升，其利润上升。因此，当 $f(\beta_1)=0$ 即 $\beta_1=(\sqrt{s^2\gamma_2^2-2sb_1\beta_2^2}-s\gamma_2)/\beta_2$ 时，零售商 2 销售价格和销量下降最多，其利润最低，推论 6.12 证毕。

定理 6.7 的证明

当零售商 1 以其股份占有的利润最大化为目标进行决策时，其最优解需满足：

$$
\begin{cases}
\dfrac{\partial\pi_{r1\_s}(p_1,\ e)}{\partial p_1}=0,\quad \dfrac{\partial\pi_{r1\_s}(p_1,\ e)}{\partial e}=0,\ 且\ H(\pi_{r1})\,负定 \\[3mm]
\dfrac{\partial\pi_{r2}(p_2)}{\partial p_2}=0,\quad \dfrac{\partial^2\pi_{r2}(p_2)}{\partial p_2^2}<0
\end{cases}
$$

由式（D.11）可知，当 $\dfrac{\partial\pi_{r2}(p_2)}{\partial p_2}=0$ 时，

$$
p_2=\frac{a_2+b_2w+\gamma_2p_1+\beta_2e}{2b_2}
\tag{D.12}
$$

零售商 1 的利润关于销售价格 p_1 的导数为：

$$
\begin{cases}
\dfrac{\partial\pi_{r1\_s}(p_1,\ e)}{\partial p_1}=\dfrac{V}{V+B}(a_1-2b_1p_1+b_1w+\gamma_1p_2+\beta_1e) \\[3mm]
\dfrac{\partial^2\pi_{r1\_s}(p_1,\ e)}{\partial p_1^2}=\dfrac{-2b_1V}{V+B}<0
\end{cases}
$$

令 $\dfrac{\partial\pi_{r1\_s}(p_1,\ e)}{\partial p_1}=\dfrac{V}{V+B}(a_1-2b_1p_1+b_1w+\gamma_1p_2+\beta_1e)=0$

可得：

$$
p_1(e)=\frac{a_1+b_1w+\gamma_1p_2+\beta_1e}{2b_1}
\tag{D.13}
$$

零售商 1 原股东的利润关于其努力水平 e 的一阶导数为：

$$\frac{\partial \pi_{r1\_s}(e)}{\partial e} = \frac{-s\beta_1 E e^2 V + [(2\beta_1^2 - 4sb_1)V - sE^2]eV}{4b_1(V+B)^2} + \frac{2\beta_1 E V^2}{4b_1(V+B)^2}$$

令 $H(e) = -s\beta_1 E e^2 + [(2\beta_1^2 - 4sb_1)V - sE^2]e + 2\beta_1 EV$

该问题的最优解在 $H(e) = 0$ 处取得。结合式（D.12）和式（D.13）可知：

$$p_2(e) = \frac{2b_1(a_2 + b_2 w) + \gamma_2(a_1 + b_1 w) + (\gamma_2\beta_1 + 2b_1\beta_2)e}{4b_1 b_2 - \gamma_1\gamma_2}$$

零售商 1 和零售商 2 开展 Bertrand 竞争，双方同时决策，因此有：

$$\begin{cases} -s\beta_1 E e^2 + [(2\beta_1^2 - 4sb_1)V - sE^2]e + 2\beta_1 EV = 0 \\ p_2(e) = \dfrac{2b_1(a_2 + b_2 w) + \gamma_2(a_1 + b_1 w) + (\gamma_2\beta_1 + 2b_1\beta_2)e}{4b_1 b_2 - \gamma_1\gamma_2} \end{cases}$$

则零售商 1 的最优努力水平 e^{***} 满足：

$$2sb_1\gamma_1 IJ(e^{***})^3 + sH[4b_1\gamma_1\beta_2 + \beta_1(G + 2\gamma_1\gamma_2)](e^{***})^2 +$$
$$[4b_1 VG(sG - \beta_1 J) + sH^2]e^{***} - 2\beta_1 HGV = 0 \qquad (D.14)$$

根据盛金公式，求解即可得定理 6.7。

推论 6.13 的证明

证明： 零售商销售价格相对基准模型的变化为：

$$\Delta p_1' = p_1^{***} - p_1' = \frac{2b_2\beta_1 + \gamma_1\beta_2}{G}e^{***}, \quad \Delta p_2' = p_2^{***} - p_2' = \frac{\gamma_2\beta_1 + 2b_1\beta_2}{G}e^{***}$$

竞争双方的销售量相对基准模型的变化为：

$$\Delta q_1' = q_1^{***} - q_1^* = \frac{b_1(2b_2\beta_1 + \gamma_1\beta_2)}{G}e^{***}, \quad \Delta q_2' = q_2^{***} - q_2^* = \frac{b_2(\gamma_2\beta_1 + 2b_1\beta_2)}{G}e^{***}$$

竞争双方价格调整量的比值为 $\dfrac{|\Delta p_1'|}{|\Delta p_2'|} = \dfrac{|2b_2\beta_1 + \gamma_1\beta_2|}{|\gamma_2\beta_1 + 2b_1\beta_2|}$。因此，竞争双方销售价格和销量的变化取决于 $2b_2\beta_1 + \gamma_1\beta_2$ 与 $\gamma_2\beta_1 + 2b_1\beta_2$ 的正负性，后续证明过程与推论 6.9、推论 6.10 和推论 6.11 一致，故模型 2 下双方的价格竞争策略与模型 1 的定性一致，仅在定量上存在差异，推论 6.13 证毕。

推论 6.14 的证明

证明： 式（D.14）对估值 V 求导并整理可得：

$$\begin{cases} 4sb_1\gamma_1IJ(e^{***})^2+\dfrac{2\beta_1HG}{e^{***}}+ \\ sH[4b_1\gamma_1\beta_2+\beta_1(G+2\gamma_1\gamma_2)]e^{***} \end{cases}\dfrac{\partial e^{***}}{\partial V}=2\beta_1HG-4b_1G(sG-\beta_1J)e^{***}$$

当 $\beta_2>0$ 时，$I>0$，$J>0$，则

$$4sb_1\gamma_1IJ(e^{***})^2+sH[4b_1\gamma_1\beta_2+\beta_1(G+2\gamma_1\gamma_2)]e^{***}+\dfrac{2\beta_1HG}{e^{***}}>0$$

$$2\beta_1HG-4b_1G(sG-\beta_1J)e^{***}=\dfrac{e^{***}}{V}\begin{cases} 2sb_1\gamma_1IJ(e^{***})^2+sH^2+ \\ sH[4b_1\gamma_1\beta_2+\beta_1(G+2\gamma_1\gamma_2)]e^{***} \end{cases}>0$$

故 $\dfrac{\partial e^{***}}{\partial V}>0$，则 $\dfrac{\partial p_1^{***}}{\partial V}=\dfrac{2b_2\beta_1+\gamma_1\beta_2}{G}\dfrac{\partial e^{***}}{\partial V}>0$，$\dfrac{\partial p_2^{***}}{\partial V}=\dfrac{\gamma_2\beta_1+2b_1\beta_2}{G}\dfrac{\partial e^{***}}{\partial V}>0$，$\dfrac{\partial B}{\partial V}=$

$se^{***}\dfrac{\partial e^{***}}{\partial V}>0$，即随着估值水平的增加，竞争双方均会提高销售价格减缓市场竞争，零售商 1 选择付出更多的努力水平进行市场开拓并选择更高的融资额，推论 6.14 证毕。

E　第7章证明过程

定理 7.1 的证明

证明：首先求解式（7.1）中的内层最优问题，即零售商根据估值水平制定努力水平最大化其所占的资产。

令 $M=A+p^*q^*$，$T=\alpha_0(A+\eta)$，$G=w^*A+p^*\eta$，$F=p^*T-G$，零售商目标函数对 e 求一阶导数，有：

$$\dfrac{\partial\pi_{rc}(e)}{\partial e}=\dfrac{\alpha_1T}{[T+B(e)]^2}\left[-\dfrac{\beta p^*s}{2}e^2-sMe+\beta F\right]$$

令

$$H(e)=-\dfrac{1}{2}s\beta p^*e^2-sMe+\beta F \tag{E.1}$$

注意到当 $e=0$ 时，有 $H(0)=\beta F$，分两种情况进行讨论。

（1）当 $F<0$，即 $\alpha_0<\dfrac{w^*A+p^*\eta}{p^*(A+\eta)}$ 时，$H(0)<0$，故 $\forall e\geq0$，恒有 $H(e)<0$，故零

售商的资产 π_{rc} 随着其努力水平 e 的增加而降低，其最优努力水平为 $e^*=0$。

（2）当 $\alpha_0 \geqslant \dfrac{w^*A+p^*\eta}{p^*(A+\eta)}$ 时，有 $H(0) \geqslant 0$。由于 $H(e)$ 为开口向下的二次函数，对称轴位于 y 轴左侧，故 $H(e)$ 在 $e \geqslant 0$ 范围内随着 e 的增加必然由正变负，即零售商所占的资产随着 e 的增加先增加后减小，故其最优努力水平在 $H(e)=0$ 处取得。令 $H(e)=0$，则：

$$-\frac{1}{2}s\beta p^*e^2-sMe+\beta F=0 \tag{E.2}$$

则零售商的努力水平为 $e^*(\alpha_0)=\dfrac{-M+\sqrt{M^2+2\beta^2p^*[\alpha_0p^*(A+\eta)-G]/s}}{\beta p^*}$。因此，零售商的努力水平关于估值水平的反应函数：

$$e^*(\alpha_0)=\begin{cases} 0 & \text{if } \alpha_0 < \dfrac{w^*A+p^*\eta}{p^*(A+\eta)} \\[4mm] \dfrac{-M+\sqrt{M^2+2\beta^2p^*[\alpha_0p^*(A+\eta)-G]/s}}{\beta p^*} & \text{if } \alpha_0 \geqslant \dfrac{w^*A+p^*\eta}{p^*(A+\eta)} \end{cases} \tag{E.3}$$

由于 $\alpha_0 < \dfrac{w^*A+p^*\eta}{p^*(A+\eta)}$ 时，$e^*=0$，则 $B(e^*)=0$，即零售商不进行股权融资，因此只讨论 $\alpha_0 \geqslant \dfrac{w^*A+p^*\eta}{p^*(A+\eta)}$ 下的投资者投资回报最大化问题。

目标函数对 α_0 求一阶导数，有：

$$\frac{\partial R(\alpha_0)}{\partial \alpha_0}=\frac{\alpha_1}{[T+B(e^*)]^2}\left\{ \begin{aligned} &T(M+p^*\beta e^*)\frac{\partial B(e^*)}{\partial \alpha_0}+p^*\beta B(e^*)[T+B(e^*)]\frac{\partial e^*}{\partial \alpha_0} \\ &-(M+p^*\beta e^*)(A+\eta)B(e^*) \end{aligned} \right\}-\frac{\partial B(e^*)}{\partial \alpha_0}$$

$$=\frac{\alpha_1}{[T+B(e^*)]^2}\left\{\{TJY+p^*\beta B(e^*)[T+B(e^*)]\}\frac{\partial e^*}{\partial \alpha_0}+J(A+\eta)[T-B(e^*)]\right\}-\frac{\partial B(e^*)}{\partial \alpha_0}$$

其中 $Y=w^*\beta-\dfrac{sM}{\beta p^*}$，且：

$$J=M+p^*\beta e^*=\sqrt{M^2+2\beta^2p^*F/s} \tag{E.4}$$

则 $\dfrac{\partial J}{\partial \alpha_0}=\dfrac{\beta^2p^2(A+\eta)}{s\sqrt{M^2+2\beta^2p^*F/s}}>0$。此时由式（E.2）可知 $\dfrac{1}{2}s(e^*)^2=\dfrac{\beta F-sMe^*}{\beta p^*}$，故零售商的股权融资额 $B(e^*)=w^*\beta e+\dfrac{1}{2}s(e^*)^2=Ye^*+\dfrac{F}{p^*}$。由式（E.4）可知：

$$e^* = \frac{J-M}{\beta p^*}, \quad F = \frac{s}{2\beta^2 p^*}(J^2-M^2), \quad T = \frac{F+G}{p^*} \tag{E.5}$$

故有：

$$B(e^*) = Ye^* + \frac{F}{p^*} = \frac{1}{2\beta^2(p^*)^2}(sJ^2+2\beta p^* YJ-2\beta p^* YM-sM^2) \tag{E.6}$$

$$\frac{\partial B(e^*)}{\partial \alpha_0} = Y\frac{\partial e^*}{\partial \alpha_0}+A+\eta, \quad T+B(e^*) = \frac{J}{\beta^2(p^*)^2}(sJ+\beta p^* Y) > 0 \tag{E.7}$$

式（E.4）对 α_0 求导，有：

$$\frac{\partial e^*(\alpha_0)}{\partial \alpha_0} = \frac{\beta p^*(A+\eta)}{s\sqrt{M^2+2\beta^2 p^* F/s}} = \frac{\beta p^*(A+\eta)}{sJ} > 0 \tag{E.8}$$

$$\frac{\partial B(e^*)}{\partial \alpha_0} = Y\frac{\partial e^*}{\partial \alpha_0}+A+\eta = \frac{\beta p^*(A+\eta)Y}{sJ}+(A+\eta) \tag{E.9}$$

将式（E.5）~式（E.9）代入目标函数一阶导数，则可化简为：

$$\frac{\partial R(\alpha_0)}{\partial \alpha_0} = \frac{A+\eta}{sJ[T+B(e^*)]^2}\left\{ \begin{matrix} \alpha_1[\beta^2(p^*)^2 B(e^*)[T+B(e^*)]+TYJ\beta p^*+ \\ s[T-B(e^*)]J^2]-(Y\beta p^*+sJ)[T+B(e^*)]^2 \end{matrix} \right\}$$

$$= \frac{(A+\eta)J}{2s\beta^4(p^*)^4[T+B(e^*)]^2}\left[\begin{matrix} -2(sJ+\beta p^* Y)^3+\beta^2\alpha_1(p^*)^2(sJ+\beta p^* Y)^2+ \\ \beta^6\alpha_1(w^*)^2(p^*)^4 \end{matrix} \right]$$

令 $x = sJ+\beta p^* Y$，则 $\dfrac{\partial x}{\partial \alpha_0} = s\dfrac{\partial J}{\partial \alpha_0} > 0$，且：

$$T+B(e) = \frac{Jx}{\beta^2(p^*)^2} > 0 \tag{E.10}$$

一阶导数可化简为：

$$\frac{\partial R(\alpha_0)}{\partial \alpha_0} = \frac{A+\eta}{2sJx^2}[-2x^3+\beta^2\alpha_1(p^*)^2 x^2+\beta^6\alpha_1(w^*)^2(p^*)^4]$$

目标函数对 α_0 的二阶导数为：

$$\frac{\partial^2 R(\alpha_0)}{\partial \alpha_0^2} = \frac{(A+\eta)\dfrac{\partial J}{\partial \alpha_0}}{2sJ^2 x^3}\{2x^4-[2sJ+\beta^2\alpha_1(p^*)^2]x^3-\beta^6\alpha_1(p^*)^4(w^*)^2(x+2sJ)\}$$

令 $f(x) = -2x^3+\beta^2\alpha_1(p^*)^2 x^2+\beta^6\alpha_1(w^*)^2(p^*)^4$，则当 $\dfrac{\partial R(\alpha_0)}{\partial \alpha_0} = 0$ 时，有：

$$-2x^3+\beta^2\alpha_1(p^*)^2 x^2+\beta^6\alpha_1(w^*)^2(p^*)^4 = 0 \tag{E.11}$$

由盛金公式知 $\Delta = 12\beta^{12}\alpha_1^2(p^*)^8(w^*)^2[27(w^*)^2+\alpha_1^2(p^*)^2]>0$，则该方程有一个实根和一对共轭虚根，其实根为：

$$x^* = \frac{\beta^2 p^*}{6}[\alpha_1 p^* + \sqrt[3]{\alpha_1 p^*(K+L)} + \sqrt[3]{\alpha_1 p^*(K-L)}]$$ (E.12)

其中 $K=\alpha_1^2(p^*)^2+54(w^*)^2$，$L=6w^*\sqrt{81(w^*)^2+3\alpha_1^2(p^*)^2}$。

由式（E.11）可知：

$$2(x^*)^3 = \beta^2\alpha_1(p^*)^2 x^2 + \beta^6\alpha_1(w^*)^2(p^*)^4$$

则可知 $x=x^*$ 处的二阶导数为：

$$\frac{\partial^2 R(\alpha_0)}{\partial\alpha_0^2}\bigg|_{x=x^*} = \frac{(A+\eta)\frac{\partial J}{\partial\alpha_0}}{Jx^3}[-x^3-\beta^6\alpha_1(p^*)^4(w^*)^2]$$

由于 $\frac{\partial J}{\partial\alpha_0}>0$，$J>0$，$x>0$，故 $\frac{\partial^2 R(\alpha_0)}{\partial\alpha_0^2}\bigg|_{x=x^*}<0$。

由于 $f(x)$ 只存在一个局部极值，且在该极值处其二阶导数为负，因此该极值即为 $f(x)$ 的全局最大值。根据该极值可计算出投资者的最优估值水平为：

$$\alpha_0^* = \frac{1}{p^*(A+\eta)}\left[\frac{(x^*-w^*\beta^2 p^*+sM)^2-s^2M^2}{2s\beta^2 p^*}+G\right]$$ (E.13)

由于 $J=M+\beta p^* e^*$，$Y=w^*\beta-\frac{sM}{\beta p^*}$，$x=sJ+\beta p^* Y$，则：

$$e^* = \frac{x}{s\beta p^*}-\frac{\beta w^*}{s} = \frac{\beta}{6s}[\alpha_1 p^* + \sqrt[3]{\alpha_1 p^*(K+L)} + \sqrt[3]{\alpha_1 p^*(K-L)}]-\frac{\beta w^*}{s}$$ (E.14)

定理 7.1 证毕。

推论 7.1 的证明

证明：由式（E.13）可知：

$$\alpha_0^* = \frac{1}{p^*(A+\eta)}\left[\frac{\beta^2(x^*/\beta^2-w^* p^*)^2+2sM(x^*/\beta^2-w^* p^*)}{2sp^*}+G\right]$$ (E.15)

由式（E.12）有 $\frac{x^*}{\beta^2}=\frac{p^*}{6}[\alpha_1 p^* + \sqrt[3]{\alpha p^*(K+L)} + \sqrt[3]{\alpha_1 p^*(K-L)}]$，与 β 无关，因此 α_0^* 为关于 β 的开口向上，对称轴为 y 轴的二次函数，故当 $\beta\geqslant 0$ 时，α_0^* 随着 β 的增加而增加。

根据式（E.15），投资者的最优估值水平进一步可表示为：

$$\alpha_0^* = \frac{1}{p^*(A+\eta)} \frac{\beta^2\left(\frac{x^*}{\beta^2}-w^*p^*\right)^2 + 2sq^*(p^*-w^*)\left(\frac{x^*}{\beta^2}-w^*p^*\right)}{2sp^*} +$$

$$\frac{(p^*-w^*)\eta}{p^*(A+\eta)} + \frac{x^*}{\beta^2(p^*)^2}$$

可知随着固定资产 A 的增加，投资者的最优估值水平 α_0^* 降低。

式（E.15）对 α_1 求导可得：

$$\frac{\partial \alpha_0^*}{\partial \alpha_1} = \frac{1}{s(p^*)^2(A+\eta)}\left[\beta^2\left(\frac{x^*}{\beta^2}-w^*p^*\right)+sM\right]\frac{\partial(x^*/\beta^2)}{\partial \alpha_1} \quad (\text{E.16})$$

由于 $K = \alpha_1^2(p^*)^2 + 54(w^*)^2 > 0$，$L = 6w^*\sqrt{81(w^*)^2 + 3\alpha_1^2(p^*)^2} > 0$，则：

$$\frac{\partial K}{\partial \alpha_1} = 2(p^*)^2\alpha_1 > 0, \quad \frac{\partial L}{\partial \alpha_1} = \frac{18w^*(p^*)^2\alpha_1}{\sqrt{81(w^*)^2 + 3\alpha_1^2(p^*)^2}} > 0$$

故 $K^2-L^2 = \alpha_1^4(p^*)^4 > 0$，$\left(\frac{\partial K}{\partial \alpha_1}\right)^2 - \left(\frac{\partial L}{\partial \alpha_1}\right)^2 = \frac{12\alpha_1^4(p^*)^6}{81(w^*)^2 + 3\alpha_1^2(p^*)^2} > 0$。则 $K>L$，$\frac{\partial K}{\partial \alpha_1} >$

$\frac{\partial L}{\partial \alpha_1}$，且：

$$\frac{\partial\left(\frac{x^*}{\beta^2}\right)}{\partial \alpha_1} = \frac{p^*}{6}\left\{\frac{p^*(K+L)+\alpha_1 p^*\left(\frac{\partial K}{\partial \alpha_1}+\frac{\partial L}{\partial \alpha_1}\right)}{3\left[\alpha_1 p^*(K+L)\right]^{2/3}} + \frac{p^*(K-L)+\alpha_1 p^*\left(\frac{\partial K}{\partial \alpha_1}-\frac{\partial L}{\partial \alpha_1}\right)}{3\left[\alpha_1 p^*(K-L)\right]^{2/3}}\right\} + \frac{(p^*)^2}{6} > 0 \quad (\text{E.17})$$

由于 $f(x) = -2x^3 + \beta^2\alpha_1(p^*)^2 x^2 + \beta^6\alpha_1(w^*)^2(p^*)^4$，其关于 x 的导数为：

$$\frac{\partial f(x)}{\partial x} = 2x\left[-3x^2 + \beta^2\alpha_1(p^*)^2\right], \quad \frac{\partial^2 f(x)}{\partial x^2} = -12x + 2\beta^2\alpha_1(p^*)^2$$

故 $f(x)$ 在 $0 \leq x \leq \sqrt{\beta^2\alpha_1(p^*)^2/3}$ 范围内单调递增，在 $x > \sqrt{\beta^2\alpha_1(p^*)^2/3}$ 范围内单调递减。由于 $f(0) = \beta^6\alpha_1(w^*)^2(p^*)^4 > 0$，故使 $f(x^*) = 0$ 的 x^* 必然满足 $x^* > \sqrt{\beta^2\alpha_1(p^*)^2/3}$，且 $f(x)$ 在 $0 \leq x < x^*$ 范围内必然大于 0，在 $x \geq x^*$ 范围内非正。

由于 $f(x = \beta^2 w^* p^*) = 2\beta^6(w^*)^2(p^*)^4\left(\alpha_1 - \frac{w^*}{p^*}\right)$，而投资者仅在 $\alpha_1 > \frac{w^*}{p^*}$ 时才可

能进行投资（见推论7.4），故 $f(w^*\beta^2)>0$，则：

$$x^*>\beta^2 w^* p^* \tag{E.18}$$

将式（E.17）和式（E.18）代入式（E.16）可知 $\dfrac{\partial \alpha_0^*}{\partial \alpha_1}>0$，即投资者的最优

估值水平 α_0^* 随着退出时市净率 α_1 的增加而增加，推论7.1证毕。

推论7.2的证明

证明： 投资者的投资回报率 ROI 可表示为：

$$ROI=\frac{R(\alpha_0^*)}{B(e^*)}=\frac{\alpha_1}{T+B(e^*)}(M+\beta p^* e^*)-1$$

根据式（E.4）及式（E.10）可知：

$$ROI=\frac{\beta^2 \alpha_1 (p^*)^2}{x}-1=\frac{6\alpha_1}{\alpha_1+\sqrt[3]{\dfrac{\alpha_1(K+L)}{(p^*)^2}}+\sqrt[3]{\dfrac{\alpha_1(K-L)}{(p^*)^2}}}-1$$

因此，投资者的投资回报率仅与退出市净率 α_1、批发价格 w^* 和销售价格 p^* 相关，而与零售企业的固定资产 A 无关。随着投资者退出市净率 α_1 的增加，投资者的投资回报率也相应增加。

由于 $R(\alpha_0^*)=ROI\times B(e^*)$，且：

$$\frac{\partial B(e^*)}{\partial \alpha_1}=(w^*\beta+se^*)\frac{\partial e^*}{\partial \alpha_1}>0,$$

$$\frac{\partial B(e^*)}{\partial \beta}=w^*\left(e^*+\beta\frac{\partial e^*}{\partial \beta}\right)+se^*\frac{\partial e^*}{\partial \beta}>0, \quad \frac{\partial B(e^*)}{\partial A}=0$$

故随着 α_1 和 β 的增加，零售商的融资额上升。因此，投资者的投资回报随着 α_1 和 β 的增加而增加，而与零售商的初始固定资产无关。

令 $\dfrac{w^*}{p^*}=z$，$K_p=\dfrac{K}{(p^*)^2}=\alpha_1^2+54z^2$，$L_p=\dfrac{L}{(p^*)^2}=6z\sqrt{81z^2+3\alpha_1^2}$，则：

$$K_p-L_p=\frac{\alpha_1^4}{K_p+L_p}$$

因此，有：

$$G(z)=\sqrt[3]{K_p+L_p}+\sqrt[3]{K_p-L_p}=\left(\sqrt[6]{K_p+L_p}-\sqrt[6]{\frac{\alpha_1^4}{K_p+L_p}}\right)^2+2\sqrt[3]{\alpha_1^2}>0$$

$$\frac{\partial G(z)}{\partial z} = 2\left(\sqrt[6]{K_p+L_p} - \sqrt[6]{\frac{\alpha_1^4}{K_p+L_p}}\right)\left[\frac{1}{6}(K_p+L_p)^{-\frac{5}{6}} + \frac{\sqrt[3]{\alpha_1^2}}{6}(K_p+L_p)^{-\frac{7}{6}}\right]\left(\frac{\partial K_p}{\partial z} + \frac{\partial L_p}{\partial z}\right)$$

由于 $K_p+L_p>\alpha_1^2$，故 $\sqrt[6]{K_p+L_p} > \sqrt[6]{\frac{\alpha_1^4}{K_p+L_p}}$。又因：

$$\frac{\partial K_p}{\partial z} = 108z>0, \quad \frac{\partial L_p}{\partial z} = 6\sqrt{81z^2+3\alpha_1^2} + \frac{486z^2}{\sqrt{81z^2+3\alpha_1^2}}>0$$

故 $\frac{\partial G(z)}{\partial z}>0$，而 $ROI = \frac{6\alpha_1}{\alpha_1+\sqrt[3]{\alpha_1}G(z)} - 1$，因此 $\frac{\partial ROI}{\partial z}<0$，即投资者的投资回报率随

着 w^*/p^* 的增加而降低，也即投资者的投资回报率随着零售商利润率的增加而增

加，推论 7.2 证毕。

推论 7.3 的证明

证明：由式（E.14）易知：$\frac{\partial e^*}{\partial \alpha_1}>0$，$\frac{\partial e^*}{\partial \beta} = \frac{e^*}{\beta} \geq 0$，$\frac{\partial e^*}{\partial A} = 0$。

由于 $B(e^*) = w\beta e^* + \frac{1}{2}s(e^*)^2$，则 $\frac{\partial B(e^*)}{\partial \alpha_1} = (w\beta+se^*)\frac{\partial e^*}{\partial \alpha_1}>0$，且：

$$\frac{\partial B(e^*)}{\partial \beta} = we^* + (w\beta+se^*)\frac{\partial e^*}{\partial \beta}>0, \quad \frac{\partial B(e^*)}{\partial A} = (w\beta+se^*)\frac{\partial e^*}{\partial A} = 0$$

推论 7.3 证毕。

推论 7.4 的证明

证明：投资者作为财务投资者，其投资回报应满足：

$$R(\alpha_0) = \frac{\alpha_1 B(e)}{\alpha_0(A+\eta)+B(e)}[A+p^*(q^*+\beta e)] - B(e) \geq 0$$

即 $\alpha_1 \geq \frac{\alpha_0(A+\eta)+B(e)}{A+p^*(q^*+\beta e)}$。由定理 7.1 的证明可知，当 $\alpha_0 \geq \frac{w^*A+p^*\eta}{p^*(A+\eta)}$ 时，零售商才

会采取股权融资，则：

$$\alpha_1 \geq \frac{w^*}{p^*} + \frac{1}{2}\frac{s(e^*)^2}{A+p^*(q^*+\beta e^*)} \geq \frac{w^*}{p^*}$$

因此，当 $\alpha_1<w^*/p^*$ 时，投资者会产生亏损而放弃股权投资，推论 7.4 证毕。

F 第 8 章证明过程

引理 8.1 的证明

证明： 首先分析模型内部的极小化问题 $\min\limits_{\xi\sim(\mu,\sigma^2)} \pi_r(q, e, \xi)$。对于给定的 q 和 e，设 $\pi_r(q, e) = \min\limits_{\xi\sim(\mu,\sigma^2)} \pi_r(q, e, \xi)$，它是最差分布下的期望利润，即满足均值和方差条件的所有可能分布下期望利润的紧下界。该极小化问题可等价于下面这个线性规划问题的原问题：

（P） $\min\limits_{F} \int_0^{+\infty} \pi_r(q, e, \xi)\mathrm{d}F(\xi)$

$$\mathrm{s.\,t.} \begin{cases} \int_0^{+\infty} \mathrm{d}F(\xi) = 1 \\[2mm] \int_0^{+\infty} \xi\mathrm{d}F(\xi) = \mu \\[2mm] \int_0^{+\infty} \xi^2\mathrm{d}F(\xi) = \mu^2 + \sigma^2 \\[2mm] \mathrm{d}F(\xi) \geqslant 0 \end{cases}$$

其中 $F(\xi)$ 为 ξ 的累计分布函数。

该问题的对偶问题为：

（D） $\max\limits_{y_1, y_2, y_3} y_1 + \mu y_2 + (\mu^2+\sigma^2)y_3$

$\mathrm{s.\,t.}\ y_1 + y_2\xi + y_3\xi^2 \leqslant \pi_r(q, e, \xi), \quad \forall \xi \geqslant 0$

其中 (y_1, y_2, y_3) 是对偶变量。

设原问题最优解为 $F^*(\xi)$，对偶问题的最优解为 (y_1^*, y_2^*, y_3^*)，则它们满足互补松弛条件：

$$\mathrm{d}F^*(\xi)\left[y_1^* + y_2^*\xi + y_3^*\xi^2 - \pi_r(q, e, \xi)\right] = 0$$

根据互补松弛条件，可以看出 $\forall \xi \geqslant 0$，原问题的最优解 $\mathrm{d}F^*(\xi)$ 拥有非零概率当且仅当对偶问题的最优解 (y_1^*, y_2^*, y_3^*) 满足 $y_1^* + y_2^*\xi + y_3^*\xi^2 = \pi_r(q, e, \xi)$，即原问题的最优解应在抛物线 $g(\xi) = y_1 + y_2\xi + y_3\xi^2$ 和三段式折线 $\pi_r(q, e, \xi)$ 的公共点处取得。如图所示，两函数 $g(\xi)$ 和 $\pi_r(q, e, \xi)$ 至多有两个公共点，

那么原问题的最优解也就是最差分布应该是两点分布。

令 $q_0 = a - bp$，分别讨论图 F.1 中的两种情形。

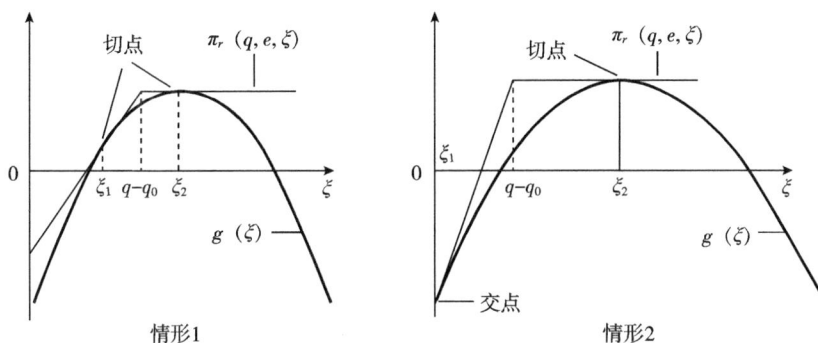

图 F.1　函数 $g(\xi)$ 与 $\pi_r(q, e, \xi)$ 有两个公共点的情形

注：其中 $q_0 = a - bp$。

情形 1：假设 $g(\xi)$ 与 $\pi_{r1}(\xi)$ 和 $\pi_{r2}(\xi)$ 分别相切于 $\xi = \xi_1$ 和 $\xi = \xi_2$，且满足 $0 \leqslant \xi_1 < q - q_0 \leqslant \xi_2$。由相切的性质，有

$$\begin{cases} g(\xi_1) = \pi_1(\xi_1) & g'(\xi_1) = \pi'_1(\xi_1) \\ g(\xi_2) = \pi_2(\xi_2) & g'(\xi_2) = \pi'_2(\xi_2) \end{cases} \tag{F.1}$$

则：

$$\xi_1 + \xi_2 = 2(q - q_0) \tag{F.2}$$

假设 ξ_1、ξ_2 的概率为 Pr_1、Pr_2，根据原问题的约束条件和式（F.2）可知：

$$\begin{cases} \xi_1 = q - q_0 - \sqrt{(q - q_0 - \mu)^2 + \sigma^2} & Pr_1 = \dfrac{\sigma^2}{(\mu - \xi_1)^2 + \sigma^2} \\ \xi_2 = q - q_0 + \sqrt{(q - q_0 - \mu)^2 + \sigma^2} & Pr_2 = \dfrac{(\mu - \xi_1)^2}{(\mu - \xi_1)^2 + \sigma^2} \end{cases} \tag{F.3}$$

由于 $\xi_1 \geqslant 0$，故 $q \geqslant \dfrac{\mu^2 + \sigma^2}{2\mu} + q_0$。令 $f = \sqrt{(q - q_0 - \mu)^2 + \sigma^2}$，将式（F.3）代入式（F.1），可得对偶问题的最优解为：

$$\begin{cases} y_1^* = Cr\left[-\dfrac{p-v}{4f}(q-q_0+f)^2 + (p-w)q - \dfrac{1}{2}se^2 \right] \\[2mm] y_2^* = -2y_3^*\xi_2 = \dfrac{Cr(p-v)(q-q_0+f)}{2f} \\[2mm] y_3^* = \dfrac{Cr(p-v)}{2(\xi_1-\xi_2)} = -\dfrac{Cr(p-v)}{4f} < 0 \end{cases}$$

显然（y_1^*，y_2^*，y_3^*）满足对偶可行性条件。

综上所述，两点分布 $F^*(\xi)$：(ξ_i, Pr_i)，$i=1$，2 是满足互补松弛条件的原可行解，故是原问题的最优解，(y_1^*, y_2^*, y_3^*) 是满足互补松弛条件的对偶可行解，故是对偶问题的最优解。此时，容易验证原问题和对偶问题有相同的最优目标值：

$$\begin{aligned} \underline{\pi}_{r1}(q, e) &= \text{Pr}_1\pi_{r1}(\xi_1) + \text{Pr}_2\pi_{r2}(\xi_2) = y_1^* + \mu y_2^* + (\mu^2+\sigma^2)y_3^* \\ &= Cr\left[\frac{p-v}{2}(\mu-f-q+q_0) + (p-w)q - \frac{1}{2}se^2 \right] \end{aligned}$$

因此，原问题—对偶问题的强对偶性质成立。

情形 2： 假设 $g(\xi)$ 与 $\pi_{r1}(\xi)$ 相交于 $\xi_1=0$，与 $\pi_{r2}(\xi)$ 相切于 ξ_2，且 $\xi_2 \geqslant q-q_0$。因此有：

$$\begin{cases} g(\xi_1) = \pi_1(\xi_1) & g'(\xi_1) < \pi_1'(\xi_1) \\ g(\xi_2) = \pi_2(\xi_2) & g'(\xi_2) = \pi_2'(\xi_2) \end{cases} \tag{F.4}$$

由可行性条件及式（F.4）可得：

$$\begin{cases} y_1^* = Cr\left[(p-v)q_0 - (w-v)q - \dfrac{1}{2}se^2 \right] \\[2mm] y_2^* = -2y_3\xi_2 = \dfrac{2\mu Cr(p-v)(q-q_0)}{\mu^2+\sigma^2} \\[2mm] y_3^* = -\dfrac{Cr(p-v)(q-q_0)}{\xi_2^2} = -\dfrac{\mu^2 Cr(p-v)(q-q_0)}{(\mu^2+\sigma^2)^2} < 0 \end{cases}$$

由式（F.4）可知 $q < \dfrac{\mu^2+\sigma^2}{2\mu} + q_0$，故两点分布 $F^*(\xi)$：(ξ_i, Pr_i)，$i=1$，2 是满足互补松弛条件的原可行解，故是原问题的最优解，(y_1^*, y_2^*, y_3^*) 是满足互补松弛条件的对偶可行解，故是对偶问题的最优解。易验证原问题和对偶问题有相同的最优目标值：

$$\underline{\pi}_{r2}(q,\ e)=\mathrm{Pr}_1\pi_{r1}(\xi_1)+\mathrm{Pr}_2\pi_{r2}(\xi_2)=y_1^*+\mu y_2^*+(\mu^2+\sigma^2)y_3^*$$

$$=Cr\left[\frac{\mu^2(p-v)(q-q_0)}{\mu^2+\sigma^2}+(p-v)q_0-(w-v)q-\frac{1}{2}se^2\right]$$

因此，原问题—对偶问题的强对偶性质成立。

综上即可得到引理 8.1，证毕。

定理 8.1 的证明

证明：零售商以其保守利润最大化为目标制定最优努力水平和订货量时，需

满足：$\dfrac{\partial\underline{\pi}_r(q,\ e)}{\partial e}=0$，$\dfrac{\partial\underline{\pi}_r(q,\ e)}{\partial q}=0$，且 $H(\underline{\pi}_r)$ 负定。由于无法直接判断 $H(\underline{\pi}_r)$

是否负定，参考 Petruzzi 和 Dada（1999）的方法进行求解。

（1）当 $q\geqslant\dfrac{\mu^2+\sigma^2}{2\mu}+q_0$ 时，零售商利润关于 q 的导数为：

$$\frac{\partial\underline{\pi}_{r1}(q)}{\partial q}=Cr\left[\frac{p+v-2w}{2}-\frac{(p-v)(q-q_0-\mu)}{2f}\right],\ \frac{\partial^2\underline{\pi}_{r1}(q)}{\partial q^2}=-\frac{(p-v)\sigma^2Cr}{2f^3}<0$$

令 $\dfrac{\partial\underline{\pi}_{r1}(q)}{\partial q}=0$，可得 $q_1^*=q_0+\mu+\dfrac{\sigma}{2}\left(\sqrt{\dfrac{p-w}{w-v}}-\sqrt{\dfrac{w-v}{p-w}}\right)$，则零售商的最优订货

量为：

$$q^*=\begin{cases}q_0+\mu+\dfrac{\sigma}{2}\left(\sqrt{\dfrac{p-w}{w-v}}-\sqrt{\dfrac{w-v}{p-w}}\right) & \text{if }\dfrac{\mu}{\sigma}\geqslant\sqrt{\dfrac{w-v}{p-w}}\\[4mm]q_0+\dfrac{\mu^2+\sigma^2}{2\mu} & \text{if }\dfrac{\mu}{\sigma}<\sqrt{\dfrac{w-v}{p-w}}\end{cases}\tag{F.5}$$

（2）当 $q<\dfrac{\mu^2+\sigma^2}{2\mu}+q_0$ 时，零售商的利润关于 q 的偏导数为：

$$\frac{\partial\underline{\pi}_{r2}(q)}{\partial q}=Cr\left[-(w-v)+\frac{(p-v)\mu^2}{\mu^2+\sigma^2}\right]$$

当 $\dfrac{\mu}{\sigma}<\sqrt{\dfrac{w-v}{p-w}}$ 时，$\dfrac{\partial\underline{\pi}_{r2}(q)}{\partial q}<0$，则 $\underline{\pi}_{r2}(q)$ 是关于 q 的单调递减函数；当 $\dfrac{\mu}{\sigma}\geqslant$

$\sqrt{\dfrac{w-v}{p-w}}$ 时，$\underline{\pi}_{r2}(q)$ 是关于 q 的单调递增函数。因此，零售商的最优订货量为：

$$q^* = \begin{cases} q_0 + \dfrac{\mu^2 + \sigma^2}{2\mu} & \text{if } \dfrac{\mu}{\sigma} \geqslant \sqrt{\dfrac{w-v}{p-w}} \\ q_0 & \text{if } \dfrac{\mu}{\sigma} < \sqrt{\dfrac{w-v}{p-w}} \end{cases} \tag{F.6}$$

在 $q = \dfrac{\mu^2+\sigma^2}{2\mu} + q_0$ 处，易证 $\underline{\pi}_{r1}(q) = \underline{\pi}_{r2}(q)$，即 $\underline{\pi}_r(q)$ 在 $q = \dfrac{\mu^2+\sigma^2}{2\mu} + q_0$ 连续。

结合式（F.5）和式（F.6）可知，零售商的订货量关于努力水平 e 的反应函数为：

$$q(e) = \begin{cases} q_0 + \mu + \dfrac{\sigma}{2}\left(\sqrt{\dfrac{p-w}{w-v}} - \sqrt{\dfrac{w-v}{p-w}}\right) & \text{if } \dfrac{\mu}{\sigma} \geqslant \sqrt{\dfrac{w-v}{p-w}} \\ q_0 & \text{if } \dfrac{\mu}{\sigma} < \sqrt{\dfrac{w-v}{p-w}} \end{cases}$$

情形 1： 当 $\dfrac{\mu}{\sigma} \geqslant \sqrt{\dfrac{w-v}{p-w}}$ 即 $e \geqslant e_c = \dfrac{\sigma}{\beta}\sqrt{\dfrac{w-v}{p-w}}$ 时，有：

$$q(e) = q_0 + \mu + \dfrac{\sigma}{2}\left(\sqrt{\dfrac{p-w}{w-v}} - \sqrt{\dfrac{w-v}{p-w}}\right) \geqslant \dfrac{\mu^2+\sigma^2}{2\mu} + a - bp$$

此时零售商利润函关于 e 的偏导数为：

$$\dfrac{\partial \pi_{r1}(e)}{\partial e} = \dfrac{V}{[V+B(e)]^2}\left[-\dfrac{1}{2}s\beta(p-w)e^2 - s(g+V)e + \beta V(p-w)\right]$$

其中 $g = (p-w)q_0 - \sigma\sqrt{(w-v)(p-w)}$。

令 $H(e) = -\dfrac{1}{2}s\beta(p-w)e^2 - s(g+V)e + \beta V(p-w)$，可知 $H(e)$ 为开口向下的二次函数，且在 y 轴上截距为正。令 $H(e) = 0$，即：

$$\dfrac{1}{2}s\beta(p-w)e^2 + s(g+V)e - \beta V(p-w) = 0 \tag{F.7}$$

可得：

$$e_1 = \dfrac{-(g+V) + \sqrt{(g+V)^2 + 2\beta^2(p-w)^2 V/s}}{\beta(p-w)}$$

由于 $e \geqslant e_c = \dfrac{\sigma}{\beta}\sqrt{\dfrac{w-v}{p-w}}$，故零售商的最优努力水平为：

$$e^* = \begin{cases} e_1 = \dfrac{-(g+V)+\sqrt{(g+V)^2+2\beta^2(p-w)^2 V/s}}{\beta(p-w)} & \text{if } e_c \leqslant e_1 \\[4mm] e_c = \dfrac{\sigma}{\beta}\sqrt{\dfrac{w-v}{p-w}} & \text{if } e_c > e_1 \end{cases}$$

情形2： 当 $\dfrac{\mu}{\sigma} < \sqrt{\dfrac{w-v}{p-w}}$ 即 $e < e_c = \dfrac{\sigma}{\beta}\sqrt{\dfrac{w-v}{p-w}}$ 时，有 $q = q_0 < \dfrac{\mu^2+\sigma^2}{2\mu} + q_0$。零售商利润

函数关于 e 的偏导数为 $\dfrac{\partial \pi_{r2}(e)}{\partial e} = \dfrac{-sV[(p-w)q_0+V]e}{(V+B)^2} < 0$。因此 $\pi_{r2}(e)$ 在 $e < e_c$ 范围

内单调递减。故零售商的最优努力水平为 $e^* = 0$。

在 $e = e_c$ 处，易证 $\pi_{r2}(e_c) = \pi_{r1}(e_c)$，故 $\pi_r(e)$ 在 $e = e_c$ 处连续但不一定可微，故还需比较两种情形下零售商最优利润的大小，以确定全局的最大利润。

（1）当 $e_c \leqslant e_1$ 时，令 $x = \sigma\sqrt{(p-w)(w-v)}$，化简得：

$$x^2 - 2[(p-w)q_0+V]x + 2\beta^2(p-w)^2 V/s \geqslant 0 \tag{F.8}$$

其判别式为 $\Delta = 4[(p-w)q_0+V]^2 - 8\beta^2(p-w)^2 V/s$。因此，当 $\beta > \beta_0 = $

$\left(q_0 + \dfrac{V}{p-w}\right)\sqrt{\dfrac{s}{2V}}$ 时，$\Delta < 0$，式（F.8）恒成立。当 $\beta \leqslant \beta_0$ 时，标准差的取值范围为

$\sigma \leqslant \sigma_1$ 或 $\sigma \geqslant \sigma_2$。其中：

$$\begin{cases} \sigma_1 = \dfrac{(p-w)q_0+V-\sqrt{[(p-w)q_0+V]^2-2\beta^2(p-w)^2 V/s}}{\sqrt{(p-w)(w-v)}} \\[4mm] \sigma_2 = \dfrac{(p-w)q_0+V+\sqrt{[(p-w)q_0+V]^2-2\beta^2(p-w)^2 V/s}}{\sqrt{(p-w)(w-v)}} \end{cases} \tag{F.9}$$

此时 $\pi_{r1}(e)$ 的最大值在 e_1 处取得，$\pi_{r2}(e)$ 的最大值在 $e=0$ 处取得。需判断 $\pi_{r1}(e_1)$ 和 $\pi_{r2}(0)$ 的大小来确定最优努力水平。

由式（F.7）可知 $Cr = \dfrac{V}{V+B(e)} = \dfrac{\beta(p-w)V}{2\beta(p-w)V-s(g+V)e_1}$，且

$$\begin{cases} \pi_{r1}(e_1) = \dfrac{[\beta^2(p-w)^2+s(g+V)]Ve_1+\beta(p-w)(g-V)V}{2\beta(p-w)V-s(g+V)e_1} \\[4mm] \pi_{r2}(0) = (p-w)q_0 \end{cases}$$

因此，当 $\pi_{r1}(e_1) \geqslant \pi_{r2}(0)$ 时，有：

$$\dfrac{-(g+V)+\sqrt{(g+V)^2+2\beta^2(p-w)^2 V/s}}{\beta(p-w)} \geqslant \dfrac{\beta(p-w)V[2(p-w)q_0-g+V]}{\beta^2(p-w)^2 V+s(g+V)[V+(p-w)q_0]}$$

令 $x=\sigma\sqrt{(p-w)(w-v)}>0$，$y=V+(p-w)q_0>0$，$t=\beta^2(p-w)^2V>0$，$z=y-x$，上式可化简为 $\left(-z+\sqrt{z^2+\dfrac{2t}{s}}\right)(t+syz)\geq t(2y-z)$，解之得 $z\geq\dfrac{2sy^2-t}{2sy}$，故 $x\leq\dfrac{t}{2sy}$，即：

$$\sigma_3\leq\frac{t}{2sy\sqrt{(p-w)(w-v)}}=\frac{\beta^2(p-w)V}{2s[V+(p-w)q_0]}\sqrt{\frac{p-w}{w-v}}$$

由式（F.9）可知，$\sigma_1=\dfrac{y-\sqrt{y^2-2t/s}}{\sqrt{(p-w)(w-v)}}$，故：

$$\sqrt{(p-w)(w-v)}(\sigma_1-\sigma_3)=y-\sqrt{y^2-2t/s}-\frac{t}{2sy}=\frac{2sy^2-t-2sy\sqrt{y^2-2t/s}}{2sy}>0$$

因此 $\sigma_1>\sigma_3$。

综上所述，当 $\beta\leq\beta_0$ 时，在 $[0,\sigma_3]$ 范围内，零售商的最优努力水平为 e_1；在 $(\sigma_3,\sigma_1]\cup[\sigma_2,+\infty)$ 范围内，零售商的最优努力水平为 0。当 $\beta>\beta_0$ 时，$e_1\geq e_c$ 恒成立，故在 $[0,\sigma_3]$ 范围内，零售商的最优努力水平为 e_1；在 $(\sigma_3,+\infty)$ 范围内，零售商的最优努力水平为 0。即：

$$e^*=\begin{cases}e_1 & \text{if }\sigma\leq\sigma_3\\0 & \text{if }\{\beta\leq\beta_0\text{ and }\sigma\in(\sigma_3,\sigma_1)\cup(\sigma_2,+\infty)\}\text{ or }\{\beta>\beta_0\text{ and }\sigma>\sigma_3\}\end{cases}$$

（2）当 $e_c>e_1$ 时，有 $\beta\leq\beta_0$，且 $\sigma_1<\sigma<\sigma_2$。此时 $\pi_{r2}(e)$ 在 $e<e_c$ 范围内单调递减，$\pi_{r1}(e)$ 在 $e\geq e_c$ 范围内单调递减，由于两者在 e_c 处连续，因此 $\pi_r(e)$ 在 $e\geq0$ 范围内单调递减，故零售商的最优努力水平为 $e^*=0$。

综上即可得到定理8.1，证毕。

定理8.2的证明

证明：根据定理8.1的证明思路，可知

$$q(e)=\begin{cases}q_0+\mu+\dfrac{\sigma}{2}\left(\sqrt{\dfrac{p-w}{w-v}}-\sqrt{\dfrac{w-v}{p-w}}\right) & \text{if }\dfrac{\mu}{\sigma}\geq\sqrt{\dfrac{w-v}{p-w}}\\[4mm]q_0 & \text{if }\dfrac{\mu}{\sigma}<\sqrt{\dfrac{w-v}{p-w}}\end{cases}$$

情形1：当 $\dfrac{\mu}{\sigma}\geq\sqrt{\dfrac{w-v}{p-w}}$ 即 $e\geq e_c=\dfrac{\sigma}{\beta}\sqrt{\dfrac{w-v}{p-w}}$ 时，有

$$q(e)=q_0+\mu+\frac{\sigma}{2}\left(\sqrt{\frac{p-w}{w-v}}-\sqrt{\frac{w-v}{p-w}}\right)\geq\frac{\mu^2+\sigma^2}{2\mu}+q_0$$

此时 $\frac{\partial f}{\partial e}=0$。零售企业的利润为 $\pi_1(e)=(p-w)(q_0+\mu)-\sigma\sqrt{(w-v)(p-w)}-\frac{1}{2}se^2$。

由于 $\mu=\beta e$，则 $\pi_1(e)$ 关于 e 的导数为 $\frac{\partial\pi_1(e)}{\partial e}=(p-w)\beta-se$，故零售商的最优努力水平为：

$$e^*=\begin{cases}e_3=\dfrac{\beta(p-w)}{s} & \text{if } e_c\leqslant e_1\\[2mm]e_c=\dfrac{\sigma}{\beta}\sqrt{\dfrac{w-v}{p-w}} & \text{if } e_c>e_1\end{cases}$$

情形 2： 当 $\dfrac{\mu}{\sigma}<\sqrt{\dfrac{w-v}{p-w}}$ 即 $e<e_c=\dfrac{\sigma}{\beta}\sqrt{\dfrac{w-v}{p-w}}$ 时，有 $q=q_0<\dfrac{\mu^2+\sigma^2}{2\mu}+q_0$。零售企业的利润为 $\pi_2(e)=(p-w)q_0-\dfrac{1}{2}se^2$。$\pi_2(e)$ 关于 e 的导数为 $\dfrac{\partial\pi_2(e)}{\partial e}=-se<0$。因此 $\pi_2(e)$ 在 $e<e_c$ 范围内单调递减，故零售商的最优努力水平为 $e^*=0$。

当 $e_c\leqslant e_3$，即 $\sigma\leqslant\sigma_4=\dfrac{\beta^2(p-w)}{s}\sqrt{\dfrac{p-w}{w-v}}$ 时，此时 $\pi_1(e)$ 的最大值在 e_3 处取得，$\pi_2(e)$ 的最大值在 $e=0$ 处取得。在 $e=e_c$ 处，易证 $\pi_2(e_c)=\pi_1(e_c)$，故 $\pi(e)$ 在 $e=e_c$ 处连续，故仅需判断 $\pi_1(e_3)$ 和 $\pi_2(0)$ 的大小来确定最优努力水平。

$$\pi_1(e_3)-\pi_2(0)=(p-w)\beta e_3-\sigma\sqrt{(w-v)(p-w)}-\frac{1}{2}se_3^2$$

$$=\frac{\beta^2(p-w)^2}{2s}-\sigma\sqrt{(w-v)(p-w)}$$

因此，零售商的最优努力水平为：

$$e^*=\begin{cases}e_3 & \text{if } \sigma\leqslant\sigma_5\\ 0 & \text{if } \sigma_5<\sigma\leqslant\sigma_4\end{cases}$$

其中 $\sigma_5=\dfrac{\sigma_4}{2}=\dfrac{\beta^2(p-w)}{2s}\sqrt{\dfrac{p-w}{w-v}}$。

当 $e_c>e_3$，即 $\sigma>\sigma_4$ 时，此时 $\pi_1(e)$ 的最大值在 e_c 处取得，$\pi_2(e)$ 的最大值在 $e=0$ 处取得。此时 $\pi_2(e)$ 在 $e<e_c$ 范围内单调递减，$\pi_1(e)$ 在 $e\geqslant e_c$ 范围内单调递减，由于两者在 e_c 处连续，因此 $\pi(e)$ 在 $e\geqslant0$ 范围内单调递减，故零售商的最优努力水平为 $e^*=0$。

综上即可得到定理 8.2，证毕。

推论 8.2 的证明

证明：委托代理存在与否时，企业采取股权融资的成长风险临界值之比为：

$$\frac{\sigma_3}{\sigma_5} = \frac{V}{V + (p-w)(a-bp)} < 1$$

即委托代理下的零售商愿意承担的成长风险要低于共同决策时企业愿意承担的风险。

由定理 8.1 和定理 8.2 可知：

$$e_2^* - e_1^* = \frac{\beta(p-w)}{s} - \frac{-(g+V) + \sqrt{(g+V)^2 + 2\beta^2(p-w)^2 V/s}}{\beta(p-w)}$$

$$= \frac{\beta^2(p-w)^2 + s(g+V) - \sqrt{[s(g+V)]^2 + 2s\beta^2(p-w)^2 V}}{s\beta(p-w)}$$

令 $T_1 = \beta^2(p-w)^2 + s(g+V)$，$T_2 = \sqrt{[s(g+V)]^2 + 2s\beta^2(p-w)^2 V}$，则：

$$T_1^2 - T_2^2 = \beta^2(p-w)^3 \left[\beta^2(p-w) + 2s(a-bp) - 2s\sigma\sqrt{\frac{w-v}{p-w}} \right] \qquad (\text{F.10})$$

两种情况下零售商采取股权融资的前提条件分别为 $\sigma \leq \sigma_3$ 和 $\sigma \leq \sigma_5$，则：

$$\beta^2 \geq \frac{2s\sigma[1 + (p-w)(a-bp)/V]}{p-w}\sqrt{\frac{w-v}{p-w}}, \quad \beta^2 \geq \frac{2s\sigma}{p-w}\sqrt{\frac{w-v}{p-w}}$$

故无论委托代理是否存在，式（F.10）恒大于 0，则 $T_1 > T_2$，可知 $e_2^* > e_1^*$，则 $B(e_2^*) > B(e_1^*)$。由于 $q_2^* - q_1^* = \beta[(e_2^*)^2 - (e_1^*)^2]$，故 $q_2^* > q_1^*$，推论 8.2 证毕。